命理叢書 1138

周易本義註解與應用

附米卦沖犯秘本

柯一男◎著

大元書局／出版發行

自序

余研易經已逾三十年，其間所接觸均為五術易經，在學道教法師課程中有位學員是文王卦老師提問：請問老師大羅神仙從八卦的那一卦下凡到人間，當時老師想了很久也答不出來，老師說：看那一位知道，我答說：南天門是大羅神仙下凡的位置，而易經有提到先天卦及後天卦均有坤卦，地理位置在西南方，《周易本義》在八卦取象歌云：坤六斷（卦中虛，中間物通過無阻），可知大羅神仙是從坤卦下凡的，班上學員均認為有理，其實我也沒有答案，不知對否。學易經的人常講一句話「善易者不占」，可說善易者就有心法，我說：大羅神仙是從坤卦下凡的，這就是「易經心法」。

我於 90—93 年就讀高雄道教學院研究班（中華道教學院南區分院前身），為了當時當選第一屆「中國道教正一法師協會」理事長，有媒體訪問我，道教任務是什麼？我只能說：法師任務在為人消災解厄，至於道教任務就無從答起，所以毅然就讀高雄道教學院研究班，得以提昇道教的知識，所修課程中今僅以易經學及莊子學由黃忠天教授、易經研究及周易參同契由林文欽教授等兩位教授（均為高雄師範大學擔任教授）授課，我在易經研究上拓寬廣大視野；更能瞭解易經的全貌。有關本書所提註釋與哲理為一般研究易經六十四卦的範圍；占卜與米卦為五術界研究的範圍。本書的特點一般認識易經的六十四卦，從中演變三百八十四爻，從卦辭、卦象、卦彖等綜合判斷卜卦的意義，再參閱本書的哲理及占卜更易瞭解易經卜卦的解卦。

至於前所提「易經心法」，比較複雜難懂，完全出於五術易經的派別很多，均以秘傳較多，甚至於有的不傳，怕洩露天機、遭天遣。而我認為透過正常的傳授，師徒之間不作違背天理的理念，去服務社會可說功勞一件，那會遭天遣呢？若這個社會怕遭天遣而不傳，那這個功夫必然失傳，這也是一種罪過叫「閉天機」，今天出書不是我有多大的學問，而是要盡一份責任，以免有造成「閉天機」的事情發生。

本人於 93 年 3 月間提出高雄道教學院研究班的畢業論文，題目：「高雄市左營區洲仔清水宮壬午年一朝慶成醮科儀研究」，我的指導教授王賢德（文學博士當時在高雄師範大學任教授），王教授跟我說你這編論文可以出書，我已將原稿送給復文書局出書。如今經過 20 年，我研究易經的心得刊出，有不週全的地方，還請諸位先輩惠於指導。

最後談到「易經心法」，為何不刊在書本上，這就是問題的所在，對不需要的人也沒有用，對有需要的人且能把全本書瞭解做為基礎，再跟我連繫，就是要傳有緣人，如易經的象占法及時占法、死卦的解說，尤其米卦是藉米與無形界溝通的橋樑，需要用「易經心法」，又稱「道家法術」來處理沖犯改祭之用，才能為人服務。

113 年冬月　柯 一 男　撰

目錄

序次卦八義伏

八	七	六	五	四	三	二	一		
坤	艮	坎	巽	震	離	兌	乾	卦	八
太陰		少陽		少陰		太陽		象	四
陰				陽				儀	兩

太極

繫辭傳曰。易有太極。是生兩儀。兩儀生四象。四象生八卦。邵子曰。一分爲二。二分爲四。四分爲八也。說卦傳曰。易。逆數也。邵子曰。乾一。兌二。離三。震四。巽五。坎六。艮七。坤八。自乾至坤。皆得未生之卦。若逆推四時之也。後六十四卦次序放此。

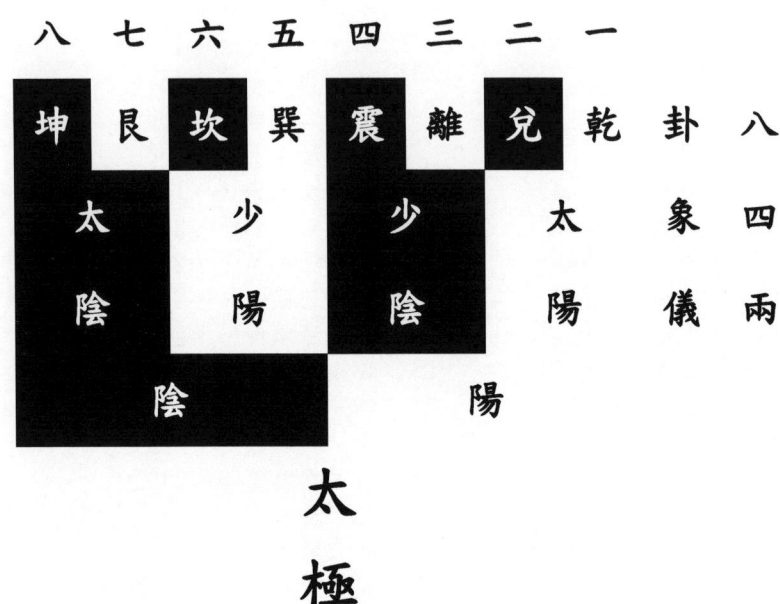

文王八卦方位

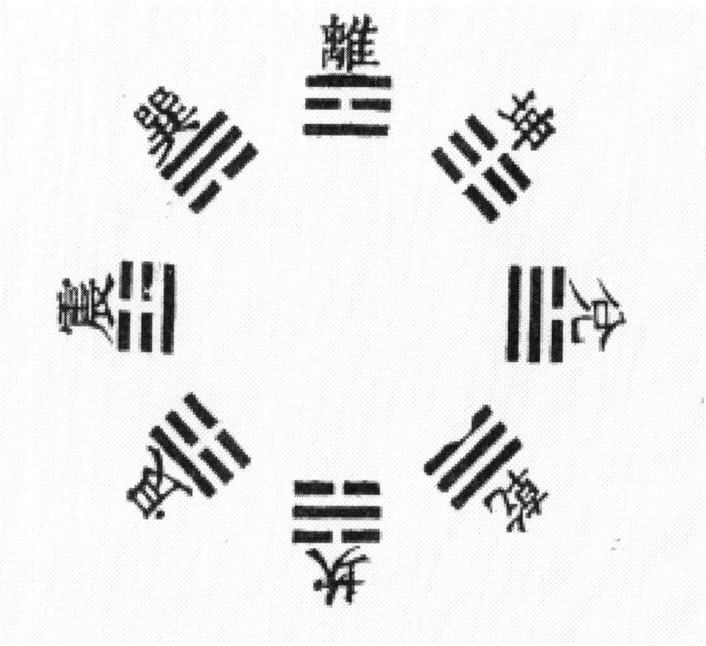

乾一 兌二 離三 震四 坤八 艮七 坎六 巽五

伏羲八卦方位

說卦傳曰。天地定位。山澤通氣。雷風相薄。水火不相射。八卦相錯。數往者順。知來者逆。邵子曰。乾南。坤北。離東。坎西。震東北。兌東南。巽西南。艮西北。自震至乾爲順。自巽至坤爲逆。後六十四卦方位放此。

文王八卦次序

乾父

艮坎震

坤母

兌離巽

震長男　得乾初爻

坎中男　得乾中爻

艮少男　得乾上爻

巽長女　得坤初爻

離中女　得坤中爻

兌少女　得坤上爻

離巽震艮坎乾兌坤

右見說卦。邵子曰。此文王八卦。乃入用之位。後天之學也。

伏羲六十四卦方位

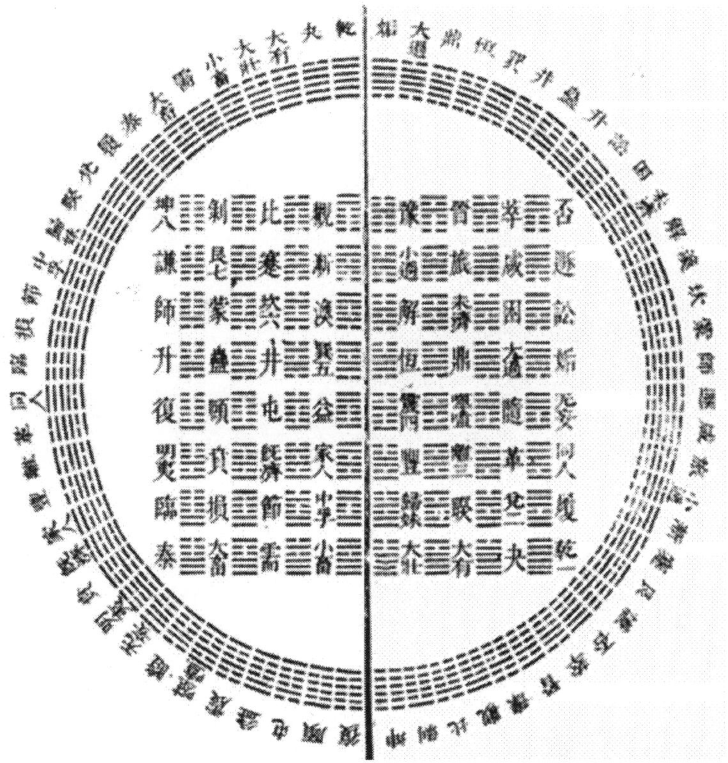

伏義四圖。其說皆出邵氏。蓋邵氏得之李之才挺之。挺之得之穆修伯長。伯長得之華山希夷先生陳摶圖南者。所謂先天之學也。此圖圓布者。乾盡午中。坤盡子中。離盡卯中。坎盡酉中。陽生於子中。極於午中。陰生於午中。極於子中。其陽在南。其陰在北。方布者。乾始於西北。坤盡於東南。其陽在北。其陰在南。此二者。陰陽對待之數。圓於外者爲陽。方於中者爲陰閱者動而爲天。方者靜而爲地者也。

四卦次序

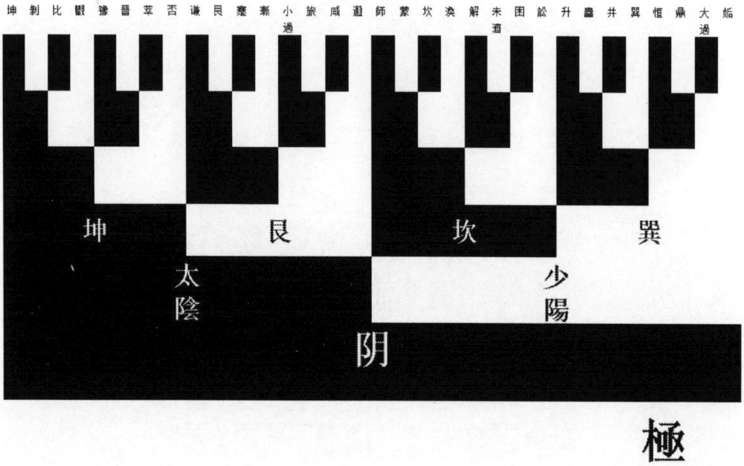

伏羲六十

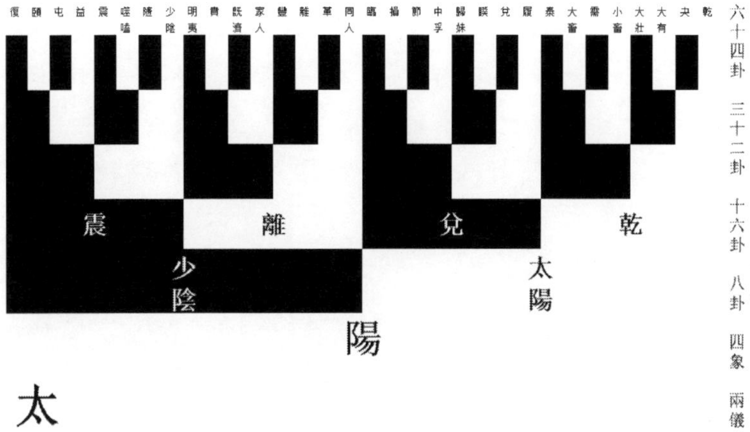

前八卦次序圖。即繫辭傳所謂八卦成列者。此圖即其所謂因而重之者也。故下三畫即前圖之八卦。上三畫則各以其序重之。而下卦因亦各衍而爲八也。若逐爻漸生。則邵子所謂八分爲十六。十六分爲三十二。三十二分爲六十四者。尤見法象自然之妙

易經基礎

易經入門

在距今六千七百年前，有一顆真理種子人民，抵達了河南省，靠近淮水的一處平原上；位於伏牛山區，泰山山區及淮河平原之間；散播著他的真理種子，開創了中國第一文明，他姓風，氏稱「伏羲」，我們就簡稱他為「伏羲氏」。

「風是族姓，不是我們今日所謂的「姓」，風就是「鳳」的意思，這個族是以「鳳鳥」為圖識；從人說「風」茲從虫，這種虫有一個頭、兩個蛇身。在東漢武梁祠的壁畫中，有一「伏羲女媧像」，兩人互相擁抱，不體相交，故漢人皆說女媧氏是伏羲氏的太太。

《大易：易經的生命是什麼，曾坤章　著　《偉誌出版社》

何謂易經

易經的「易」字，是表示蜥蜴側面的象行文字，上面部分的「日」為蜥蜴頭部，下面的「勿」字，就是脚和尾(「説文解字」)。有一種蜥蜴被稱為十二時蟲ณ，其體色一日之中改變十二回，所以易字也有「變化」的意思。數筮竹是以數的變化進行占卜，所以占筮書卽以「易」為名。在古代紀錄中，夏朝有「連山易」、商朝存「歸藏易」，周代有「周易」三種占筮書，但現只殘留「周易」。所謂「周易」，就是指「周代所流行的易」，或是「周詳説易（變化）之書」。

最初，「周易」只是收集判斷運勢的言詞（筮辭），但後來又加上筮辭的注釋，並有系統地解釋全本周易，逐漸展開理論，成為哲學的體裁。將此注釋與易理論編纂起來卽稍十翼，以後的「周易」，就是指包含十翼的書。依十翼之助，産生有系統意義的「周易」，除了是占筮的原典之外，還具有哲學、倫理經典性質的一面。以這種方式完成的現在「周易」，為了與原來的「周易」相區別，故被稱為「易經」。

「易經」的稱呼，是以漢代成為儒家經典以後的事，如此具有經典權威之意。「易經」是教導讀者利用自己的頭腦思考的書。易經中的每句話都有一個暗示，所以應自由發揮聯想力，依暗示考慮自己所面對的問題，這樣才能將易經活用於現代。

易經的構成

據傳八卦、六十四卦、繫辭、十翼的製作者，分別為伏義、神農、文王、周公、孔子，但這是後世的假設，想必不是一個人完成的。

八卦是由太極所分的陰與陽中，再重疊陰與陽成為四象，在其四象再重疊陰與陽，形成八卦。以三爻形成的這種卦稱為「小成卦」。二個「小成卦」合成為「大成卦」。

在這八卦中，再各配合自然現象的情形，以「大成卦」。來分成上卦與下卦；即小成卦上者為上卦，又稱外卦。小成卦下者為下卦，又称内卦。

六爻的名稱：六爻是以下往上的順序，稱為初爻、二爻、三爻、四爻、五爻、上爻，最下的陽為初陽，陰爲初陰。往上同樣稱為二陽、二陰、三陽、三陰、四陽、四陰、五陽、五陰、最上者為上陽、上陰（原文陽為九，陰爲六）。以下說明：

（火水未濟）　（水火既濟）
上六九六九初　上九六九六初
九五四三二六　六五四三二九
— 、、— 、、— 、、　、、— 、、— 、、—

六爻之位：中與正，一為一畫，一為一畫，奇數為陽，偶數為陰。六爻之位，初、三、五為陽爻，二、四、上為陰位。如果陽位在陽位時，或陰位在陰爻時即稱為「正位」，相反的情況即稱為「不正位」。舉例而言，「未濟」大爻均不正位，「暨濟」六爻均正位。正時吉多，不正時凶多。

同時，因易重視「中庸」，故下卦中位有二爻，上卦中位有五爻，幾乎均視為吉，中為正時亦多半為吉。如「暨濟」的五陽與二陰，即為中正之例。

六爻的位置：可顯示事物過程的階段，初爻為萌芽狀態，上爻就被視為完成狀態。在這情況下，三爻位於下卦移行至上卦的位置，是最危險的時刻。

六爻相互的關係—應與比：初爻與四爻，二爻與五爻，三爻與上爻都有關連。例如下卦的下位與上卦的下位，中位与中位，上位与上位，有互相對應的想法。對應的两個爻，若為陰与陽時稱為「正應」，是互助的關係，而陽与陽、陰与陰時就為「不應」是互相排斥的關係，在正應中，屬中爻的二爻與五爻正應時，是最佳型態，前面所舉的「暨濟」、「未濟」之卦，卽六爻全正應之例。

在鄰接的爻為陰與陽時稱為「比」，也是互助的關係，但有正應時，可將比捨去，與正應相連結才好，因為正應的關係比比的關係更強。

應與比的關係如下图所示。

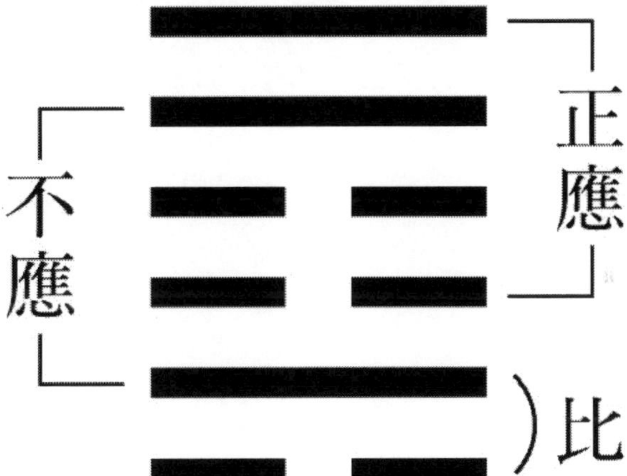

如以上的説明，在看卦辭時，上卦与下卦的象，擁有很大的意義。在看六爻的爻辭時，要將陰陽之位、貴賤之位，進展過程的階段、應与比的関係等牢牢記住，在文中右邊附的小字，表示這些関係。

象配合八卦，如下舉出主要的象」。

	自然	人物	性質	方位	動物	身体
乾☰	天	父	剛健	西北	馬	首
兌☱	澤	少女	喜悅	西	羊	口
離☲	火	中女	纏膩	南	雉	目
震☳	雷	長男	活動	東	龍	足
巽☴	風	長女	進入	東南	雞	股
坎☵	水	中男	陷入	北	豚	耳
艮☶	山	少男	停止	東北	犬	手
坤☷	地	母	柔順	西南	牛	腹

《易經占卜新解　陳蒼杰　譯著　大夏出版社》

周易本義註解與應用

周易卷之一

周易上經

周代名也，易書名也，其卦本伏義所畫，有交易變易之義，故為之易，其辭則文王周公所繫。故繫之周，以其簡裹重大。故分為上下両篇，經則伏義之畫，文王、周公之辭也。并孔子所作意傳十篇，凡十二篇，中間頗為諸儒所亂，近世晁氏始正其失，而未能盡合古文。呂氏又更定著為經二卷，傳十卷，乃復孔氏之舊云。

1 ☰ ☰乾為天（純陽之象）

乾、元亨利貞①。

乾、渠焉反。六畫者，伏義所畫之卦也。一者奇也，陽之數也。乾者，健也，陽之性也，本註乾字，三畫卦之名也。下者，內卦也，上者外卦也。經文乾字，六畫卦之名也。伏義仰觀俯察，見陰陽有奇耦之數。故畫一奇以象陽，畫一耦以象陰。見一陰一陽有各生一陰一陽之象。故自下而上，再倍而三，以成八卦。見陽之性健，而其成形之大者為天，故三奇之卦，名之日乾。而擬之於天也。三畫已具，八卦已成。則又三倍其畫以成六畫。而以八卦之上，各加八卦，以成六十四卦也。此卦六畫皆奇，上下皆乾，則陽之純而健之至也。故乾之名天之象。皆不易焉。元亨利貞。文王所繫之辭，以斷一卦之吉凶。所謂彖辭者也，元、大也。亨、通也，利、宜也。貞、正而固也，文王以為乾道大通而至正。故以筮得此卦而六爻皆不變者。言其占當得大通，而必利在正固，然後可以保其終也。此聖人所以作易教人卜筮。而可以開務成務之精意，餘卦放此。

[註釋]

①元亨利貞：博大、暢通、受利、持恒。

[哲理]

整個宇宙永遠運轉為易經四字真言。

[應用]

孩子受驚點一或三支香，在孩子的額頭上憑空寫上，元亨利貞。為收驚的簡便方法（但要熟悉易經的意義效果較佳）。

在夜間走路或在不淨之地，可用劍指寫在左手後、按在自己的額頭上，可防邪氣入侵。

初九：潛龍①勿用

潛捷言反。初九者卦下陽之名凡畫卦者自下而下上。故以下爻為初。陽數九為老。六為少。老變而少。不變。故謂陽爻為九。潛龍勿用周公所繫之辭。以斷一爻之吉凶。所謂爻辭者也。潛藏也。龍。陽物也。初陽在下。未可施用。故其象為潛龍。其占曰勿用。凡遇乾而此爻變者當觀此象而玩其占也。餘爻放此。

[註釋]

① 潛龍：龍是中華民族的圖騰，傳說能飛能潛，海陸空三棲，而且千變萬化，見首不見尾，難以捉摸。皇帝叫真龍天子，父母都望子成龍，良緣絕配稱龍鳳呈祥，龍又是尊貴、卓越的象徵。乾卦就以龍來象徵生命力的激進、鬥成功的歷程。（著作劉君祖《決策易》十七頁牛頓出版公司）

[哲理]

一個很有能力的人，為剛誕生之嬰兒，不能為社會所用。

[應用]

占卜：凶、如出生之嬰兒不能為社會所用。

九二：見龍在田①，利見②大人。

見龍之見賢，遍反卦內見龍並同。一一謂自下而上第二爻也，後放此。九二剛健中正，出潛離隱③，澤及於物，物所利見。故其象為見龍在田，其占為利見大人。九二雖未得位。而大人之德已著，常人不足以當之。故值此爻之變者，但為利身此人而已。蓋示謂在下之大人也。此以爻與占者相為主賓，自為一例。若有見龍之德，則為利見九五在上之大人矣。

[注釋]

①見龍在田：有如龍出現在地上；在田，意謂接

受撫養、栽培。

②利見：將為社會所用。

③出潛離隱：王弼《易注》:「出潛離隱，故日見龍」。

[哲理]

該有用之人開始接受有用之撫養、栽培、計畫他將來做大事。

[應用]

占卜：抱握現在良好的時機，慢慢耕耘將來會成功。

九三：君子終日乾乾①，夕陽若②，厲③，无咎④。

九陽爻，三，陽位，重剛不中⑤，居下之上⑥，乃危地也。然性體剛健，有能乾乾惕厲之象，故其占如此。子指占者而言，吉能憂懼如是，則雖處危地而无咎也。

[註釋]

①終日乾乾：乾乾、健而又健。整天有健行不止。

②夕惕若：在夜晚警惕戒懼自己。若，語助詞。

③厲：辛苦。

④无咎：無災害。

⑤不中：不是中爻，即不是九二爻。

⑥居下之上：居乾為天的下卦之上爻。

[哲理]

做為一個順天行事之人，在白天要努力學習，晚上要反省自己，雖然辛苦，是好的現象。

[應用]

占卜：此時雖然有成就，但還是要努力謹慎反省，不可得意忘形，雖然較辛苦，才會保護自己否則會失敗。

九四：或躍在淵①，无咎。

躍羊灼反。或者疑而未之辭。躍者，無所緣而絕於地，持未飛爾。淵者。上空下洞，深昧不測之所。龍之在是，若下於田、或躍而起，則向乎天矣。九陽四陰居上之下②，改革之際，進退未定之時也。故其象如此，其占能隨時進退，則无咎也。

[註釋]

①淵：深水。

②九陽四陰居上之下：九四爻為陽爻，且居於陰位，又是乾為天卦的上卦的下爻。

[哲理]

比喻龍在水裡就能發揮，準備跳入深水就無災咎。

[應用]

占卜：此時吉利，要向前邁進，必能成功。

九五；飛龍在天①，利見大人。

剛健中正以居尊位②。如以聖人之德，居聖人之位。故其象如比，而占法與九二同。特所利見者在上之大人爾。若有其位，則為利見九二在下之大人也。

[詳釋]

①飛龍在天：謂九五之尊。《朱子語類》說：「太祖一日問王昭素曰：九五飛龍在天，利見大人，常人何可占得此卦？昭素曰：何害？若臣等占得，則陛下是飛龍在天，臣等見大人。此說得最好，此《易》之用所以不窮也。（著作黃忠天《周易程傳註評》）

②剛健中正以居尊位：剛健、中正、尊位均在指乾為天之九五爻。

[哲理]

九五之尊，該龍已發揮至極點之時，能做大事

[應用]

占卜：吉利現象，事業已發揮到最高點，可嘗成功的果實。

上九：亢龍①有悔。

亢苦浪反。上者，最上一爻之名。亢者過於上而不能下之意也。陽極於上，動必有悔，故其象占如此。

①亢龍：亢，極也、老也。是說有如高飛窮極的龍。

[哲理]

一個年邁的老人，很想去發揮，但力不從心，後有悔。

[應用]

占卜：此時大凶，無發揮餘地了，事業要趕快停止，否則大敗。

用九①：見羣龍无首②，吉。

用九，言凡筮得陽爻者，比用九而不用六。蓋諸卦百九十二陽爻之通例也。以此卦純陽而居首，故於此發之，而聖人繫之辭，使遇此卦而文爻皆變者。即此占之，蓋六陽皆變，剛而能柔，吉之道也，故為羣龍无首之象。而其占為如是則吉也。春秋傳日乾之坤，曰見羣龍无首吉。蓋郎純坤卦辭牝馬之貞。先迷後得，東北喪朋之意。

[註釋]

①用九：是卜卦時所出現的乾卦、且六爻均為陽爻，在变爻時陽爻稱老陽，所使用的断語。

②見羣龍无首：在乾卦六陽爻皆變，老陽變少陰，剛而能柔，吉之道也，故為羣龍无首之象。《春秋》曰：乾入坤，曰見羣龍无首吉。郎卦由剛健轉化柔順。意謂卦呈現羣龍均能彼此尊重，和諧相處。

[哲理]

六龍到了這時候，已無能力應變；也沒有人來幫忙，要再發揮，惟六陽爻皆变，剛而能柔，郎成坤為地卦，是好的現象。

彖曰：大哉乾元①，萬物資始，乃統天②。

彖吐亂反。彖：郎文王所繫之辭。傳者：孔子所以釋經之辭也。後凡言傳者放此。此專以天道明乾義，又析元亨利貞為四德以發明之。而此一節首釋元義也。大哉歎辭，元一大也。始也。乾元天德之大始，故萬物之生，皆資之以為始也。又為四德之首，而貫乎天德之始終，故曰統天。

[註釋]

①大哉乾元：大哉，為歎辭。乾元，天德之大始，故為萬物之生。

②統天：貫乎天德之始終，亦為天地萬物之本元。

[哲理]

贊美天地萬物之始，他的作用是很高的。

雲行雨施，品物流形①。

施，始鼓反。反卦內同，此釋乾之亨也。

[註釋]

①品物流形：指天地萬物受到雨後的滋潤，就能分門別類的生長。

[哲理]

天之作用就是行雨，天地萬物就能分門別類的生長。

大明終始，六位時成①，時乘六龍以御天②。始，即元也。終，謂貞也，不終則无始，不貞則无以為元也。此言聖人大明乾道之終始，如見卦之六位各以時成。而乘此六陽以行天道，乃聖人之元亨也。

[註釋]

①大明終始，六位時成：徹底瞭解天道是終而復始的，進而領悟到六爻是依時間，產生不同階段的變化。

②時乘六龍以卸天：六龍，指潛龍、見龍、惕龍、躍龍、飛龍、亢龍，來比喻六爻的階段使命。御天，替天行道。全句意乘著六龍以替天行道。

[哲理]

這六爻的變化，到了時機成熟就能替天行道。

乾道變化，各正性命①，保合太和②，乃利貞。

變者化之漸，化者變之成。物所受為性，天所賦為命。太和，陰陽會合沖和之氣也。各正者，得於有生之初。保合者，全於已生之後，此言乾道變化。无所不利，而萬物各得其性名以自全。以釋利貞之義也。

[注釋]

①各正性命：物所受為性，天所賦為命。卽各賦予其性情與生命。

②保合太和：保，保有。合，契合。太和，陰陽會合沖和之氣。

[哲理]

乾之作用會有變化，使天下萬物均能順利生長，在祥和之環境持恒受益。

首出庶物，萬國咸寧。

聖人在上，高出於物，猶乾道之變化也。萬國各得其所而咸寧。猶萬物之各正性命而保合太和也。此言聖人之利貞也，蓋嘗統而論之。元者，物之所生。亨者，物之暢茂。利，則向於實也。貞，則實之成也。實之卽成，則其根蒂脫落，可復種而生矣。此四德之所以循環而无端也，然而四者之閒，生氣流行，初无閒斷。此元之所以包四德而統天也。其以聖人而言，則孔子之意。蓋以此卦為聖人得天位、行天道，而致太平之占也。雖其文義有非文王之舊者，然讀者各以其意求之。則並行而不悖也，坤卦放此。

[哲理]

有領導者出現，天下才能太平。

象曰：天行健①，君子以②自彊不息。

象者，卦之上下兩象及兩象之六爻，周公所繫之辭也。天，乾卦之象也。凡重卦皆取重義。此獨不然者。天一而已。但言天行，則見其一日一周，而明日又一周。若重複之象。非至健不能也，君子法之，不以人欲害其天德之剛，則自彊而不息矣。

[註釋]

①天行健：天行，則見其一日一周，而明日又一周，為重複之象，非至健不能也。

②君子以：即君子法之。

[哲理]

一個能順天行事的人，就能如意生活下去（比喻順天者昌，逆天者亡）。

2 ☷☷坤為地（純陰之象）、（柔順之象）

坤，元亨，利牝①馬之貞，君子有攸往②，先迷後得，主利③，西南得朋④，東北喪朋⑤，安貞吉⑥。

牝，類忍反。喪，去聲。陰者耦也，陰之數也。坤者，順也。陰之性也。註中者，三畫卦之名也。經中者，六畫卦之名也。陰之成形，莫大於地，此卦三畫皆耦，故名坤而象地。重之又得坤⑦焉，則是陰之純順之至。陽先陰後，陽主義，陰主利。西南，陰方⑧。東北，陽方⑨。安，順之為也。貞，健之守也，遇此卦者，其占為大亨。而利以順健在正，如有所往，則先迷後得而主於利。往西南則得朋，往東北則喪朋，大抵能安於正則吉也。

[註釋]

①牝：音聘，母馬。「牝馬之貞」謂有如雌馬以柔順為正道。

②有攸往：（攸音幽反。所），有得利。

③主利：有獲利。

④西南得朋：西南，坤之分位，後天方位。得朋，得助力。

⑤東北喪朋：東北，艮之分位，後天方位。喪朋，未得助力。

⑥安貞吉：安，安和。安和持恒則吉。

⑦重之又得坤：三畫皆耦，再三畫皆耦再得坤。

⑧西南，陰方：西南，坤方在八卦方位的陰卦山。

⑨東北，陽方：東北，艮方在八卦方位的陽卦山。

[哲理]

依坤的道理去行事，剛開始去做時會感到迷惑，但依照正常方法去做，終有所獲。

彖曰：至哉①坤元。萬物資生②，乃順承天③

此以地道明坤也，至，極也。比大義差緩，始者，氣之始。生者，形之始。順承天施。地之道也。

[註釋]

① 至哉：至極。

②蘇物資生：萬物靠它來生長。

③乃順承天：來知德《周易集註》說：「始者，氣之始；生者，形之始。萬物之形，皆生于地，然非地之自能為也，天所施之氣至，則生矣，放曰：乃順承天。

[哲理]

比喻大地播下何種子，就得到何種物，這是順應大自然的道理。

坤厚①載物，德合无疆②，含弘光大，品物成亨。

此以地道明坤也。至極也。比大義差緩，始者氣之始；生者形之始，順承天施，地之道也。

[註釋]

①厚：厚重。

②德合天疆：无疆，無限。指坤德合於乾德的廣大無限。

[哲理]

大地能容納萬物，德澤無限地區，萬物均能通達無阻，更能發揚光大。

牝馬地類①，行地无疆②，柔順③利貞，君子攸行。

言利貞也，馬，乾之象。而以為地類者。牝，陰物。而馬又行地之物也。行地无疆，則順而健矣。柔順利貞，坤之德也。君子攸行，人之所行如坤之德也。所行如是，則其占如下文所云也。

[註釋]

①牝馬地類：地類即陰類，牝馬屬於地類。

②行地无疆：能在無盡的地面奔馳。

③柔順：指坤柔順。

[哲理]

有德行之人，會依坤的道理去做。

先迷①失道，後順得常。西南得朋，乃與類行，東北喪朋，乃終有慶②。陽大陰小。陽得兼陰。陰不得兼陽。故坤之德。常減於究之半也。東北雖喪朋。然反之西南。則終有慶矣。

①先迷：首先迷失。

②乃終有慶：堅持到最後，一定有滿意的結果。

安貞之吉，應地无疆。

安而且貞，地之德。

[哲理]

任何地之應都是一樣，看你如何去用，這樣才是好地理。

象曰：地勢坤①，君子以厚德載物。

地，坤之象。亦一而已，故不言重，而言其勢之順。則見其高下相因之无窮。至順極厚而无所不載也。

[註釋]

① 地勢坤：坤卦大象在描述地體的態勢，取其順厚能容。

[哲理]

一個順天行事之人，應接納萬物，以寬厚之胸待人。

初六：履霜①，堅冰至。

六，陰爻之名，陰數六老而八少，故謂陰爻為六也。霜陰氣所結，盛則水凍而為冰。此爻陰始生於下，其端甚微，而其勢必盛，故其象如履霜，則知堅冰之將至也。

夫陰陽者，造化之本，不能相无，而消長有常，亦人所能損益也。然陽主生，陰主殺，則其類有淑慝①之分焉。故聖人作易，於其不能相无者。既以健順仁義之屬明之，而无所偏主，至其消長之際，淑慝之分，則未嘗不致其扶陽抑陰之意焉。蓋所以贊化育而參天地者，其旨深矣。不言其占者，謹微之意，已可見於象中矣。

[註釋]

① 慝：音（特）。心懷不善。

[哲理]

地球剛開始（宇宙在混屯之時）為冰河時期。

[應用]

占卜：此時大凶，不可冒然前進，否則大敗。

象曰：履霜堅水，陰始凝①也，馴②致其道，至堅冰也。

凝，魚陵人，馴，似遵反。按魏志作初六履霜，今當從之。馴習也。

[註釋]

①陰始凝：陰氣開始凝結。

②馴：順也。有順從之意。

[哲理]

冷却後會結冰（繼續下去會結冰）。

六二：**直方大①不習②无不利**

柔順正固坤之直也。賦形有定，坤之方也。德合无疆，坤之大也。六二柔順而中正，又得坤道之純者，故其德內直外方而又盛大。不待學習无不利，占者有其德，則其占如是也。

[註釋]

①直方大：如畫直橫便成圓（比喻自然之大）

②不習：不待學習、修飾。王弼《易注》：「任其自然而物自生，不假修管而功自成，故不習焉。」

[哲理]

陰陽已分，不要刻意去講究，他自然會生產萬物。

[應用]

占卜：此時機要抱握，事業慢慢經營會有收獲。

象曰：六二之動，直以方①也，不習无不利地道光也②。

[註釋]

①直以方：正直而且合矩。

②地道光也：地的作用發揚出來。

[哲理]

陰陽已分，不要刻意去講究，他自然會生產萬物，而且也會把地的作用發揚出來。

六三：含章可貞①，或從王事②，无成有終③。

六陰三陽，內含章美，可貞以守，然居下之上。

不終含藏，故或時出，可貞以守。而從上之事，則始雖无成，而後必有終，爻有此象，故戒占者有此德則如此占也。

[註釋]

①含章可貞：章，美也。含著美麗的未來，持恒去做。

②王事：即公務。

③无成有終：謹守本分，不要考慮有何作用，最後必有所獲。

[哲理]

剛開始不要講究有何作用，含著美麗的未來，到最後必有所獲。

[應用]

占卜：剛開始會很困難，到最後才會成功。

象曰：含章可貞，以時發也，或從王事，知光大也①。

知音智。

[註釋]

①知光大也：知，智也。即智慮深遠。

[哲理]

跟據時令來發展，就是做大事，也有所成就。

六四：括囊①无咎。无譽。

括，古活反。譽，音餘。又音預。括囊口而不出也。譽者，過實之名。謹密如是則无咎。而亦无譽矣。六四重陰不中，故其象占如此。蓋或事當謹密，或時當隱遯也。

[註釋]

①括囊：括，閉。囊，囊口。即束緊囊口。比喻謹言慎行。

[哲理]

到了這爻已經有收獲，但不可自滿。

[應用]

占卜：此時雖有收獲，但不可自滿。要謹言慎行才不會失敗。

象曰：括囊无咎，慎不害也。

[哲理]

有了收成，以後要更加謹慎，這才不是有害。

六五：黃裳①，元吉。

黃，中色。裳，下飾。六五以陰居尊，中順之德，充諸內而見於外，故其象如此，而其占為大善之吉也。占者德必如是，則其占亦如是矣。春秋傳，南蒯將叛，筮得此爻，以為大吉，子服惠伯曰：忠信之事則可，不然必敗，外疆內溫、忠也。和以率貞，信也。故日黃裳元吉。黃中之色也。裳下之飾也，元，善之長也。中不忠，不得其色也。下不共，不得其飾。事不善，不得其極，且夫易不可以占險。三者有闕，筮雖當者也。後蒯果敗，此可以見占法矣。

[註釋]

①黃裳：黃色，中央之色。指坤德。比喻謙遜的坤德。

[哲理]

大吉，大凶要看你所做所為來做決定。

[應用]

占卜：此時好与壞難定，要看你的努力，才能決定成与敗。

象曰：黃裳元吉。文在中也①。

文在中而見於外也。

[註釋]

①文在中也：指美德蘊蓄在內。又指在六五中爻。

上六：龍戰于野①，其血玄黃②。

陰盛之極，至與陽爭，両敗俱傷。其象如此，占者如是。其凶可知。

[註釋]

① 龍戰于野：在野外作戰。

②其色玄黃：在野外作戰，坤發揮到最高的境界。四方強龍戰到天昏地暗。此爻变山地剝卦。

[哲理]

為了爭權，而戰得天昏地暗。

[應用]

占卜：此時大凶，一切要趕快停下來，否則失敗。

象曰：龍戰于野，其道窮也。

[哲理]

至此無法再發揮了。

用六①：利永貞②。

用六，言凡筮得陰爻者，皆用六，而不用人，亦通例也。以此卦純陰而居首，故發之。遇此卦而六爻俱變者，其占如此辭。蓋陰柔而不能固守。變而為陽，則能永貞矣。故戒占者以利永貞。卽乾之利貞也，自坤而變，故不足於元亨云。

[註釋]

①用六：坤之用六，如乾之用九。

②利永貞：說明坤卦運用陰柔之道，以永守坤柔之正道。

象曰：用六永貞，以大終也①

初陰後陽，故曰大終。

[註釋]

① 以大終也：付出代價就能順昌。

3☵☳ 水雷屯 （難險之象）

屯，元亨利貞。勿用①有攸往，利建侯②。

屯，張倫反。震，坎。皆三畫卦之名，震，一陽動於二陰之下。故其德為動，其象為雷。坎，一陽陷於二陰之間。故其德為陷為險；其象為雲，為雨、為水。屯，六畫卦之名也，難也，物始生而未通之意。故其為字，象屮穿地始出而未申也。其卦以震遇坎，乾坤始交而遇險陷，故其名為屯。震動在下，坎險在上，是能動乎險中。能動雖可以亨，而在險則宜守正。而未可遽進，故筮得之者，其占為大亨而利於正。但未可遽進，故筮得之者，其占為大亨而利於正。但未可遽有所往耳。又初九陽居陰下，而為成卦之主。是能以賢下人，得民而可君之象。故筮立君者，遇之則吉也。

[註釋]

①勿用：不要輕舉妄動。

②利建侯：宜建立諸侯，要來培養自己的勢力。如古代一國的國王與諸侯建立良好関係。有如現今民主時代的選舉莊腳。

[哲理]

水雷屯，元亨利貞。有險難不要輕舉妄動，要充實自己。

彖曰：屯，剛柔始交而難生①。

難，去聲。六二象同，以二體釋卦名義。始交，謂震難生，謂坎。

[註釋]

①難生：困難的產生。

[哲理]

陰陽相交而難生。

動乎險中，大亨貞①。

以二體之德釋卦辭，動震之為也。險，扻之地也。自此以下，釋元亨利貞，乃用文王本意。

[註釋]

① 大亨貞；是說欲持恒暢通。

[哲理]

一動而生險，萬物才能持恒暢通。

雷雨之動滿盈，天造草昧①，宜建侯而不寧②。

以二体之象釋卦辭，雷，震象。雨，坎象。天造，猶言天運，草，雜亂。昧，晦冥也。陰陽交而雷雨作，雜亂晦冥，塞乎両間，天分未定，名分未明，宜立君以統治，而未可遽謂安寧之時也。不取初九爻義者。取義多端，姑舉其一也。

[註釋]

①天造草昧：草木受天之潤而生長。

②宜建侯而不寧：不寧即「寧」,「不」為語詞。宜先充實自己的勢力，使天下得以安寧。

[哲理]

當雷動生雨時，草木、萬物皆受天之潤而生長，宜應充實自己，不要好逸勿勞。

象曰：雲雷，屯。君子以經綸①。

坎，不言水而言雲者，未通之意。經綸，治絲之事。經引之，綸理之也。屯難之世，君子有為之時也。

[註釋]

① 經綸：做事要井然有序，不可違背天理。

[哲理]

順天理行事的人，做事要井然有序，不可違背天理。

初九：磐桓①，利居貞②，利建侯。

磐，步干反。盤桓，難進之貌。屯難之初，以陽在下，又居動體，而上應陰柔險陷之爻，故有磐桓之象，然居得其正，故其占利於居貞。又本成卦之主，以陽下陰為民所歸，侯之象也。故其象又如此，而占者如是，則利建以為侯也。

[註釋]

① 磐桓：兩種意義。一為徘徊不前，難進之貌，另一為比喻好建材，人才好。

②利居貞：要守正持恒。

[哲理]

首先要培養自己的實力，才能為社會所用。

[應用]

占卜：此時無法立刻得願，須先裝備自己，才有後果。

象曰：雖磐桓，志行正也，以貴下賤，大得民也。

下遐嫁反。

[哲理]

雖然你是棟樑之才，要對部屬好，才能得民心。

六二：屯如邅如①乘馬班如②，匪寇③婚媾。女子貞不字④十年乃字。

邅張連反。乘繩澄反。又音繩。班，分布不進之貌，字，許嫁也。禮曰：女子許嫁，笄而字。六二陰柔中正，有應於上，而乘初剛，故為所難而邅回不進。然初非為寇也。乃求與己為婚媾耳，但己守正。故不之許，至於十年，數窮理極，則妄求者去，正應者合，而可許矣。爻有此象，故因戒占者。

[註釋]

① 邅如：邅音占。難行不出的樣子。有如逗圈子。如，語尾助詞。

② 班如：馬不進的樣子。做事三心兩意。

③ 匪寇：不是強盜。匪通「非。」

④：不字：字，喻女子出嫁。即女子不嫁。

[哲理]

其實你不是強盜，而是來提親的。但由於你騎匹馬在逗圈子，而不進去提親，令人產生誤會，致女方不答應你的提親，而女方表明要等十年才要嫁。

[應用]

占卜：處於煩惱之狀態，要守正才能回歸正常。

象曰：六二之難，乘剛①也，十年乃字，反常②也，

[註釋]

①乘剛：指六二陰爻乘陵在初九陽爻之上，乘音成。

②反常：違反常理。

[哲理]

此事已產生了困難，若要提親，要等很久，不是正常的事（比喻做任何事，要當機立斷。）

六三：**卽鹿无虞①，惟入于林中，君子幾②不如舍，往吝。**幾，者機。舍，音捨，象同。陰柔居下，不中不正。上无正應，妄行取困，為逐鹿无虞陷入林中之象。君子見幾，不如舍去，若往逐而不舍，必致羞吝。戒占者宜如是也。

[註釋]

①卽鹿无虞：卽，指追逐。追逐野鹿，卻沒有虞人引導。(嚮導)

②君子幾：幾，事理之微。君子見幾而作。

[哲理]

追逐野鹿之事，若無虞人引導，不放棄再追，也是徒勞無功的。

[應用]

占卜：做事既不能如願，宜作罷，以待良機。

象曰：卽鹿无虞，以從禽①也，君子舍之，往吝窮也。

[註釋]

①從禽：貪禽。

[哲理]

凡做事要有準備，不可一昧貧求利益，否則會徒勞無功。

六四：乘馬班如，求婚媾，往吉，无不利。

陰柔居屯，不能上進，故為乘馬班如之象。然初九守正居下，以應於已。故其占為求婚媾則吉也。

[哲理]

到了這爻要去提親，不要三心兩意，去提親是吉利的，無不利的現象。

[應用]

占卜：只要下定決心，把握時機去做，必可達到目的，有所成就。

象曰：求而往，明①也。

[註釋]

①明：有效。

[哲理]

去有利。

九五：屯其膏①，小，貞吉②，大，貞凶③。

九五雖以陽剛中正尊位，然當屯之時，陷於險中，雖有六二正應，而陰柔才弱，不足以濟。初九得民於下，象皆歸之，九五坎體，有膏潤而不得施，為屯其膏之象。占者以處小事，則守正，猶可獲吉，以處大事。雖正而不免於凶。

[註釋]

①屯其膏：膏，油脂。九五陽爻居尊，有膏澤下施之象，然一陽處二陰，象屯塞不通。比喻君王向人民徵收稅金，有屯塞不通的現象。

②小，貞吉：以漸進的方式徵收稅金則吉。

③大，貞吉：以急遽的方式徵收稅金則凶。

[哲理]

政府向人民徵收稅金時，要以漸進的方式（一次抽稅少一點），人民才會接受，不要以急遽的方式（一次抽稅太多），人民是不會高興的。

[應用]

占卜：此時稍有不慎，將會回到一無所有之原境，因變卦為「地雷復」，凡事將回到原點。

象曰：屯其膏，施未光①也。

施，始鼓反。

[註釋]

①光：發揚。

[哲理]

政府向人民抽稅是不得已的事情，不可以發揚。

上六：乘馬班如，泣血漣如①。

陰柔无應，處屯之終。進无所之，憂懼而已，故其象如此。

[註釋]

泣血漣如：泣血，極其悲痛而無聲的悲痛。漣如，垂淚貌。比喻痛苦流涕的樣子。

[哲理]

上爻已經沒有發展的餘地了，會導致痛苦流涕之事發生。

[應用]

占卜：此時若一昧心存僥幸，必導致徹底的失敗。

象曰：泣血漣如，何可長也。

長，直良反。

[哲理]

導致痛苦流涕之事，不可長久，要馬上結束。

4☶☵ 山水蒙 （啓智、啓發之象）

蒙，亨。匪我求童蒙，童蒙求我，初筮告①、再三瀆②，瀆則不告③，利貞④。

告，音谷。三，息暫反。瀆，音獨。艮，亦三畫卦之名。一陽止於二陰之上。故其德為止，其象為山。蒙，昧也。物生之初，蒙昧未明也。其卦以坎遇艮，山下有險，蒙之地也。內險外止，蒙之意也。故其名為蒙。亨以下，占辭也。九二內卦之主，以剛居中。卦者，有亨道也。我，二也。童蒙，幼穉而蒙昧，謂五也。筮者明，則人當求我而其亨在人，筮者暗，則我當求人而亨在我。人求我者，常視其可否而應之，我求人者，當致其精一而扣之。而明者之養蒙，與蒙者之自養，又皆利於以正也。

[註釋]

①初筮告：為人師起初要誠懇教人。

②再三瀆：瀆，輕慢。再三強迫他去求學。

③瀆則不告：學生輕漫不接受教育，就不要去教他。

④ 利貞：教育是春秋大業，是恒久的。

[哲理]

為人師初要誠懇教人，再三強迫他去求學，若學生不受教，就不要教他，教育是千秋大業。

彖曰：蒙，山①下有險，險而止，蒙。

以卦象卦德釋卦名，有兩義。

蒙亨，以亨行時中②也。匪③我求童蒙，童蒙求我，志應④也。初筮告，以剛中⑤也。再三瀆，瀆則不告，瀆蒙⑥也。蒙以養正⑦，聖功⑧也。

以卦體釋卦辭也。九二以可亨之道，發之之蒙。而又得其時之中。謂如下文所指之事，皆以享行而當其可也。志應者，二剛明。五柔暗，故二不求五而五求二。其志自相應也，以剛中者。以剛而中，故能告，而有節也。瀆，筮者。二三。則問者固瀆，而告者而瀆矣。蒙以養正。乃作聖之功，所以釋利貞之義也。

[註釋]

①山：止。

②時中：指施教的適時適中。

③匪：同非也。

④志應：要應他的要求。

⑤剛中：指九二爻。

⑥瀆蒙：褻瀆啟蒙之理。

⑦蒙以養正：啟發蒙昧，教以正道

⑧聖功：成為聖人之功

[哲理]

人啟發就能通，通了就知道如何去做，有人問就要應他的要求，蒙的意思是要教以正道，才是聖人之功。

象曰：山下出泉①，蒙，君子以果行②育德③。

行下孟反。六三象同。泉，水之始出者，必行而有漸也。

[註釋]

① 山下出泉：啟發不懂的人。

②果行：把以前所知道的親自去做。

③育德：如何去教人是美德。

[哲理]

山下有泉就能通，（意即啟發不懂的人）一個有修為的人，把以前所知道的親自去做，並能加以教人之美德。

初六：發蒙①，利用刑人②，用說桎梏③，以往吝④。

說，吐活反。桎，音質。梏，蒙之甚也。占者遇此，當發其蒙。然發之之道，當痛懲而暫舍之以觀其後。若遂往而不舍，則致羞吝矣，戒占者當如是也。

[註釋]

①發蒙：啟發智慧的時候。
② 刑人：刑罰。
③用說桎梏：說，通脫。桎梏：在足日桎；在手日梏。意即 拘束。「脫離蒙昧所帶來的拘束」。
④以往吝：若一直採用刑罰，長此以往會導致遺憾。

[哲理]

在啟發智慧的時候，如果一味採用刑罰，必窮吝無功

[應用]

占卜：凡事必須運用智慧、謀略去克服、而後方能順暢，否則見損，以致前功盡棄。

象曰：利用刑人，以正法也①。

發蒙之初。法不可不正。懲戒所以正法也

[註釋]

① 利用刑人，以正法也：《程傳》治蒙之始，立其防限，明其罪罰。

九二：包蒙①，納婦②，子克家③，

九二以陽剛內卦之主。統治羣陰，當發蒙之任者。然所治既廣，物性不齊，不可一槩取必。而爻之德剛而不過，為能有所包容之象。又以陽受陰，為納婦之象。又居下位而能任上事，為子克家之象。故占者，有其德而當其事，則如是而吉也。

[註釋]

①包蒙：包容昧者而教養之。即「有教無類」。
②納婦：能容忍你的太太。
③子克家：兒輩們能治理家事。

[哲理]

有教無類，又能容忍你的太太是好的事情，能做到這點，就能治家。

[應用]

占卜：凡事能循序漸近之方式去做，切不可以急進或矯枉過正的心態去做。否則會有損失，這是變卦

為「山地剝」。

象曰：子克家，剛柔接也①。

指二、五之應。

[註釋]

①剛柔接也：指二、五爻剛柔之情相接

[哲理]

此卦有比、有應指一個人治家、剛柔均能兼顧。

六三：勿用取①女，見金夫，不有躬②，无攸利③。

取，七具反。六三陰柔不中不正。女之見金夫而不能有其身之象也。占者遇之，則其取女，必得如是之人，无所利矣。金夫賂已而挑之，若魯秋胡之為者。

[註釋]

①取：通「娶」。

②不有躬：這樣會不尊重你。

③无攸利：對你沒有好處的。

[哲理]

不要娶那種看到錢才嫁你的人，這樣的婚姻不會尊重你，對你沒有好處。

[應用]

占卜：要謹慎處理事情，才不會受害。

象曰：勿用取女，行不順①也。

順，當作慎。蓋順慎，古字通用。荀子順墨，作慎墨。且行不慎，於經意尤親切。今當從之。

[註釋]

①行不順：行為不順常理。

[哲理]

不要娶，行事不依你的女人。

六四：困蒙，吝①

既遠於陽，又无正應。為因於蒙之象。占者如是，可羞吝也。能求剛明之德而親近之，則可免矣。

[註釋]

①吝：羞恥。

[哲理]

在學習中會遇到困難。

[應用]

占卜：凡事不可自作聰明妄作主張，而應守正以待良機，才是明智之舉。变卦「火水未濟」。

象曰：困蒙之吝，獨遠實①也，

遠，于萬反。實叶韻去聲。

[註釋]

①獨遠實：遠，音「願」。遠離陽剛（即九二爻）賢明的

[哲理]

為什麼在學習中會遇到困難，亦就是偏離事實。

六五：童蒙①，吉。

柔中居尊，下應九二。純未發，以聽於人。故其象為童蒙，而其占者如是則吉也。

[註釋]

①童蒙：比喻蒙童能虛心求教。

[哲理]

在學習中能順利，才能達到新的理程碑。

[應用]

占卜：凡事大有希望。

象曰。童蒙之吉。順以巽也。

上九：擊蒙①不利為寇②利禦冠③。

以剛居上，治蒙過剛。故為擊蒙之象。然取必太過，攻治太深，則必反為之害，惟捍其外誘以全其真純，則雖過於嚴密，乃為得宜。故戒占者如此。凡事皆然，不止為誨人也。

[註釋]

①擊蒙：以猛擊的方式啟發蒙昧。

②不利為寇：不宜過於剛暴有如寇盜；為寇，主攻。

③利禦寇：宜採用防禦寇盜的溫和方式；禦寇：防禦。

[哲理]

要防守，不利主攻，這樣才能突破。

[應用]

占卜：凡事須先守住現勢，以造就勢力，不可貪功急進。

象日：利用禦寇，上下順①也。

禦寇以剛，上下皆得其道。

[註釋]

①順：和順。

[哲理]

要能防守，上下才能順利。

5☵☰ 水天需（開發之象）

需，有孚。光亨①，貞吉，利涉大川。

需，待也。以乾遇坎，乾健坎險。以剛遇險，而不遽進難於陷於險，待之義也。孚，信之在中者也。其卦九五以坎體中實，陽剛中正而居尊位。為有孚得正之象。坎水在前，乾健臨之。將涉水而不輕進之象。故占者為有所待，而能有信，則光亨矣。若又得正，則吉。而利涉大川。正固无所不利，而涉川尤貴於能待，則不欲速而犯難也。

[註釋]

①光亨：光明亨通。

[哲理]

需是有誠信發揚光大後就可暢通，這是好的現象，可以去做大事。

象日：需①，須也。險在前也。剛健而不陷②，其義不困窮矣。

此以卦德釋卦名義

[註釋]

①需：需要，等待之意。

②不陷：不陷入危險。

需有浮，光亨，貞吉。位乎天位①，以正中也。利涉大川，往有功也。

卦體及兩象釋卦辭。

[註釋]

①天位：在說九五爻。

[哲理]

需須要去開發，陽剛之氣不會被險所困，有誠信才可發揚，九五爻為尊位，又是中正（陽爻交），去做事會有所得。

象曰：雲上於天，需，君子以飲食宴樂。

上，上聲。樂，音洛。雲上於天，无所復為。待其陰陽之和而自雨爾。事之當需者，亦不容更有所為。但飲食宴樂，俟其自至而已。一有所為，則非需也。

[哲理]

水在天上為雲，須要開發，一個替天而行事之人，會更求美好的生活。

初九：需于郊①，利用恒②，无咎。

郊，曠遠之地，未近於險之象也。而初九陽剛，又有能恆於其所之象。故戒占者能如是則无咎也。

[註釋]

①需于郊：郊，城郊。比喻勤勞去工作。古代工作在城郊。

②利用恆：宜安守正道。

[哲理]

出城郊去工作，要有恆心，這是好的現象。

[應用]

占卜：凡事要有足够的時間和空間去做事先的準備，以待時機。

象曰：需于郊，不犯難行①也，利用恆无咎。未失常也。難，去聲。

[註釋]

①不犯難行：不要怕困難。

[哲理]

出城去工作，不要怕困難，只要有恆心，這樣就不會失去正道。

九二：需于沙①，小有言，終吉

沙，則近於險矣。言語之僵傷，亦災害之小者。漸進近坎，故有此象。剛中能需，故得終吉。戒占者當如是也

[註釋]

①沙：沙灘。

[哲理]

你已經遭遇到困難，會有些抱怨，但還是要做完才能吉利。

[應用]

占卜：凡事在此時必須以耐心去做，必能以吉相終。

象曰：需于沙。衍在中也①，雖小有言，以吉終也。

衍，以善反。衍，寬意。以寬居中，不急進也。

[註釋]

①衍在中也：內心寬綽有餘而不急躁。

[哲理]

人遇到困難，而被困，在這時候雖有抱怨，還是要做完才能吉利。

九三：需于泥①，致寇②至。

泥，將陷於險矣。寇，則害之大者，九三去險愈近。而過剛不中，故其象如此。

[註釋]

①泥：泥灘，喻逼進險地。

②寇：喻危害。

[哲理]

水接近有泥，當人落難時會受到別人的欺負。

[應用]

占卜：此時必須以軟、硬不吃般之堅毅的心去處理，則事成在望。

象曰：需于泥，災在外也。自我致寇敬慎不敗也。

外，謂外卦。敬慎不敗，發明占外之占。聖人示人之意切矣。

[哲理]

惟人平時待人要謹慎小心，才會立於不敗之地。

六四：需于血①，出自穴②。

血者，殺傷之地。穴者，險陷之所。四交坎體，入乎險矣。故為需于血之象。然柔得其正，需而不進，故又為出自穴之象。占者，如其是，則雖在傷地而終得出也。

[註釋]

①血，血泊，比喻極為艱困的險境。《本義》:「血者，殺傷之地。

②穴：陷穴。《本義》,「穴者，險穴之所。」

[哲理]

付出代價後才能脫困。

[應用]

占卜：要發揮，要以柔剋剛，必能得救，不可一味抗衡，必被消威於無形。

象日：需于血，順以聽也。

[哲理]

凡事要付出代價就能順昌

九五：需于酒食，貞吉。

酒食。宴樂。之具。九五陽剛中正，需于尊位，故有此象。占者如是而貞固，則得吉也。

[哲理]

由於你過去的勤勉工作，現在可享受以前的成果。

[應用〕

占卜：此時可享受成果，惟要持恒則吉。

象日：酒食貞吉。以中正也。

上六：入于穴①，有不速②之客三人來，敬之③終吉。

陰居險極，无復有需。有陷而入穴之象。不應九三，九三與下二陽需極並進。為不速客三人之象。柔不能禦而能順之。有敬之之象。占者當陷險中，然以非意之來，敬以待之，則得終吉也。

[註釋]

①入于穴：陷入險穴之所（家居）。

②不速之客：速：邀請。不請自來的客人。

③敬之：接待。

[哲理]

在陷入險穴的家居，有不請自來的三個客人，要敬重他，招待他，最後才能吉利。

[應用]

占卜：此時凡事必須以敬順之態度去做，則可吉終。

象曰：不速之客來，敬之終吉。雖不當位，未大失也。

當，都浪反。後凡言當位，不當位者做此。以陰居上，是為當位，言不當位未詳①。

[註釋]

①言不當位未詳：以陰居上爻為當位是正確的，言不當位是錯誤的，故寫未詳。今以「不中正」謂之。

[哲理]

不論不請自己來的客人來訪也要重視他、招待他，雖不居中正，也不會失去太多。

6☰☵ 天水訟（爭執之象）

訟，有孚窒①。惕②中③吉，終凶④。利見大人，不利涉大川。

窒，張栗反。訟，爭辯也。上乾下坎。乾剛坎險，上剛以制其下。下險以伺其上，又為內險而外健。又為己險而彼健，皆訟之道也。九二中實，上无應與。又為加憂且於卦變自遯（否）而來，為剛來居二，而當下針之中。有有孚而見窒。能懼而得中之象。上九過剛，居訟之極，有大人之象。以剛乘險，以實履陷，有不利涉大川之象。故戒占者必有爭辯之事，而隨其所處為吉凶也。

[註釋]

①有孚窒：有誠信受到窒礙。意即無誠信。

②惕：心存憂懼。

③中：中道，在此有適可而止之意。

④終凶：始終爭訟不已必凶。

[哲理]

在有爭執時就不講誠信，有警惕的人，在事中是最好的現象。

彖曰：訟，上剛下險。險而健，訟。

以卦德釋卦名義。

訟，有孚窒，惕中吉。剛來而得中也，終凶訟不可成也。利見大人，尚①中正也。不利涉大川，入于淵②也。

以卦變卦體，卦象釋卦辭。

[註釋]

①尚：崇尚。此指九五能以中正來裁決爭訟。

②淵：深淵、借喻危險。

[哲理]

訟上下均剛，危險而剛健，兩卦中爻均陽剛，終凶，訟中正。可計劃做大事，但不可去做大事，因深入險境，要等待機會。

象曰：天與水違行①，訟。君子以作事謀始②。

天上水下，其行相違。作事謀始，訟端絕矣。

[註釋]

①天與水違行：天體在上，坎水在下，日月西旋，江水東流，相違而行，象徵人情乖違，致生訟端。

②作事謀始：謀慮於事初，以杜絕爭訟的產生。

[哲理]

一個有德行之人，做事必須從長計議。

初六：不永所事①，小有言②，終吉。

陰柔居下，不能終訟。故其象占如此。

[註釋]

①不永所事：永，長久。不長久於爭訟之事。

②小有言：稍有言語爭辯。小猶「稍」。

[哲理]

做事沒有恒心又有些抱怨，還是把它做完才吉。

[應用]

占卜：凡事不必興訟，盡可能用訴願、申訴等方式處理，必可獲滿意的結果。

象曰：不永所事，訟不可長也。雖小有言，其辯明也。

[哲理]

你做事情沒有恆心，對你有怨言，你還是把它做完，是非自然會明白。

九二：不克①訟，歸而逋②其邑人三百戶③，无眚④。

逋，補吳反。眚，生領反。九二陽剛。為險之主，本欲訟者也。然以剛，居柔得下之中，而上應九五。陽剛居尊，勢不可敵。故其象占如此，邑人三百戶。邑之小者，言自處卑約以免災患。占者如是，則无眚矣。

[註釋]

① 克：勝

② 逋：逃。音哺（補）。或隱居之意。

③其邑人三百戶：邑：小城。那是僅三百戶的小城邑。

④无眚：眚音省。災禍。無災禍之意。

[哲理]

在爭訟輸了，找一個小村落回去隱居起來，就能避免災難的發生。

[應用]

占卜：本卦變卦「否」。故凡事均處於不利，強爭無益，徒增損失而已。

象曰：不克訟，歸逋竄也。自下訟上，患至①掇②也。

竄，七亂反。掇，都活反。掇，自取也。

[釋註]

①患至：憂患會跟著來。

②掇：不斷。音奪。

[哲理]

爭不贏人家就回去歸隱，自己能力差，還要跟人家爭，患難會接二連三的來，這是自己找的。

六三：食舊德①，貞，厲終吉。或從王事，无成。

食，猶食邑之食。言所享也。六三陰柔。非能訟者，故守舊居正。則雖危而終吉，然或出而從上之事。則亦必无成功。占者守常而不出則善也。

[註釋]

①食舊德：享受原來擁有的。

[哲理]

享受原來擁有的，持恒雖苦，這是好的現象，如果在此不聽，想去做大事，必然失敗。

[應用]

占卜：宜故守本分，不可求變，必然陷險大敗。变卦成「天風姤」。

象日：食舊德，從上吉①也。

從上吉，謂隨人則吉。明自主事。則无成功也。

[註釋]

①從上吉：順從長輩而獲吉。指六三陰柔而上乘陽剛。

[哲理]

保守原來擁有的，跟著長輩去做這是好的現象。

九四：不克訟，復即命①，渝②安貞，吉。

渝以朱反。卽，就也。命，正理也。渝，變也。九四剛而不中，故有訟象。以其居柔，故又為不克。而復就正理，渝變其心。安處於正之象。占者如是則吉也

[註釋]

①卽命：認命。

②渝：变通。即想其他的辦法。

[哲理]

當訟不贏人家的時候就要認命的回去吧！然後再去想其他的辦法。能够持恒、安分守己就能吉利

[應用]

占卜：變卦為「渙」凡事不可強爭，若能認命的回去再想其他的辦法，持恒安於正道就能吉利。

象曰：復卽命，渝安貞，不失也。

[哲理]

當訟不贏人家時就要認命的回去吧，再去求其他辦法，安分守己就能吉利持恆。

九五：訟元吉。

陽剛中正以居尊位。聽訟而得其平者也，占者遇之，訟而有理，必獲伸矣。

[哲理]

到了九五爻尊位（居陽）訟要爭到底方能大吉。

[應用]

占卜：變卦「火水未濟」剛健，有能力去爭訟必勝。

象曰：訟元吉，以中正也。

中則聽不偏正則斷合理。

[哲理]

爭訟到了最後，必是大吉的，因九五爻居中正之位。

上九：或錫之鞶帶①，終朝三褫②之。

褫，敕紙反。鞶帶，命服之飾。褫，奪也。以剛居訟極，終訟而能勝之。故有錫命受服之象。然以訟得之，豈能安久，故又有終朝三褫之象。其占為終訟无理而或取勝，然其所得，終必失之，聖人為戒之意深矣。

[註釋]

①錫鞶帶：鞶，音盤。大帶，官服的飾帶。

②三褫：褫，音齒。奪，意即三道命令。

[哲理]

由於你的受寵，而仗著你的權位，在一日之內你就發佈三道命令，以致勞民傷財。

[應用]

占卜：到了此爻戒人不可得勢自遨，或為富不仁，否則近失勢、財盡時，就不會受人尊敬的。

象曰：以訟受服，亦不足敬也。

[哲理]

不要以權勢要人服從，就不會受人尊敬。

7☷☵ 地水師（戰爭之象）

師，①貞②，丈人③，吉，无咎。

師，兵象也。下坎上坤，坎險坤順，坎水坤地。古者寓兵於農，伏至險於大順。藏不測於至靜之中。又卦雅九二，一陽居下卦之中。為將之象，上下五陰順而從之，為象之象。九二以剛居下而用事，六五以柔居上而任之，為人君命將出師之象。故其卦之名曰師，丈人，長老之稱。用師之道，利於得正，而任老成之人，乃得吉而无咎。戒占者亦必如是也。

[註釋]

①師：戰爭。

②貞：久。

③丈人：有經驗的人。

[哲理]

戰爭要能持久，要靠有經驗的長者指導，才能吉利，無災咎。

彖曰：師①，眾也。貞，正也。能以眾正②，可以王矣。

王往況反。此以卦體釋師貞下之中，而五陰皆為所以也。能以眾正。王者之師矣。

[註釋]

① 師：軍隊。

② 能以眾正：能使眾心服從而合於正道。

[哲理]

打戰是眾人的事，能持久且能以正意感的理由。來發起正義之象，這樣的情形才是王道。

剛中而應險而順以此毒①天下而民從之。吉又何咎矣。

又以卦體卦德釋丈人吉无咎之義，剛中。謂九二、應，為六五爻應之。行險，謂之危道。順，謂順人心。此非有老成之德者不能也。毒害也。師旅之興，不无害於天下。然以其有是才德。是以民悅而從之也。

[註釋]

①毒：《經典釋文》引馬融云：「毒，治也」

[哲理]

剛中有應使天下百姓受到傷害，而使人民順從，這樣是吉利的有何災咎。

象日：地中有水，師。君子以容民①畜眾②。

畜許六反，水不外於地，兵不外於民，故能養民，則可以得眾矣。

[註釋]

① 容民：對人民寬大為懷。

② 蓄眾：順從的人很多。

[哲理]

一個順天而行事之人，要寬容別人，但平常要充實自己。

初六：師出以律①，否臧凶②。

律法也。否臧，謂不善也，晁氏日：否字，先儒多作不是也。在卦之初，為師之始，出師之道，當謹其始，以律則吉，不臧則凶。戒占者當謹始而守法也。

[註釋]

①律：紀律

②否臧凶：暗藏凶機。否音痞各。臧，善也。音臟？。

[哲理]

軍隊出去打戰，要有紀律，否則暗藏凶機。

[應用]

占卜：謀事的開端，首重於陣容的水準。

象日：師出以律，失律凶也。

九二：在師中①吉，无咎。王三錫命②

九二在下，為眾陰所歸。而有剛中之德，上應於五，而為所寵任。故其象占如此。

[註釋]

①在師中：統率兵象而合於中道。

②王三錫命：君王再三給你重用。三、虛數。錫

与賜通。

[哲理]

王再三給你保重用、訓練軍隊

[應用]

占卜：凡事此時只要展現智慧，全力以赴、則均能順心遂願。

象曰：在師中吉，承天寵①也。王三錫命，懷萬邦也②。

[註釋]

①天寵：天子的寵信。

②懷萬邦：懷，安撫歸服。意指心懷大志。

[哲理]

在統率三軍要合乎中道，這是好的現象，受君王的重信，再三的重用你，更要心懷大志，報效君王恩典。

六三：師或輿尸①，凶。

輿尸，謂師徒撓敗，輿尸而歸也，以陰居陽位，才弱志剛，不中不正，而犯非其分，故其象占如此。

[註釋]

①輿尸：輿，車也。在此作動詞，「車載」之意。輿尸即載屍而歸。

[哲理]

祇要發動戰爭，必然大戰見凶。

〔應用〕

占卜：此時行事必須自我評估，自大妄為，勢必慘敗。

象曰：師或輿尸，大无功也。

六四：師左次①，无咎。

左次，謂退舍也。陰柔不中，而居陰得正，故其象如此。全師以退，賢於六三遠矣。故其占如此。

[註釋]

①左次：左退。

[哲理]

軍隊在戰爭中，有時退駐無災咎。

[應用]

占卜：此時剛脫險，須做適當休息，方為上策。

象日：左次无咎，未失常也。

知難而退，師之常也。

[哲理]

打戰退駐是好現象，而不是失常。

六五：田有禽①，利執言②，无咎；長子③帥帥，弟子④輿尸，貞凶。

長之丈反。六五用師之主，柔順而中不為兵端者也，敵加於己，不得已而應之。故為田有禽之象。而其站利以搏執而无咎也。言語辭也。長子九二也。弟子。三四也。又戒占者於委仁。若使君子任事。又使小人參之。則是使之輿戶而歸。故雖貞而亦不免於凶也

[註釋]

① 田有禽：禽獸侵入田中食我禾稼，借喻外寇入侵。

②利執言：利以執以聲罪致討，使師出有名。

③長子：猶「丈人」。有經驗的人。

④弟子：與長子相對，指無德小人。或親人之意。

[哲理]

有收穫、有利益，四方強權都要來爭，你要找正當理由就無災咎。打仗要用人才，不可用無德小人或親人，否則你的兵打仗必敗。

[應用]

占卜：此時變卦為「重險」，謀事之成敗端看動機是否正確，和用人是否得當。

象日：長子師師①，以中行②也。弟子輿尸，使③不當也。當去聲。

[註釋]

①長子帥帥：有能力的人。

② 中行：中道。

③使：任命的將領。

上六：大君①有命，開國成家②，小人勿用③。

師之終，順之極，論功行賞之時也。坤為上，故有開國承家之象。然小人則雖有功，亦不可使之得有爵土。但優以舍帛可也，戒行賞之人，於小人則不可用此占，而小人遇之，亦不得用此爻也。

[註釋]

①大君：指天子。

②開國成家：或開國封侯，或授為卿大夫之職。

③小人勿用：不可用小人。小人，有才無德之人。

[哲理]

戰爭到了一定程度（戰爭結束）君王有命，最後要重建家邦，不可用小人。

[應用]

占卜：此時行事必須公正無偏，方能展現大君風範以慶太平，否則會前功盡棄。

象日：大君有命，以正功①也，小人勿用，必亂邦也。

聖人之戒深矣。

[註釋]

①正功：論功行賞。

[哲理]

戰爭結束後，君王有命論功行賞，不可用小人，否則必亂邦。

8☵☷　水地比　（相輔之象）

比，吉，原筮①元永貞，无咎。不寧方來②，後夫③凶。

比，毗意反。比，親輔也。九五以陽剛居上之中而得其正，上下五陰，比而從之，以一人而撫萬邦，以四海而仰一人之象。故筮者得之，則當為人所親輔。然必再筮以自審，有元善長永正固之德。然後可以當眾之歸而无咎，其未比而有所不安者，亦將皆來歸之。若又遲而後至，則此交已固。彼來已晚，而得凶矣。若欲比人，則亦以是而反觀之耳。

[註釋]

①原筮：誠意。

②不寧方來：謂不順服的諸侯前來歸附。

③後夫：遲緩而來的人。指上六。後，遲也。夫，語助詞。

[哲理]

你要與人相輔相成，你要以誠意永遠與人共事就無災咎。否則你在不安寧的地方與人相輔組成動作不能太慢，太慢就會見凶

彖曰：比，吉也。比，輔也①不順②從也。原筮元永貞无咎。以③剛中④也，不寧方來，上下應也。後夫凶，其道窮⑤也。

此以卦體釋卦名義。

[註釋]

①輔：相輔相成。

②下順：順從下卦（指坤卦）。

③以：謂或是。

④剛中：指九五爻為陽剛且上下卦中爻有應。

⑤其道窮：指親比之道的窮途末路。即無發揮餘地。

[哲理]

這個卦是吉利的，彼此相輔相成，要以誠意待人。

象曰：地上有水，比；先王以建萬國，親諸侯。

地上有水，水比於地，不容有閒，建國親侯。亦先王所以比以天下而无閒者也。彖，意人來，比我。此取我往比人。

[哲理]

地上有水是相輔相成，以前君王先親諸侯為的是要培養自己的實力。

初六：有孚①，比②之，无咎。有孚盈缶③終來有他吉。缶，俯九反。他，湯何反。比之初，貴乎有信。則可以无咎矣。若其充實，則又有他吉也。

[註釋]

①有孚：有誠信。
②比：相比。
③盈缶：盛滿水。

[哲理]

彼此用誠心是好的現象，用誠信的把盛滿的水分給人家，最後必能得到意想不到的回報。

[應用]

占卜：本身無能力，需與人相輔相成，要誠信待人，自我努力，雖難必成。

象日：比之初六，有他吉也

六二：比之自內①貞吉。

柔順中正應九五自內比外而得其貞，吉之道也。占者如是，則正而吉矣。

[註釋]

①自內：自我反省。

[哲理]

用誠意待人，而不自私，且經常反省，才能永遠吉利。

[應用]

占卜：变卦重險，處理險境要常常反者自己，有應九五貴人相助。

象日：比之自內，不自失也。

得正則不亂夫矣。

[哲理]

用誠意待人，而不自私且經常反省才不會發生錯誤。

六三：比之匪人①

陰柔不中正，承乘應皆陰。所比皆非其人之象，其占大凶，不言可知。

[註釋]

①匪人：不得其人。匪，通「非」

[哲理]

比喻你與壞人共事必定有損失。

[應用]

占卜：變卦為騫，此卦指示在此時任何事情都必須停止進行。

象日：比之匪人，不亦傷①乎。

[註釋]

①傷:悲也,[哲理]:你與虎謀皮不是傷害很大嗎？

六四：外比之①，貞吉。

以柔居柔，外比九五、為得其正，吉之道也。占者如是，則正而吉矣。

[註釋]

①外比之：指六四爻居外卦而上承九五爻，故親比於上。

[哲理]

要與其他賢人相比（即与九五爻相比)。

[應用]

占卜：得此卦凡事必須多方面學習參考外，還要聽取專家的意見方可進行。

象日：外比於賢①，以從上也。

[註釋]

①外比於賢：外比謂從九五爻，九五居君位且居中正。賢，賢君。

九五：顯比①，王用三驅②，失前禽③，邑人④不誡⑤，吉。

一陽居尊，剛健中正。卦之羣陰皆來，比已。顯其比而无私。如天子不合圍，開一面之網，來者不拒，去者不追，故為用三驅失前禽而邑人不誡之象。蓋雖私屬，亦喻上意，不相敬備以求必得也。凡此皆吉之道，占者如是則吉也。

[註釋]

①顯比：彰顯親比之道。又意「榜樣」。

②王用三驅：三驅，指田獵時三面驅趕合圍而網開一面。王用，即君王用三驅打獵的動作。

③失前禽：由於三驅，或許會失去前方的禽獸，

然比道的哲學乃在追求自然來比，無待勉強，因此，來者不拒，去者不追。

④邑人：指人民。

⑤不誡：不告誡人民必來親己。

[哲理]

君王與賢人相比，能以君王之仁待人而不趕盡殺絕，有仁人之風，人民對他就無誡心。

[應用]

占卜：大地生萬物是吉利現象，凡事必須寬大為懷，而能使大家臣服，為己所用，這是變卦「坤為地」的關係。

象曰：顯比之吉。位正中①也，舍逆取順②，失前禽也。邑人不誡，上使中③也。

舍音捨。由上之德使不偏也。

[註釋]

①位正中：位置在正中。与中正不同。

②舍逆取順：捨棄違逆而不願親比者，獲取願意順從親比者。

③使中：指尊位，你是上卦的中爻。在上者對待在下者合於中道。

上六：比之无首①，凶。

陰柔居上，无以比下，凶之道也，故為无首之象。而其占則凶也。

[註釋]

①无首：沒有人幫忙你。另意：不居首領先。指上六居後无所比附，即卦辭所謂的「後夫」。

[哲理]

最後一爻已經無人可比，沒有人幫忙你是不吉利的。

[應用]

占卜：此卦已無助力了，唯有靠自己。

象曰：比之无首，无所終①也。

[註釋]

①无所終：沒有比的機會了，即不會有好的結果。

[哲理]

最後一爻已經無人可比，沒有人幫忙你是不吉利的。比喻已經沒有好的結果了。

9☴☰ 風天小畜 （待機之象）

小畜，亨①。密雲不雨，自我西郊②。

畜，敕六反。大畜卦同。巽，亦三畫卦之名。一陰伏於二 陽之下，故其德為巽為入。其象為風為朮，小陰也。畜，止之之義也。上巽下乾，以陰畜陽。又卦唯六四一陰，上下五陽皆為所畜。故為小畜，又以陰畜陽，能係而不能固，亦為所畜者小之象。內健外巽，二五皆陽，各居一卦之中而用事。有剛而能中，其志得行之象。故其占當得亨通，然畜未極而施未行，故有密雲不雨自我西郊之象。蓋密雲，陰物，西郊，陰方。我者，文王自我也，文王演易於羑里，視岐因為西方。正小畜之時也。筮者得之，則占亦如其象云。

[註釋]

①小畜亨：畜有養而止之意，一陰蓄五陽，乃能以小蓄大。

②自我西郊：要去幹活。

[哲理]

能通，在密雲不雨的情況下，就要藉機去工作。

彖曰：小畜，柔①得位而上下有應②之日小畜。

以卦體釋卦名義。柔得位，指六居四，上下，謂五陽。

[註釋]

①柔：指第四爻為陰。

②上下有應：指上卦第四爻為陰，下卦第一爻為陽，故日上下有應。

[哲理]

由於第四爻為陰，又與初九爻為陽得位有上下應，即有好的機會日小畜。

健而巽，剛中而志行，乃亨。以卦体、卦德而言陽猶可亨也。

[哲理]

本卦之九二与九五均為陽剛故做事能通。

密雲不雨，尚往①也。自我西郊，施未行②也。

施始豉反。尚往，言畜之未極，其氣猶上進也。

[註釋]

①尚往：陽氣尚在往上發展，陰蓄止之仍未足，故未成雨。

②施未行：陰陽交和之功，始雨而未能暢行。

[哲理]

意即在密雲不雨的情況下，抱握機會去做你應該做的事，等你收穫回來，還未下雨。（即搶奪先機）

象曰：風行天上，小畜。君子以懿文德①。

風有氣而无質，能畜而不能久，故為小畜之象。懿文德。言未能厚積而遠施也。

[註釋]

①懿文德：懿，模範，美好。文德：文章道德。即修美文章道德。

[哲理]

風在天之上謂小畜，一位替天行道的人，必親自去發揚美好的德性。

初九：復自道①何其咎吉。

復，芳六反。二爻同。下卦乾體，本皆在上之物。志欲上進而為陰所畜，然初九體乾，居不得正、前遠於陰，雖與四為正應，而能自守以正。不為所畜，故有進復自道之象。占者如是，則无咎而吉也。

[註釋]

①復自道：剛開始走那條路，就走那條路。

[哲理]

你怎麼去就怎麼回來，不會有災咎，也是好的現象。意即凡事剛開始要隱札隱打。

[應用]

占卜：凡事要做有經驗的事，否則要三思而行。

走你已走過的路回來。

象曰：復自道，其義吉也。

九二：牽復①吉。

三陽志同，而九二漸近於陰以其剛中，故能與初九牽連而復，亦吉道也。占者如是則吉矣。

[註釋]

①牽復：凡做任何事，要拮取經驗。

[哲理]

凡做任何事，要拮取經驗，才是吉利。

[應用]

占卜：凡事要做有經驗的事，不可標新立意，否則會失敗。

象日：牽復在中，亦不自失①也。

亦者承上爻義。

[註釋]

①不自失：不會迷失自己。

[哲理]

此爻指中爻牽著去，沿著回來，就不會有損失。

九三：輿①說②輻③，夫妻反目④。

說，吐活反。九三亦欲上進，然剛而不中，所係畜，不能自進，故有輿說輻之象。然以志剛，故又示能平而與之爭。故又為夫妻反目之象。戒占者如是，則不得進而有所爭也。

[註釋]

①輿：車子。

②說：同脫，脫落。

③輻：當作輹，即車輪之軸。

④反目：反目相視，指衝突失和。

[哲理]

車子掉去輪子，如同夫妻不能共生。

[應用]

占卜：凡事此時要誠心面對，方能補救。

象日：夫妻反目，不能正室①也。

程子曰，説輻反目，三自為也。

[註釋]

①正室：端正室家。即相處在一起。

六四：有孚①，血去②惕出③，无咎。

去，上聲。以一陰畜象陽，本有傷害憂懼，以其柔順得正。虛中巽體，二陽助之，是有孚而血去惕出之象也。无咎宜矣。故戒占者亦有其德，則无咎也。

[註釋]

①孚：誠信。

②血去：用心。

③惕出：小心。

[哲理]

有信心、小心從上爻（即九五爻）才能吉。

[應用]

占卜：此時凡事衹要用誠信、慎重的態度去處理，必然可以脫離危機、免去痛苦。

象日：有孚惕出，上合志①也。

[註釋]

①上合志：指九五能與六四意志相合。

九五：有孚攣如①，富以其鄰②。

攣，力專反。巽體三爻，同力畜乾，鄰之象也。而九五居中處尊，勢能有為，以兼乎上下，故為有孚攣固。用富厚之力而以其鄰之象。以，猶春秋以某師之以。言能左右之也。占者有孚，則能如是也。

[註釋]

①攣如：攣音練，即親切之意。

②富以其鄰：以多餘能力，來幫助別人。

[哲理]

當你有能力去幫助別人之時就要以誠心親切待人。

[應用]

占卜：此時凡事不可居尊自大為富不仁；而且還要更加勤勉方能成業。此乃變卦「山天大畜」之象。

象曰：有孚攣如，不獨富也①。

[註釋]

①不獨富也：不獨善其身。

上九：既雨既處①尚德載，婦貞厲②，月幾望③，君子征凶。

幾，音機。歸妹卦同，畜極而成陰陽和矣，故為既雨既處之象。蓋尊尚陰德，至於積滿而然也。陰加於陽，故雖正亦厲，然陰既盛而抗陽，則君子亦不可以有行矣其占如此，為戒深矣。

[註釋]

① 既雨既處：既雨，密雲既已降雨。既處，陽剛既已蓄止。 處，止也。意即下雨之意。

② 尚德載，婦貞厲：尚德載，指上九陽德亦被陰所積載畜聚。婦貞厲，指陰宜守正防危。意即：將來會有收穫。

③月幾望：每月月亮最旺陰接近盛滿。

[哲理]

到了這爻就變--，而使這卦變為☵雨就下來了。意即可以收獲你以前的努力。陰盛如同十五望月那樣盛，君子這時候也不可輕舉妄動。

[應用]

占卜：變卦需，也就是說當時機到來行事之時，切不可得意忘形。否則得不到預期的效果。

象曰：既雨既處，德積載也，君子征凶，有所疑也。

[哲理]

下雨了，可以收穫以前的努力，君子不要輕舉妄動（如做其他的投資）否則見凶，不要存著疑問。

10☰☱　天澤履　（謹慎之象）

履虎尾①，不咥？人②，亨。

咥，直結反。兌，亦三畫卦故其德為說。其象為澤，履，有所躡而進之義也。以其兌遇乾，和說以躡剛強之後。有履虎尾而不見傷之象。故其卦為履，而占如是也。人能如是，則處危而不傷矣。

[註釋]

①履虎尾：履，卦名。意即比較棘手之事。

②不咥人：不咬人。咥音蝶。

[哲理]

踩到老虎的尾吧而不被咬（遇到比較棘手之事），抵要小心就能通。

彖曰：履，柔①履剛②也，以二體釋卦名義。**說③，而應乎乾。是以履虎尾，不咥人，亨。說，音悅。**以卦德釋穙彖辭。**剛④中正⑤，履帝位⑥而不疚⑦，光明⑧也。**又以卦體明之，指九五也。

[註釋]

①柔：指兌卦。

②剛：指乾卦。

③說：同悅。悅指澤卦。

④剛：指乾卦的陽剛。

⑤中正：指九五爻

⑥帝位：指九五爻

⑦不疚：慚愧悔恨，不妥。

⑧光明：發揮。

[哲理]

說明乾卦為剛，兌卦為柔。九五爻為尊位中正，無不妥可以發揚。

象曰：上天下澤，履，君子以辯上下①，定明志②。

程傳備矣。傳曰，天在上，澤居下。上下之正理也，人之所履當如是，故取其象而為履。君子觀履之象，以辯別上下之分，以定其民志。夫上下之分明，然後民志有定，民志定，然後可以言治，民志不定，天下不可得而治也。古之時，公卿大夫而下，位各稱其德，終身居之，得其分也。位未稱德，則君舉而進之。士脩其學，學至而君求之，皆非有預於己也。農工商賈勤其事，而所享有限，故皆有定志。而天下之心可一，後世自庶士至於分卿，日志於尊榮，農工商賈，日志於富侈。億兆之心，交騖於利，天下紛然，如之何其可一也。欲其不亂難矣。此由上下，使各當其分，以定民之心志也。

[註釋]

①辨上下：辨別尊卑上下的分際。辯通「辨」。

②定民志：安定民心，使各守本分。

[哲理]

一個替天而行事的人，就要知道有上、下之分，才能安定民心。

初九：素履①，往无咎。

以陽在下，居履之初。未為物遷，幸其素履者也。占者如是，則往而无咎也。

[注釋]

①素履：簡單裝備上路。

[哲理]

剛開始不要太鋪張，簡單上路就好，方能無災咎。

[應用]

占卜：凡事之始，不可野心太大，否則難免引起無謂的爭端，因變卦為天水、「訟」。

象日：素履之往，獨行願也①。

[註釋]

①獨行願也：專一奉行自己的志願。意即成功失敗無所謂。

[哲理]

剛開始不要太鋪張之道理，成功失敗多所謂。

九二：履道坦坦①，幽人②貞吉

剛中在下，无應於上，故為履道平坦。幽獨守貞之象。幽人履道而遇其占，則貞而吉矣。

[註釋]

①履道坦坦：踐履在寬闊平坦的大道。

②幽人：樸素的人。

[哲理]

走這條路平坦且樸素的人，能這樣去做事就能吉利。

[應用]

占卜：不要多事，否則有無妄之災。因變卦「無妄」。

象曰：幽人貞吉①，中②不自亂也。

[註釋]

①幽人貞吉：踏踏實實做人。

②中：內心。

[哲理]

實實在在的去做事，內心就不會自亂腳步。

六三：眇能視①，跛能履②，履虎尾，咥人凶，武人③為于大君④。

跛，波我反。六三不中不正，柔而志剛，以此履乾，必見傷害。故其象如此，而占者凶，又為剛武之人、得志而肆暴之象。如秦政項籍，豈能久也。

[註釋]

①眇能視：眇，音？，盲一目。意即眼睛逞強去看。

②跛能履：逞強跛行。

③武人：武夫。

④大君：即天子。

[哲理]

在逞視、逞強下，如踩到虎尾，被老虎回頭咬是凶之現象，如武夫在大殿賣弄。

[應用]

占卜：得此爻時必須認命，過於逞強必凶。

象曰：眇能視，不足以有明也，跛能履，不足以與行也。咥人之凶，位不當也，武人為于大君志剛也①。

[註釋]

①武人為于大君志剛也：以武夫為喻者，以其位陰而居陽，才弱而志剛者也，志剛則妄動，所履不由其道，如夫在大殿上為大君（賣弄）。

九四：履虎尾，愬愬終吉①。

愬，山革反。音色。九四亦以不中不正，履九五之剛，然以剛居柔，故能戒懼而得終吉。

[註釋]

①愬愬終吉：愬，音訴。恐濯謹慎的樣子。意即虛事能左顧右盼才能吉終。

[哲理]

你踩到老虎尾巴，只要謹慎小心就能吉利。

[應用]

占卜：此卦只要謹慎處事，誠信待人，必可吉終。

象日：愬愬終吉，志行①也。

[註釋]

志行：志願。

[哲理]

比喻大難不死必有後福。

九五：夬①履②，貞厲。

夬，古快反。九五以剛中正履帝位，而下以兌應之，凡事必行，無所疑礙。故其象為夬決其履，雖使得正亦危道也，故其占為雖正而危，為戒深矣。

[註釋]

①夬：夬，決也音？。獨斷。

②履：獨行。

[哲理]

中正剛健之人，獨斷獨行是很辛苦的。

[應用]

占卜：變卦為「火澤睽」意即告誡此時專斷極權會有叛逆造反之厄。

象日：夬履貞厲，位正當也。

傷於所恃。

[哲理]

能者果斷獨行是很辛苦的。

上九：視履①考祥②，其旋③元吉。

視履之終以考其祥，周旋无虧，則得元吉。占者禍福，視其所履而未定也。

[註釋」

①視履：回顧所走過的路。意即拮取以前的經驗。
②考祥：考，考察。祥，徵祥，吉凶禍福的徵兆。意即考察禍福得失。
③旋：周旋完備，卽圓滿無瑕。

[哲理]

拮取以前的經驗，對未來之事，做詳細周全的計畫，才是最大的吉利。

[應用]

占卜：變卦「兌為澤」喜悅之象。得此爻雖以往頗有挫折，但抵要能拮取以前的經驗，再去努力一番，必然會有收獲。

象曰：元吉在上，大有慶也①。

若得元吉大有福慶也。

[註釋]

①大有慶也：大有收穫。

11☷☰　地天泰　（祥和之象）

泰①，小往大來②，吉亨。

泰，通也。為卦天地交而二氣通，故為泰。正月之卦也。小，謂陰。大，謂陽。言坤往居外，乾來居內，又自歸妹來。則六往居四，九來居三也。占者有陽剛之德。則吉而亨矣。

[註釋]

①泰：收入多，支出少。
②小往大來：陰往而陽來。象徵陰陽交通，萬物通達，故有吉亨之象。

[哲理]

泰，收入多支出少是好的現象，陰陽交通，萬物通達，是吉亨之象。

象曰：泰，小往大來吉亨，則是天地交而萬物通也。上下交①而其志同也，內陽而外陰②，內健而外順，內君子而外小人③，君子道長④，小人道消⑤也。

長。丁丈反，否卦同

[註釋]

①上下交：先說再做之意。

②內陽而外陰：即陽來居內，陰往居外，陽進而陰退也。

③內君子而外小人：說的與做的不一致。

④道長：道發揚。

⑤道消：道消滅。

[哲理]

陰下降，陽上升，天地交而萬物通。上下交，大家就能同心協力，內健而外柔順，這就是商談後依著去做，君子能將道發揚，小人會將道消滅。

象曰：天地交，泰，后①以財成②天地之道，輔相天地之宜，以左右民③。

財，裁同。相，息亮反。左部佐。右音佑。財成以制其過，輔相以補其不及。

[註釋]

①后：元后也。君也《易經研究》徐芹庭　著

②財成：因其自然而裁制使成也。《易經研究》徐芹庭著

③以左右民：保護人民。

[哲理]

一個賢明的皇后或君王能發錢四處祭拜，以求風調雨順、國泰民安。

初九：拔茅①茹②以③其彙④，征吉⑤。

茹，人余反。彙，于位反。音胃，否卦同。三陽在下，相連而進。拔茅連茹之象。征行之吉也。占者陽剛，則其征吉矣。郭璞洞林讀至彙字絶句。下卦放此。

[註釋]

①茅：長草

②茹：根相連，意即長草的根。

③以：與。

④彙：音會。類也

⑤征吉：征，仕進之意。意即這樣去做是吉利的。

[哲理]

把很多草集中起來會產生很大力量。

[應用]

占卜：凡事不久會得多方匯集的助力而有所發揮，這樣去做能吉。因變卦「地風升」。

象日：拔茅征吉，志在外①也。

[註釋]

①志在外：志在天地交。

九二：包荒①，用馮河②，不遐遺③，朋亡④，得尚于中行⑤。

馮，音憑。九二以剛居柔，在下之中，上有六五之應，主乎泰而得中道者也。占者能包容荒穢而果斷剛決，不遺遐遠而不泥朋比，則合乎此爻中行之道矣。

[註釋]

①包荒：心胸寬大包容萬物。

②馮河：指冒險犯難的勇氣。馮，音憑

③不遐遺：不猶疑。

④朋亡：亡絕朋黨之私。

⑤得尚于中行：即言能合於中道。尚，配也。中行，指本身為中爻

[哲理]

一個人要做到心胸寬大，而且又勇敢去做，朋友也會不猶疑為你效命，因他是中爻，曾去做應該做的事。

[應用]

占卜：此時之作為忌不可違失天理或存私念，否則勢必功虧一簣，全功盡棄。為變卦為「明夷」之意。

象日：包荒得尚于中行，以光大也。

九三：无平不陂①，无往不復②，艱貞③无咎。勿恤其孚④，于食有福⑤。

將過於中，泰將極而否欲來之時也。恤憂也。孚，所期之信也。戒占者艱難守貞，則无咎而有福。

[註釋]

①无平不陂：陂，音坡？。無陂地（傾斜不平）那有平地。

②无往不復：復，回復。意即世事那有一去不回來。

③艱貞：為人要能艱苦。

④勿恤其孚：不必憂慮誠信不為人知。

⑤于食有福：終究有福能享用食祿。

[哲理]

那有平地無陂地，世事那有一去不回來。為人祇要勤奮去做，就無災咎，不要對人失信，生活才能如意。

[應用]

占卜：此卦當位有比有應，變卦為「地澤臨」，世界任何事情都有一個週期，在此時要奮鬥，必須勤奮不懈，終會有成果。

象曰：无往不復，天地際也①

[註釋]

天地際也：指陰陽交接之時。故藉以説明宇宙循環立理

六四：翩翩①，不富以其鄰②，不戒以孚③。

已過乎中，泰已極矣。故三陰翩然而下復，不待富而其類從之，不待戒令而信也。其占為有小人合交以害正道，君子所當戒也。陰虛陽實，故凡言不富者，皆陰爻也。

[註釋]

①翩翩：音偏，指輕孚的人。

②不富以其鄰：沒有能力去幫助別人。

③不戒以孚：不須教戒而彼此出於誠信。

[哲理]

輕孚的人沒有能力去幫助別人，為人不要用戒律去約束他人，要用你的誠心去感化他。

[應用]

占卜：此爻乘三陽，此時顯得輕浮無隱，因本身有能力又臨尊位，又與初九有應，故能發揚柔德，建立起別人的信賴，如此終能建願。

象日：翩翩不富，皆失實①也，不戒以孚，中心願②也。陰本居下，在上為失實。

[註釋]

①皆失實：皆失其陰陽的本質。

②中心願：達到你的心願。

六五：帝乙歸妹①，以祉②元吉。

以陰居尊。為泰之主，柔中虛已，下應九二，吉之道也。而帝乙歸妹之時，亦嘗占得此爻，占者如是，則有祉而元吉矣。凡經以古人為言，如高宗箕子之類者皆放此。

[註釋]

①帝乙歸妹：帝乙：紂王（帝辛之文）。歸妹：嫁妹（紂王妹嫁周文王）。

②祉：福。此處用如動詞，有獲得福澤之意。

[哲理]

比喻從好的選好的，比不上從壞的選上好的（以環境的情況下來討論）。

[應用]

占卜：凡事雖有好的開始方須繼續努力，才能成大業。是變卦「需」之意。（水天需）

象日：以祉元吉，中以行願①也。

[註釋]

①中以行願：以中道來實踐任賢的意願。

上六：城復于①隍②，勿用師，自邑告命③，貞吝。

復，房六反。下同，泰極而否。城復于隍之象，戒占者不可力爭，但可自字。雖得其貞，亦不免於羞吝。

[註釋]

①城復于：比喻城已經敗落。

②隍：護城河。意即沒水的城池。

③自邑告命：自所居城邑發佈誥命

[哲理]

城已敗落，不可打仗。

[應用]

占卜：此卦泰極必亂，凡事此時須重新整頓，方能防止持久生變之至理。切記不可輕舉妄動。

象曰：城復于隍，其命亂①也。

命亂故復否，告命，所以治之也。治，平聲。

[註釋]

① 命亂：政令混亂。

[哲理]

域池已經敗落，其政令混亂無章。

12☰☷ 天地否　（閉塞之象）

否，之匪人①，不利君子貞，大往小來。

否備鄙反。否，閉塞也。七月之卦也，正與泰反，故曰匪人。謂非人道也，其占不利於君子之正道。蓋乾往居外，坤來居內。又自漸卦而來，則九往居四，六來居三也。或疑之匪人三字衍文，由比六三而誤也，傳不特解，其義亦可見。

[註釋]

①否，之匪人：否閉之時，乃非人道之時

[哲理]

支出多收入少不利君子，陽上升陰下降，陰陽不交，萬物不通，說的跟做的不一樣，君子道消。

彖曰：否，之匪人，不利君子貞，大往小來，則是天地不交而萬物不通也。上下不交而天下无邦也。內陰而外陽，內柔而外剛，內小人而外君子，小人道長，君子道消也。

象曰：天地不交，否，君子以儉德辟難①，不可榮以祿②。

辟，音避。難，去聲。收斂其德，不形於外，以避小人之難。人不得以祿位榮之。

[註釋]

①儉德避難：節儉避難。

②不可榮以祿：不可貪圖享受。

初六：拔茅茹以其彙貞吉①，亨

三陰在下當否之時，小人連類而進之象。而初之惡則未形也，故戒其貞則吉而亨。蓋能如是，則變而為君子矣。

[註解]

①貞吉：守正則吉。

[哲理]

拔起草彙集在一起就能產生很大的力量，能夠這樣持恒則吉，能通。

[應用]

占卜：此時不可自作主張，更防逆理行事，以避災趨吉。變卦「天雷无妄」之戒。

象曰：拔茅貞吉，志在君也①。

小人而變為君子，則能以愛君為念，而不計其私矣。

[註釋]

①志在君也：志在君子之道。

[哲理]

拔草集在一起能持恒是好的現象，目的是在君子之道。

六二：包承①，小人②吉，大人否，亨③。

陰柔而中正，小人能包容承順乎君了之象。小人之吉道也。故占者小人如是則吉，大人則當安守其否而後道亨。蓋不可以彼包承於我而自失其守也。

[註釋]

①包承：包容承順。

②小人：無能力之人。

③大人否，亨：有能力的人雖身遭否運，但在道義上是亨通的。

[哲理]

奉承祇有小人才會去做是好的，但有能力的人不屑去做，故不通。

[應用]

占卜：此時小人當道不可強出頭以免爭訟。變卦為「天水訟」之戒。

象曰：大人否亨，不亂羣也。

言不亂於小人之羣。

[哲理]

有能力的人，不會同流合污，故不會通。

六三：包羞①。

以陰居陽而不中正，小人志於傷善而未能也。故為包羞之象。然以其未發，故无凶咎之戒。

[註釋]

① 包羞：包容羞辱，即不知羞恥之意。

[哲理]

這爻位不當，沒有能力，委屈求全。

[應用]

占卜：此時若要達成任務，要以柔克剛，委屈求全，此乃變卦「遯」之戒也。

象曰：包羞，位不當也。

九四：有命①无咎，疇離祉②。

否過中矣，將濟之時也，九四以陽居陰，不極其剛，故其占為有命无咎，而疇類三陽，皆獲其福也。命謂天命。

[註釋]

① 有命：有君命，指行事皆出於君命。

② 疇離祉：指同類皆能附麗於福祉。疇，井然有序。祉，認真去做。

[哲理]

我們必須離開家庭，井然有序的去完成任務。

[應用]

占卜：此時要聽命上司，並要向外發揮，才能脫離「否」之逆境。變卦「風地觀」之意。

象曰：有命，无咎，志行也。

九五：休否①，大人吉，其亡，其亡②，繫于苞桑③。

苞與包同。古易作包～陽剛中正以居尊位，能休時之否。大人之事也，故此爻之占，大人遇之則吉，然又當戒懼如繫辭傳所云也。

[註釋]

①休否：休止否逢。意得到了九五爻的助力。

②其亡，其亡：其亡，將亡。意即該亡均亡。

③繫于苞桑：苞桑：叢生的桑根，以喻穩固。意即把所有的大樹集中起來。

[哲理]

到了這爻有能力的人可以出頭，該亡均亡。如同把大樹集中起來，產生無比的力量。

[應用]

占卜：此時以脫離逆境最後時機，但為了成功必須結合象人之力，能發揮力量。變卦「火地晉」之意。

象曰：大人之吉，位正當也。

[哲理]

在這爻是當位，有能力的人可出頭。

上九：傾否①，先否後喜。

以陽剛居否極，能傾時之否者也，其占為先否後喜。

[註釋]

①傾否：傾覆否運。

[哲理]

到了上九爻，不好的最後都會變好的。

[應用]

占卜：否極泰來之意，萬物可以重生。變卦「澤地萃」

象曰：否終則傾，何可長也。

[哲理]

不好的現象不可（會）長久。

13☰☲ 天火同人 （光明之象）

同人于野①，亨。利涉大川，利君子貞。

離，亦三畫卦之名。一陰麗於二陽之閒，故其德為麗為文明。其象為火為日為電，同人。與人同也。以離遇乾，火上同於天，六二得位得中而上應九五，又卦唯一陰而五陽同與之。故為同人。于野，謂曠遠而无私也。有亨道矣。以健而行，故能涉川，為卦內文明而外剛健。六二中正而有應，則君子之道也。占者能如是，則亨而又可涉險，然必其所同合於君子之道，乃為利也。

[註釋]

①同人于野：喻能廣泛和同他人而無偏私。野、原野。

[哲理]

在外結合志同道合之人，在外可通，去做大事，有利於君子，但要持恒。

彖曰：同人，柔得位得中而應乎乾。日同人。

卦體釋卦名義。柔，謂六二，乾謂九五。

同人曰衍文**同人于野亨。利涉大川，乾行①也，文明②以健，中正而應③，君子正也，唯君子為能通天下之志。**

以卦德卦體釋卦辭。通天下之志，乃為大同。不然則是私情之合而已，何以致亨而利涉哉。

[註釋]

①乾行：能合天下所行的剛健無私，是以能同人于野並利涉大川。

②文明：指下卦離火。

③中正而應：指六二與九五兩爻都居中得正而又相應。

[哲理]

志同道合之象。六二當位又與九五有應，天道大行，君子行正道，這時可大大的發揮。

象曰：天與火，同人。君子以類辨物①。

天在上而火炎上，其性同也。類族辨物，所以審異而致同也。

[註釋]

①類族辨物：謂區別族類，審辨事物。即歸類後再去辨別。

[哲理]

把天不萬物方門別類來辨別。

初九：同人于門①，无咎。

同人之初，未有私主，以剛在下，上无係應，可以无咎，故其象占如此。

[註釋]

①同人于門，和同於門外的人。于門，進進出出。

[哲理]

和志同道合的人，在一起研究是好的現象。

[應用]

占卜：出門謀事，絶不可懈怠，否則必遭排棄，這是變卦「天山遯」之現象。

象日：出門同人，又誰咎也。

六二：同人于宗①，吝。

宗，黨也。六二雖中且正。然有應於上，不能大同而係於私。吝之道也，故其象占如此。

[註釋]

①同人于宗：和同於宗親之人。

[哲理]

大夥之間不能有小黨張，否則會導致窮吝。

[應用]

占卜：此時要排除萬難，發揮柔德方能伸志。

象日：同人于宗，吝道也。

九三：伏戎于莽①，升其高陵②，三歲不興③。

莽，莫蕩反。剛而不中，上无正應，欲同於二而非其正。懼九五之見攻。故有此象。

[註釋]

① 伏戎于莽：伏兵於草叢之中。伏戎，按兵不動。于莽，草　業中。

②升其高陵：登上高山窺探。

③不興：不敢興兵爭戰。

[哲理]

只能把兵藏在草叢裡，自己爬上高山去觀看，而三年沒有所行動。

[應用]

占卜：凡事此時不可投機取巧，而心存僥倖行事，否則會有「無妄」之災。變卦「天雷无妄」。

象曰：伏戎于莽，敵剛①也，三歲不興，安行也②。

言不能行

[註釋]

①敵剛：對手很多

②安行：如何可行。

九四：乘其墉①，弗克攻②，吉。

墉，音庸。剛不中正。又无應與，亦欲同於六二而為三所隔，故為乘墉以攻之象。然以剛居柔，故有自反而不克攻之象。占者如是，則是能改過而得吉也。

[註釋]

①墉：城牆。

②弗克攻：要守城。

[哲理]

坐在城牆觀望，這樣就不會被敵人攻破，這就是吉利。

[應用]

占卜：本身無能力，此時只可守不可攻，才能吉（意即要先整整內部才能吉利）。

象曰：乘其墉，義弗克①也，其吉，則困而反則②也。

乘其墉矣。則非其力之不足也，特以義之弗克而不攻耳，能以義斷，困而反於法則，故吉也。

[註釋]

①義弗克：弗克，不勝。即別人攻你不下。

②困而反則：在城受困時會作反省，就會得到好的經驗。

[哲理]

坐在城牆觀看，別人攻你不下，這是吉利的現象。在城牆受困會作反省，就會得到好的經驗。

九五：同人先號咷①而後笑，大師②克③相遇。

號，戶羔反。咷道刀反。旅卦同。五剛中正，二以柔中正，相應於下，同心者也。而為三四所隔，不得其同，然義理所同，物不同而閒之，故有此象。然六二柔弱而三四剛強，故必用大師以勝之，然後得相遇也。

[註釋]

①先號咷：先有斯殺的聲音。

②大師：發動大軍進攻。

③克：攻敵。

[哲理]

志同道合之人，因為互不了解而有斯殺的聲音，後來了解以後成為好朋友。

[應用]

占卜：九五与六二有應且中正，本身有能力，惟九三、九四剛強阻隔，須經一番爭鬥才能成功。變卦「離為火」。光明前之黑暗期。

象曰：同人之先①，以中直②也，大師相遇，言相克③也。直謂理直。

[注釋]

①同人之先：乃「同人先號咷而後笑」之省文。

②中直：即中正。

③言相克也：是說能克敵制勝。

[哲理]

兩個大師級的人物相遇，了解個性後成為好朋友。

上九：同人于郊①，无悔。

居外无應，物莫與同。然亦可以无悔，故其象占如此，郊，在野之內，未至於曠遠，但荒僻无與同耳。

[註釋]

①郊：郊外。

[哲理]

結合志同道合之人去克服困難。

[應用]

占卜：到了此時已孤立無援，因無比、無應又位於遙遠的郊外，又居卦極，變卦「澤火革」要謹慎處事，想辦法突破困局。

象日：同人于郊，志未得也①。

[註釋]

①志未得也：未能知足，還要繼續努力。

[哲理]

志同道合要繼續努力，因為覺得未滿意。

14☲☰ 火天大有 （盛運之象）

大有①，元亨。

大有，所有之大也。離居乾上，火在天上，无所不照。

又六五一爻陰居尊得中，而五陽應之，故為大有。乾健離明，

居尊應天，有亨之道，占者有其德，則大善而亨也。

[註釋]

①大有：卦名，盛運。象徵盛大富有。

[哲理]

表示到達之處都大為暢通，而不是小的暢通，而是廣大又通達。

象日：大有，柔得尊位大中而上下應之曰，大有。

以卦體釋卦名義。柔，謂六五，上下謂五陽。

其德剛健而文明，應乎天①而時行②，是以元亨。

以卦德卦體釋卦辭。應天指六五也。

[註釋]

①應乎天：天，大自然規律。即順應上天的規律。

②而時行：根據大自然的規律來行動。

[哲理]

六五爻与九二爻柔得尊位又有應是為盛運，依大

自然的規律而行是謂大亨。

象日：火在天上，大有。遏惡陽善①，順天休命②。

火在天上，所照者廣，為大有君子以之象。所有既大、无以治之。則釁蘖萌於其閒矣。天命有善而无惡，故遏惡揚善，所以順天。反之於身，亦若是而已矣。

[註釋]

①過惡揚善：遏止邪惡，弘揚善行。

②順天休命：休命，不要以命令驅使人家。順應休美的天命。

初九：无交害①，匪咎艱則②无咎。

雖當大有之時，然以陽居下，上无係應，而在事初。未涉乎害者也。何咎之有。然亦必艱以虛之。則无咎，戒占者宜如是也。

[註釋]

①无交害：沒有什麼事情來相害。

②艱則：鄭，以艱難自處。即如果懂得勤奮就無災咎。

[哲理]

沒有順天而行事的人，會有災咎，一個人如果懂得勤奮，就無災咎。

[應用]

占卜：你放心努力去做，去做會有收獲的。变卦「火風鼎」之意。

象日：大有初九，无交害也。

九二：大車以載，有攸往，无咎。

剛中在下，得應乎上，為大車以載之象。有所往而如是，可以无咎矣。占者必有此德，乃應其占也。

[哲理]

只要努力去做是好的現象。

[應用]

占卜：凡事宜佐不宜主，若能衡量自己，不超越，行事則立於不敗之地。

象曰：大車以載，積中不敗也。

九三：公用亨于天子①，小人弗克②。

亨，春秋傳作享，謂朝獻也。古者亨通之亨。享獻之享

。烹飪之烹，皆作亨字。九三居下之上。公侯之象。而得正。上有六五之君，虛中下賢故為亨于天子之象。占者有其德 ，則其占如是，小人无剛正之德，則雖得此爻不能當也。

[註釋]

①公用亨于天子：公用，國家要重用你。亨，春秋傳作享，謂朝獻。即公侯能以其所有向天子獻禮致敬。

②小人弗克：這種事非小人能勝任的，與上句為相對之詞。

[哲理]

國家要重用你，能在皇帝的身邊，這種事非小人能勝任，用了小人就有害了。

[應用]

占卜：此時有貴人提拔，惟處事要小心，不可用小人。變卦「火澤睽」之意。

象曰：公用亨于天子，小人害也①

[注釋]

①小人害也：用了小人就有害了。

九四：匪其彭①，无咎。

彭，蒲光反。音旁，彭字音義未詳，程傳日盛貌。理或當然。六五柔中之君，九四以剛近之，有潛逼之嫌。然以其處柔也，故有不極其盛之象。而得无咎，戒占者宜如是也。

[註釋]

①匪其彭：彭，程傳曰盛貌。不過於盛大。

[哲理]

講話時不要跨張，就沒有災咎，但是非要分明。

[應用]

占卜：此時凡事踏實而不可潛越，以勤補拙，同樣有成。

象日：匪其彭无咎，明辨晳也①

晳，明貌。

[註釋]

① 明辨晳也：晳，明貌。具有明辨事理的智慧。

六五：厥孚交如①，威如吉②。

大有之世，柔順而中，以處尊位。虛已以應九二之賢，而上下歸之。是其孚信之交也。然君道貴剛，太柔到廢。當以威濟之，則吉。故其象占如此，亦戒辭也。

[註釋]

① 厥孚交如：厥，高也。交如，與人交往。意即六五以誠信交接上下。

② 威如吉：這樣就能受到人家的尊敬，這是好的現象。

[哲理]

與人家交往，用高的誠信，就會受到尊敬，就無災咎。

[應用]

占卜：凡事要以親愛精誠的原則去做事，必能得到人家的愛戴，這是好的現象。

象日：厥孚交如，信以發志也①。一人之信。足以發上下之

志也。**威如之吉，易而无備②也**。易，以鼓反。太柔，則人將易之而无畏備之心。

[註釋]

①信以發志：展以信譽來發揮你的志向。

②易而无備：到任何地方都沒有戒備。

[哲理]

以信譽來發展你的志向，不論至任何地方，人家對你都沒有戒心。

上九：自天祐之①，吉无不利。

大有之世，以剛居上，而能下從六五，是能履信思順而尚賢也。滿而不溢，故其占如此。

[註釋]

①自天祐也：大自然都要保佑你。

[哲理]

連大自然都要保佑你，沒有不利。

[應用]

占卜：此時是處於享受成果的太平盛世，吉而無不一（變卦「雷天大壯，雖無創造之能力，但有享成之命）。

象日：大有上吉，自天佑也。

15☷☶ 地山謙 （謙讓之象）

謙，亨。君子有終①。

謙者有而不居之義。正乎內而順乎外。謙之意也。山至高而地至卑。乃屈而止於其下。謙之象也。占者如是，則亨通而有終矣。有終，謂先屈而俊伸也。

[註釋]

①有終：能始終保持謙虛的美德。

[哲理]

尊陰為上就是謙讓、能通這樣去做就有收穫。

象日：謙亨，天道下濟而光明①，地道卑而上行②。

上時掌反。言謙之必亨。

天道虧盈而益謙③，地道變盈而流謙④，鬼神害盈⑤而福謙⑥，人道惡盈⑦而好謙。謙尊而光⑧，卑而不可踰⑨，君子之終也。

惡，烏路反。好，呼報反。變，謂傾壞。流，謂聚而歸之。人能謙，則其居尊者其德愈光，其居卑者人亦莫能過。此君子所以有終也。

[註釋]

①天道下濟而光明：下濟，下行。天的法則是天氣下降，周濟萬物，因此天道光輝而顯著。

②地道卑而上行：卑，低也。地的法則是位處卑下而地氣上升

③天道虧盈而益謙：虧盈，消長。天的規律是虧損盈滿而增益不足。
④地道變盈而流謙：流謙，給與。地道損高而增低。
⑤害盈：消長。
⑥福謙：保佑大家。
⑦惡盈：消長。
⑧謙尊而光：能謙，則尊貴者道德更加光明。
⑨卑而不可踰：卑賤者道德崇高而難以超越。

[哲理]

在上位的人要懂得謙讓，在下位的人不可踰越權限，使君子之道有必然的結果。

象曰：地中有山，謙，君子以裒多①益寡②，稱物平施③。

裒，蒲侯反。稱，尺証反。施，始鼓反。以卑蘊高，謙之象也。裒多益寡，所以稱物之宜而平其施，損高增卑以趣於平。亦謙之意也。

[註釋]

①裒多：減少多的。裒：取也，音抔？。
②益寡：增加少的。
③稱物平施：權衡事物而平均施與。

[哲理]

一位君子處事能減少多的而增加少的。這樣才能使社會平均分配（如同現今政府平均政策，無非也在實施人民財物能拉近差距，不要太大）。

初六：謙謙君子，用涉大川①吉。

以柔處下，謙之至也。君子之行也，以此涉難、何往不濟，故占者如是，則利以涉川也。

[註釋]

①用涉大川：以此（謙虛）來涉險犯難。

[哲理]

懂得謙虛的人就可以去做大事。

[應用]

占卜：凡事要謙虛好學，才能吉利，因變卦「地火明老」之
戒。

象日：謙謙君子，卑以自牧①也。

[註釋]

①卑以自牧：站在低的地方，自我修養（即知上進）。

六二：鳴謙①貞吉。

柔順中正，以謙有聞正而且吉者也。故其占如此。

[註釋]

①鳴謙：言語要謹慎。

[哲理]

言語小心謹慎，講話謙虛。

[應用]

占卜：本身有能力，但要參老能者的意見，才不致有誤，因變卦「地風升」有升遷機會。

象日：鳴謙貞吉，中心得也①。

[註釋]

①中心得也：乃本諸內心所得，非矯揉造作之謂也。

九三：勞謙①君子，有終吉。

卦唯一陽，居下之上，剛而得正，上下所歸，有功勞而能謙，尤人所難。故有終而吉，占者如是，則如其應矣。

[註釋]

①勞謙：默默的去做。

[哲理]

默默的去做，一定會成功。

[應用]

占卜：凡事只有以其剛明的才能，默默的做才能成功。這是變卦「坤為地」，負有任重道遠之意。

象日：勞謙君子，萬民服也。

六四：无不利，撝謙①。

撝，呼回反。與揮同。柔而得正，上而能下，其占无不利矣。然居九三之上，故戒以更當發揮其謙。以示不敢自安之意也。

[註釋]

①撝謙：撝音？。音同揮。即小心的計畫。

[哲理]

謹慎的去策畫沒有不利的。

[應用]

占卜：凡事僅可提議輔助，而不可主張做決定。

象日：无不利撝謙，不違則①也。

言不能過。

[註釋]

①違則：違背原則。

[哲理]

只要小心去規畫，就不會違背常理。

六五：不富以其鄰①，利用侵伐②，无不利。

以柔居尊，在上而能謙者也。故為不富而能於其鄰之象。蓋從之者象矣。猶有未服者。則利以征之，而於他事亦无不利。人有是德，則如其占也。

[註釋]

①不富以其鄰：喻六五雖然是富貴之身卻不以此誇耀或自豪，能將自己所擁有的財富，喜悅與鄰人一起分享。

②利用侵伐：別人運用積極的手段來發揚。

[哲理]

沒有能力去幫助別人，要運用積極的手段去突破困境無不利。

[應用]

占卜：本身能力差，唯靠人幫助，否刻無法伸張志願，變卦「水山蹇」之戒也。

象日：利用侵伐，征不服也①。

[註釋]

①征不服也：戰爭用武力征服。

[哲理]

在運用強硬手段時，要注意天理，不可強力征服。

上六：鳴謙，利用行師①，征邑國②。

謙極有聞，人之所與，故可用行師，然以其質柔而无位。故可以征己之邑國而已。

[注釋]

①行師：率軍作戰。

②征邑國：征討驕逆不順從城邑小國。

[哲理]

言語要謹慎，應用你的能力去開拓你的疆土。

[應用]

占卜：此時充買實到一定程度就要去發揮，「艮為山」。

象日：鳴謙。志未得也，可用行師，征邑國也。

陰柔无位，才力不足，故其志未得。而至於行師，然亦適足以治其私而已。

[哲理]

言語謹慎，志未滿意時，應用你的能力，可去開拓疆土。

16☳☷ 雷地豫 （行動之象）

豫，利建侯①行師。

豫和樂也，人心和樂以應其志得行，又以坤遇震，為順以動，故其卦為豫，而其占利以立君用師也。

[註釋]

①利建侯：培養自己實力。

[哲理]

培養自己的實力，然後再行動。

彖日：豫，剛應而志行，順以動，豫。

以卦體、卦德釋卦名義。

豫順以動，故天地如之①，而況建侯行師乎。

以卦德釋卦辭。

[註釋]

① 天地如之：天地造化也是如此。之代詞指「豫

順以動」。

天地以順動，故日月不過①而四時不忒②，聖人以順動，則刑罰清而民服，豫之時義大矣哉。

極言之而贊其大也。

[註釋]

①日月不過：日月的運行不會有過錯。

②四時不忒：四季的更替不會產生差錯。忒，音特至。

[哲理]

唯一的九四爻有應可行動，也就是大自然的運行，天地這樣人也是這樣，天地運行，日月從未有錯，四季從不兩樣。

象日：雷出地奮，豫，先王以作樂①崇德②，殷薦③之上帝以配祖考④。

雷出地，奮，和之至也。先王作樂，旣象其聲，又取其義，殷盛也。

[註釋]

①作樂：製造快樂。

②崇德：所作所為在使大家生活更美好。

③殷薦：殷，盛，薦，進獻。指透過盛大的典禮來進獻。

④以配祖考：配，配享。祖考，祖先。意即光宗耀祖。

[哲理]

古代的聖賢所作所為，以求美好的生活給人民，以上的成果來獻給神明來光宗耀祖。

初六：鳴豫①，凶。

陰柔小人，上有強援，得時主事，故不勝其豫而以自鳴，凶之道也。故其占如此。卦之得名，本為和樂，然卦辭為象樂之義。爻辭除九四與卦同外，皆為自樂，所以有吉凶之異。

[註釋]

①鳴豫：跟着人家說話。

[哲理]

跟着人家說而自己沒有主見，會見凶。

[應用]

占卜：聽信小人致凶。

象日：初六鳴豫，志窮①凶也

窮，謂滿極。

[註釋]

①志窮：無自己的意見。

[哲理]

跟着人家走，無自己意見。

六二：介于石①，不終日②，貞吉。

豫雖主樂，然易以溺人，溺則反而憂矣。卦獨此爻中而得正，是上下皆溺於豫，而獨能以中正自守。其介如石也。其德安靜而堅確，故其思慮明審，不俟終日而見凡事之幾微也。大學日，安而后能慮，慮而后能得，意正如此。占者如是，則正而吉矣。

[註釋]

①介于石：志氣堅如石。（如前前總統蔣中正字介石之名）

②不終日：不貪求享受。

[哲理]

心堅如石，而不貪求享受，常如此則吉。

[應用]

占卜：不論時況如何，堅困都必堅忍到底，如此才可吉終。由於變卦「雷水解」。

象日：不終日貞吉，以中正。

[哲理]：不貪求享受，能守正則吉

六三：盱①豫悔，遲有悔。

盱，況于反。盱，上視也。陰不中正而近於四，四為卦主，故六三上視於四而下溺於豫，宜有悔者也。故其象如此，而其占為事當速悔，若悔之遲，則必有悔也。

[註釋]

盱：音需。觀望。

[哲理]

如果你的行動祇限於觀望而不行動，必會失去機會。

[應用]

占卜：此時絲毫不可猶疑，錯過此機將遇困難而險陷。

象日：盱豫有悔，位不當也。

九四：由豫①大有得②，勿疑，朋盍③簪④。

簪，側林反。九四卦之所由以為豫者也。故其象如此。而其占為大有得然又當至誠不疑。則朋類合而從之矣。故又因而戒之。簪，聚也，又速也。

[註釋]

①由豫：該行動了。

②大有得：大有收穫。

② 朋盍：很多朋友。

④簪：聚髮之物。意為幫助、順從。

[哲理]

要行動去做，會有收穫，不要懷疑，會有很多朋友來幫助你。

[應用]

占卜：此時可以去發揮，可得群英的幫助，變卦為「坤為地」之意。

象日：由豫大有得，志大行也。

六五：貞疾①恆不死②。

當豫之時，以柔居尊，沉溺於豫，又乘九四之剛，象不附而虛勢危。故為貞疾之象。然以其得中，故又為恒不死之象。即象而觀，占在其中矣。

[註釋]

①貞疾：長久病。

②恒不死：拖延而不死。

[哲理]

慢性病會拖，死不了。

[應用]

占卜：此時柔弱無能，憂心成疾，變卦「澤地萃」有動亂不安之意。

象日：六五貞疾，乘剛也，恒不死，中未亡也①

[註釋]

①中未亡也：由於能合於中道，所以不致滅亡。

上六：冥豫①，成有渝②，无咎。

渝，以朱反。以陰柔居豫極，昏冥於豫之象。以其動体。故又為其事雖成而能有渝之象。戒占者如是，則能補過而无咎，所以廣遷善之門也。

[註釋]

①冥豫：冥，晦暗。即在黑暗中行動。

②成有渝：渝，變。即原有的成就產生變化。

[哲理]

在會暗中行動會使原有的產生變化，但無災咎。

[應用]

占卜：此時要做你內行的事業，才不會把你原有的成就敗壞

象日：冥豫在上何可長也①。

[註釋]

①在上何可長也：上六爻不可在黑暗中行事，否則不可長久。

[哲理]

到了這爻已沒有發展的餘地了。

17☱☳　澤雷隨　（順和之象）

隨，元亨利貞，无咎。

隨，從也。以卦變言之，本自困卦九來居初。又自噬嗑九來居五，而自未濟者兼此二變。皆剛來隨柔之義。以二體言之，為此動而彼說，亦隨之義。故為隨已能隨物，物束隨已，彼此相從，其通易矣。故其占為元亨，然必利於貞乃得无咎。若所隨不貞，則隨大亨而不免於有咎矣。春秋傳，穆姜日：有是四德，隨而无咎。我皆无之，豈隨也哉，今按四德雖非本義

其下云云：深得占法之意。

[哲理]

隨是順和之象。博大、暢通、受利、持恒是好的現象。

彖日：隨，剛來而下柔①，動②而說③隨。

下，遐嫁反。説音悅，以卦變卦德釋卦名義。

[註釋]

① 剛來而下柔：陽剛者前來謙居於陰柔之下。剛指下震，柔指上兌。

②動：指上卦。

③説：指兌卦。

大亨貞无咎，而天下隨時。

王肅本，時字在之字下。今當從之。釋卦辭，言能如是。則天下之所從之。

隨時之義大矣哉。

王肅本，時字在之字下，今當從之。

[哲理]

順和之象剛上柔下，有動就是好的現象，天下順和，順和之作用很大。

象日：澤中有雷，隨，君子以嚮晦入宴息①

雷藏澤中，隨時休息。

[註釋]

①嚮晦入宴息：嚮晦，將近黑夜的時候。入宴息，入房休息。比喻日出而作，日入而息。

[哲理]

做為一個順天而行事的人，能做到日出而作，日入而息的人，這就是順和現象。

初九：官有渝①，貞吉。出門交有功②。

卦以物隨為義，爻以隨物為義，初九以陽居下，震之主。卦之所以為隨者也，旣有所隨，則有所偏主而變其常矣。惟得其正則吉，又當出門以交，不私其隨，則有功也。故其象占如此，亦因以戒之。

[註釋]

①官有渝：公門中有人事憂。

②出門交有功：要出去交際才有效。

[哲理]

人事變動持恆者吉是好的現象。要出門去做交際才能有利。

[應用]

占卜：凡事必須努力去週延一切方能順心應于。變卦「澤地萃」之意甚明。

象曰：官有渝，從正①吉也。出門交有功，不失②也。

[註釋]

①從正：從正道。

②不失：不損失。

六二：係①小子，失丈夫②。

初陽在下而近，五陽正應而遠，二陰柔不能自守以須正應，故其象如此。凶吝可知，不假言矣。

[註釋]

①係：附從。

②失丈夫：失大。

[哲理]

會因小失大。

[應用]

占卜：因居於小人之中，凡事要堅持本來意思去做。

象曰：係小子，弗兼與也①

[註釋]

①弗兼與也：不能同時兼得。

[哲理]

要大的連小的都沒有，不可能兩者兼得。

六三：係丈夫，失小子。隨有求得①，利居貞②。

丈夫謂九四，小子亦謂初也。三近係四而失於初，其象與六二正相反，四陽當任而已隨之，有求必得，然非正應，故有不正而為邪媚之嫌，故其占如此。而又戒以居貞也。

[註釋]

①隨有求得：隨從於人，有求必得。

②利居貞：守居守正道。

[哲理]

因大失小在此要守正持恒就可以了。

[應用]

占卜：凡事要小心行事。變卦「澤火萃」之戒。

象曰：係丈夫，志舍下①也。

舍，音捨。

[註釋]

①志舍下：志在捨棄在下的小人。舍，通捨。

[哲理]

因大失小捨小的。

九四：隨有獲①，貞凶②。有孚在道③，以明④何咎。

九四以剛居上之下，與五同德，故其占隨而有獲，然勢陵於五，故雖正而凶，惟有孚在道而明，則上安而下從之。可以无咎也。占者當時之任，宜審此戒。

[註釋]

①隨有獲：一味的貪求。

②貞凶：見凶。

③有孚在道：心懷誠信，合於正道。

④以明：知明哲保身之道

[哲理]

人一味的贪求會永遠見凶，不論在任何地方，只要以誠信待人，是光明的現象。又有何災咎。

[應用]

占卜：此時必須以誠正之心處事，不違臣道，方能明功，變卦「水雷屯」之戒甚明。

象曰：隨有獲，其義凶也，有孚在道，明功也。

[哲理]

人一味的贪求必會見凶，若以誠信待人，就會有所獲。

九五：孚于嘉①，吉

陽剛中正，下應中正，是信于善也。占者如是，其吉宜矣。

[註釋]

①孚于嘉：誠信待人，而有好的聲望。

[哲理]

由於你的誠信待人，有好的聲望，是吉利的。

[應用]

占卜：此卦凡事顺利，可掌理大局。

象曰：孚于嘉吉，位中正也。

上六：拘係之①乃從維之②，王用亨于西山。

居隨之極，隨之固結而不可解者也，誠意之極，可通神明，故其占為王用亨于西山。亨，亦當作祭祀之享。自周而言，岐山在西（今西安），凡筮祭山川者得之，其誠意如是，則吉也。

[註釋]

①拘係之：拘執細綁。意即大家共同努力的结果。

②乃從維之：指九五爻。維，繫也。

[哲理]

有今日的成果是大家努力的结果。

[應用]

占卜：為卦極，有无妄之災。變卦「天雷无妄」，凡處事切記不可逆理行事，否則災至。

象曰：拘係之，上窮①也。窮，極也

[註釋]

①上窮：到了上六爻已告一段落的結束。

[哲理]

上爻已無發展的餘地，也告一段落了。

18☶☴ 山風蠱 （歸原之象）

蠱，元亨。利涉大川，先甲三日，後甲三日①。

先息薦反後，胡豆反。蠱壞極而有事也。其卦艮剛居上，巽柔居下，上下不交，下卑巽而上苟止，故其卦為蠱。或曰剛上柔下，謂卦變自賁來者。初上二下，自井來者。五上上下，自旣濟來者兼之。亦剛上

而柔下，皆所以為蠱也。蠱壞之極。亂當復治，故其占為元亨而利涉大川。甲，日之始，事之端也。先甲三日，辛也。後甲三日，丁也。前事過中而將壞，則可自新以為後事之端。而不使至於大壞，後事方始而尚新。然要當致其丁寧之意。以監其前事之失。而不使至於速壞，聖人之戒深也。

[註釋]

①先甲三日，後甲三日：先甲，思前。後甲，策後。意即先思慮新令實施前三天的事狀；並推求新令實施後三天的事狀。

[哲理]

做事前要三思而後要再詳細策劃。

彖曰：蠱，剛上而柔下。巽而止，蠱。

以卦體卦變卦德釋卦名義。蓋如此，則積弊而至於蠱矣。

蠱元亨。而天下治①也，利涉大川，往有事②也，先甲三日，後甲三日，給則有始③，天行④也。

釋卦辭，治蠱至於元亨，則亂而復治之象也。亂之終，治之始，天運然也。

[註釋]

①天下治：天下規律趨於正常。

②有事：有所作為。

③終則有始：一件事情在結束之前，又進入新的開始。

④天行：指大自然運行的規律。

[哲理]

凡事要歸原，天理循環就不會有錯，主要你去做，思前三日策劃三日，一併事情在結束之前（那一殺那）又進入新的開始，始者有終是大自然運行的道理。

象曰：山下有風，蠱。君子以振民德①。

山下有風，物壞而有事矣。而事莫大於二者，乃治已治人之道也。

[註釋]

①振民育德：培養美好的德行，以振奮民心（倒裝句）

[哲理]

做為一個替天而行事之人，能培養美好的德行，以振奮民心。

初六：幹父之蠱①，有子考②无咎，厲終吉。

幹如木之幹，枝葉之所附而立者也，蠱者，前人已壞之緒，故緒爻皆有父母之象。子能幹之則飭治而振起矣。初六蠱未深而事易濟，故其占為有子，則能治蠱而考得无咎，然亦危矣，戒占者宜如是，又知危而能戒，則終吉也。

[註釋]

①幹父之蠱：幹，匡正。蠱：敗事。意即死去的父親。

②有子考：考，死去的父親。意即死去的父親有後代。

[哲理]

死去的父親祇要有後代就沒有災咎。雖然辛苦，但最後是吉利的。

[應用]

占卜：凡事處於無奈的狀態，不只依靠別人，還要守正道才吉。

象日：幹父之蠱，意承考①也。

[註釋]

①意承考：死去的父親有後代繼承他。

[哲理]

父親去世，承傳子。

九二：幹母之蠱，不可貞①。

九二剛中，上應六五，子幹母蠱而得中之象。以剛承柔而治其壞，故又戒以不可堅貞。言當巽以人之也。

[註釋]

①不可貞：不可堅持己見。

[哲理]

母親死去不可堅持己見，因母親為外姓要通報娘家，尊重娘家意見。

[應用]

占卜：凡事此時不可固執堅持。

象日：幹母之蠱，得中道①也。

[註釋]

①中道：行中庸之道。

[哲理]

母親死去要以娘家之意見，行中庸之道，處理得當。

九三：幹父之蠱，小有悔，无大咎。

過剛不中，故小有悔，巽體得正，故無大咎。

[哲理]

死去的父親所留下麻煩之事，但無災咎。

[應用]

占卜：此時凡事若能加以檢討反省再去進行，也就無大礙。

象日：幹之蠱，終无咎也。

六四：裕父之蠱①，往見吝②。

以陰居陰，不能有為，寬裕以治蠱之象也。如是，則蠱將日深，故往則見吝，戒占者不可如是也。

[註釋]

①裕父之蠱：有錢的父親去逝。

②往見吝：繼續醉生夢死而導致遺憾。

[哲理]

有錢的父親去逝，兒子繼續醉生夢死，而導致羞吝。

[應用]

占卜：凡事必須自養而行方為上策，由於變卦「火風鼎」之象。

象日：裕父之蠱，往未得①。

[註釋]

①往未得：沒有好處。

六五：幹父之蠱，用譽①。

柔中居尊，而九二承之以德，以此幹蠱，可致聞譽，故其象占如此

[註釋]

①用譽：以此而獲譽。

[哲理]

把父親去逝留下來未完成的事，去發揚光大。

[應用]

占卜：此爻能發揮柔德，以克時艱，終能名利双收，變卦為「巽為風」，很順利之象。

象曰：幹父用譽，承以德①也。

[註釋]

①承以德：即「以承德」之倒語。說明六五能以美德來繼承先人的事業。

[哲理]

有美好的結果。

上九：不事王侯①，高尚其事②。

剛居陽上，在事之外，故為此象。占與戒，皆在其中矣。

[註釋]

①不事王侯：不一定要去做大事。

②高尚其事：祇求要去做應該做的事。

[哲理]

不要去做大事，但祇要求去做應該做的事。

[應用]

占卜：不可再做非分而貪圖，否則一切化為烏有。

象曰：不事王侯，志可則也①

[註釋]

①志可則也：懂得名則保身。

[哲理]

不一定要去做大事。

19☷☱　地澤臨　（前進之象）

臨①，元亨利貞，至于八月有凶②。

臨，進而淩逼於物也，二陽浸長以逼於陰，故為臨，十二月之卦也。又其為卦下兌說，上坤順，九二以剛居中，上應六五，故占者大亨而利於正，然至于八月當有凶也。八月，謂自復卦一陽之月。至于遯卦二險之月，陰長陽遯之時也。或日，八月，謂夏正八月於卦為觀，亦臨之反對也。又因占而戒之。

[註釋]

①臨：卦名。有監臨、治理之意。

②八月有凶：八月將有凶險。這是以時令來暗喻盛極必衰之理。

彖日：臨，剛浸①而長。長，丁丈反。卦貯釋卦名。**說而順，剛中而應。**說，音悅。又以卦德卦體言卦之善，**大亨以正，天之道②也**，當剛長之時，又有此善，故其占如此也。**至於八月有凶，消不久③也。**言雖天運之當然，然君子宜知所戒。

[註釋]

①剛浸：浸在兩個陽爻。

②天之道：指合於自然的規律。

③消不久：陽長則陰消，陰長則陽消。意為維持不久。

[哲理]

在八月中秋陰最盛時，月亮最接近地球大自然，會失去平衡有凶。

象日：澤上有地，臨，君子以教思无窮①，容保民无疆②。思，去聲。地臨於澤。上臨不也，二者皆臨下之事，教之无窮者兌也。容之无疆者，坤地。

[註釋]

①教思无窮：不斷地思慮教導百姓之事。

②容保民无疆：永遠包容保護人民。

[哲理]

順天而行事的君子，盡力教導人民，各地一視同仁，富庶安康。

初九：咸臨①，貞吉。

卦唯二陽徧臨四陰，故二爻皆有咸臨之象。初九剛而得正，故其占為貞吉。

[註釋]

①咸臨：有感應而前進。感應於上六四，而監臨於下。

[哲理]

即開始有感而前進，持恒則吉。

[應用]

占卜：只要有動機就可去做，但要堅心才能吉。

象曰：成臨貞吉。志行正也①

[註釋]

①志行正也：行正道就可以。

九二：咸臨①，吉无不到。

剛得中而勢上進，故其占吉而无不利也。

[註釋]

①咸臨：有感而前進

[哲理]

知道前進是好的，無不利。

[應用]

占卜：可放心去做，因此爻有比有應，毫无礙難。

象曰：咸臨吉无不利，未順命①也。未詳

[註釋]

①未順命：並非由於順從君命。

[哲理]

對的就去做，不要太保守。

六三：甘臨①，无攸利，既憂之，无咎。

陰柔不中正，而居下之上，為以甘說臨人之象。其占固无所利，然能憂而改之，則无咎也。勉改之，則无咎也。免人遷善，為教深矣。

[註釋]

①甘臨：以甜言蜜語監臨天下。

[哲理]

一邊做樂一邊進取　雖然有憂患，但沒有災咎。

[應用]

占卜：凡事此時若能為將來未雨稠繆，就可成一番春業，其變卦為「地天泰」。即為勸戒。

象曰：甘臨，位不當也①，旣憂之，咎不長也。

[註釋]

①位不當也：指六三爻不當位。

[哲理]

只要去関心他，災咎不會很長久。

六四：至臨①无咎。

處得其位下應初九相臨之至，宜无咎者也。

[註釋]

①至臨：去做該做的事。

[哲理]

去做該做的事是好的現象。

[應用]

占卜：有忠健之屬下，能同輔君側。變卦為「雷澤歸妹」有好的歸屬。

象曰：至臨无咎，位當也。

[哲理]

去做該做的事是好的現象。也是正是時候。

六五：知臨①大君之宜，吉②。

知，音智。以柔居中，下應九而大君之宜。吉之道也。

[註釋]

①知臨：知通「智」。以聰明睿智監臨於下。

②宜，吉：成大業是好的。

[哲理]

知天命的人就可成（帝王之業）大業。

[應用]

占卜：是發揮的時候了，要知節制才能成大業。變卦為「水澤節」之意。

象曰：大君之宜，行中①之謂也。

[註釋]

①行中：行中正之道。

上六：敦臨①，吉，无咎。

居卦之上，處臨之終，敦厚於臨，吉而无咎之道也。故其象占如此。

[註釋]

①敦臨：穩重的行事。

[哲理]

穩重的行事就沒有災咎。

[應用]

占卜：因受六五爻的影響，祗要穩重行事就可以了。

象曰：敦臨之吉，志在內也①

[註釋]

①志在內也：志在成大業。

[哲理]

指六五爻志在成大業。

20☴☷　風地觀　（審視之象）

觀①盥②而不薦③，有孚顒若④。

觀，官奐反。下大觀，以觀之觀，大象觀字，並同。觀者，有以示人而為人所仰也。九五居上，四陰仰之，又內順外巽。而九五以中正示天下，所以為觀。盥，將祭而潔手也。薦，奉酒食以祭也。顒然，尊敬之貌。言致其潔清而不輕自用。則其孚信在中，而顒然可仰。戒占者當如是也。或曰，有孚顒若。謂在下之人，信而仰之也。此卦四陰長而二陽消。正為八月之卦，而名卦繫辭，更取他義。亦扶陽抑陰之意。

[註釋]

①觀：卦名。觀察，察看之意。

②盥：古代宗廟祭祀時，用香酒澆灌地面以降神之禮，俗稱「請神」。

③薦：獻也。謂祭祀時對鬼神的獻供。

④顒：受到人家的尊重。

[哲理]

祭神待人只要誠信，就會受到別人尊重。

彖曰：大觀在上①，順而巽，中正以觀天下②。以卦體卦德釋卦名義，**觀，盥而不薦，有孚顒若，下觀而化也③。**觀，如字，下觀天。大象觀民之觀，六爻觀字，並同。釋卦辭。

[註釋]

①大觀在上：在上而盛大壯觀，此指九五之德。

②中正以觀天下：中正，指九五爻。為天下人所觀仰。「觀」有垂範之意。

③下觀而化：向下教化。

[哲理]

不必太舖張，誠意就好，以自己做傍樣來感化上下。

觀天之神道①而四時不忒②，聖人以神道設教③，而天下服矣。

極言，觀之道也，四時不忒，天之所以為觀也。神道設教。聖人之所以為觀也。

[註釋]

①天之神道：神道：大自然規律。自然規律的神奇奧妙。

②忒：差錯。

③設教：建設教育。

[哲理]

天理的循環很神奇，聖人同樣以大自然的規律來教化天下。

象曰：風行地上①，觀，先王以省方②觀民設教。

省，悉井反。省方以觀民，設教以為觀。

[註釋]

①風行地上：風在地之上。

②省方：四處去觀察。

[哲理]

古時賢王四處觀察人民建設、教育人民。

初六：童觀①，小人无咎，君子吝。

卦以觀示為義，據九五為主也。爻以觀瞻為意。皆觀乎九五也。初六陰柔在下，不能遠見，童觀之象。小人之道，君子之羞也。故其占在小人則无咎，君子得之，則可羞矣。

[註釋]

①童觀：有如孩童之觀，茫無見識。

[哲理]

幼稚的想法，小孩子做錯事無咎，君子做錯事，導致羞吝。

[應用]

占卜：此時不是做大事的時機，做小事可以。

象曰：初六童觀，小人道也。

[哲理]

幼稚的小孩做錯事，沒有關係。

六二：闚觀①，利女貞②。

陰柔居內而觀乎外，闚觀之象。女子之正也，故其占如此，丈夫得之，則非所利矣。

[註釋]

①闚觀：闚，同「窺」。不明確的看法。

②利女貞：要堅持己見。

[哲理]

不明確的看法要堅持己見（比喻女人嫁所做決定要明確。

[應用]

占卜：凡事若能慎重堅持可去除一切煩腦、變卦「風水渙」之意。

象曰：闚觀女貞，亦可醜①也。在丈夫則為醜也。

[註釋]

①醜：羞恥。

六三：觀我生，進退①。

我生，我之所行也。六三居下之上，可進可退。故不觀九五，而獨觀己所行之通塞以為進退。占者宜自審也。

[註釋]

①觀我生，進退：省察自己的行為，隨著時宜而進退。

[哲理]

比較具備成熟的看法而知進退。

[應用]

占卜：三思停止一切反省自重变卦「風山漸」之意甚明

象日：觀我生進退，未失道也。

六四：觀國之光①，利用賓于王②。

六四最近於五，故有此象，其占為利於朝覲仕進也。

[註釋]

①觀國之光：到此時見世已廣。

②利用賓于王：宜為君王的賓客，亦即宜仕進於朝庭。

[哲理]

到此時見世已廣，為王所重用。

[應用]

占卜：不可因得勢而越權行事，否則見凶。

象日：觀國之光，尚賓①也

[註釋]

①尚賓：為用所重用。

九五：觀我生，君子无咎。

九五陽剛中正以居尊位，其下四陰仰而觀之，君子之象也。故戒居此位，得此占者，當觀已所行，必其陽剛中正亦如是焉，則得无咎也。

[哲理]

有成熟的觀點，只要行君子之道，就無災咎。

[應用]

占卜：不要聽信小人，祇要行君子之道就無災咎，否則見凶，這是變卦「山地剝」的関係

象日：觀我出，觀民也。

此夫子以義言之，明人君觀已所行。不但一身之得失，又當觀民德之善否，以自察也。

[哲理]

具備成熟的看法，就能觀看人民之德善否。

上九：觀其生①，君子无咎。

上九陽剛居尊位之上，雖不當事任，而亦為下所觀，故其戒辭略與五同，但以我為其，小有主賓之異耳。

[註釋]

①觀其生：比較其他的先賢。

[哲理]

把自己和其他先賢做比較，就無災咎。

[應用]

占卜：要向先賢多學習，才能達成任務，使上下相得益彰。這是變卦「水地比」之意。

象日：觀其生，志未平①也。

志未平，言雖不得位，未可忘戒懼也。

[註釋]

①志未平：心志未嘗悠閒平靜。

[哲理]

自己認為學習不夠還很多要學習的地方

21☲☳　火雷噬嗑　（含剛之象）

噬嗑①，亨，利用獄②

噬，市利反。嗑，胡獵反。噬，齧也。合也。物有閒者，齧而合之也。為卦上下兩陽而中虛，頤口之象。九四一陽，閒於其中，必齧之而後合。故為噬噬。其占當得亨通者，有閒故不通。齧之而合，則亨通矣。又三陰三陽。剛柔中半，下動上明。下雷上電，本自益卦六四之柔。上行以至於五而得其中。是以陰居陽，雖不當位而利用獄。蓋治獄之道，唯威與明而得其中之為貴。故筮得立者，有其德，則應其占也。

[註釋]

①噬嗑：卦名。噬音世？，嗑音課？或在？。即咬物使合之義。

②用獄：獄，強硬手段。即施用刑法。

[哲理]

有困難要用強硬的手段解決就通。

彖曰：頤①中有物，日噬嗑。以卦體釋卦名義。**噬嗑而亨②，剛柔分，動而明，雷電合而章，柔得中而上行，雖不當位③，利用獄也。**上，時掌反。又以卦名卦體、卦德二象卦變釋卦辭。

[註釋]

①頤：臉腴肉。

②噬嗑而亨：困難所決。

③雖不當位：指六五爻。

[哲理]

雷卦與火卦動而明，六二及六五均為陰爻又九四爻及初九爻均為乘剛，用強硬手段可通。

象曰：雷電噬嗑，先王以明罰①勑法②。

雷電當作電雷。

[註釋]

①明罰：講明刑法。

②勑法：公佈法令。

[哲理]

先王明定法律，賣罰分明。

初九：屨校①滅趾②，无咎。

校，音教。初上無位，為受刑之象。初在卦始，罪薄過小，又在卦下，故為屨校滅趾之象。止惡於初，故得无咎，占者小傷而无咎也。

[註釋]

①屨校：屨，脚上。校：刑具。

②滅趾：不良於行。

[哲理]

比喻輕犯，以後改進就無災咎

[應用]

占卜；凡事此時若能做適當的調整，必然有美好的未來，其變卦為「火地晉」。

象日：**屨校滅趾，而不行也。**滅趾，又有不進惡之象。

[哲理]

做了一些使自己臉面不光彩的事。

六二：**噬膚①滅鼻②，无咎。**

祭有膚鼎蓋肉之柔脆，噬而易嗑者。六二中正，故其所治如噬膚之易。然以柔乘剛，故雖甚易，亦不免於傷滅其鼻。占者雖傷而終无咎也。

[註釋]

① 噬膚：皮膚受傷。

② 滅鼻：鼻子受傷。

[哲理]

皮膚受傷，鼻子受損謹慎無咎。

[應用]

占卜：此時行事有阻，其變卦「火澤睽」

象日：**噬膚滅鼻，乘剛也。**

六三：**噬①腊肉，遇毒，小吝②，无咎。**

腊，音昔。腊肉，謂獸腊。全體骨而為之者，堅韌之物也，陰柔不中正，治人而人不服，為噬腊遇毒之象。占雖小吝，然時當噬嗑，於義為无咎也。

[註釋]

①噬：吃

②小吝：小有損失。

[哲理]

吃腊肉中毒小有損失，謹慎則无咎。

[應用]

占卜：本身能力差，但有機緣，遇水有險，又近火有小損失，但無災咎。

象日：**遥毒位不當也。**

九四：**噬乾胏①，得金矢②，利艱貞③，吉**

乾，音干，胏緇美反。胏，肉之帶骨者，與胾通。周禮，獄訟人鈞金束矢而後聽之，九四以剛居柔。得用刑之道。故有此象，言所噬愈堅，而得聽訟之宜也。然必利於艱難正固則吉，戒占者宜如是也。

[註釋]

①噬乾胏：胏，音子？。吃了帶骨頭的肉。

②得金矢：得到助益。

③利艱貞：能克服克難。

[哲理]

比喻說明帶骨頭的肉，不容易吃，但有利器就能克服困難（得利助益就能克服困難。）

[應用]

占卜：本身擁有資材又有六五爻之助力，有被克服成為有用之材，這是變卦「山雷頤」的結果。

象曰：利艱貞吉，未光也。

六五：噬乾肉①，得黃金②，貞厲③，无咎。

噬乾肉，難於膚而易於腊胏者也。黃，中色。金，亦謂鈞金。六五柔順而中，以居尊位。用刑於人。人无不服，故有此象。然必貞厲乃得无咎。亦戒占者之辭。

[註釋]

①噬乾肉：吃肉干。

②得黃金：得到助益。

③貞厲：很辛苦。

[哲理]

吃肉干雖然很辛苦，但能得到助益是好的現象。

[應用]

占卜：此將若不以柔克剛，而一味執意妄動，必然有災。變卦為「天雷无妄」之戒。

象曰：貞厲无咎，得當①

[註釋]

① 得當：得要領。

上九：何校①滅耳②，凶

何，何可反。何，負也。過極之陽，在卦之上，惡極罪大。凶之道也，故其象占如此。

[註釋]

①何校：何，頸部。校，枷鎖。

②滅耳：被隔離。

[哲理]

頸部被套住刑具，被隔離，得不到外面的消息。

[應用]

占卜：此時患重刑而失聽聞，其雖有應為九四爻阻隔，又為卦極，故見凶。

象曰：何校滅耳，聰不明也①

滅耳，蓋罪其聽之不聰也，若能審聽而早圖之，則无此凶矣。

[註釋]

①聰不明也：聽不到。或聽不到忠告之意。

22☶☲ 山火賁 （裝飾之象）

賁，亨①。小利有攸往②。

賁，彼偽反。賁，飾也。卦自損來者，柔自三來而文二，剛自二上而文三，自既濟而來者，柔自上來而文五。剛自五上而文上，又內離而外艮，有文明而各得其分之象。故為賁。占者以其柔來文剛，陽得陰助，而離明於內。故為亨，以其剛上文柔。而艮止於外，故小利有攸往。

[註釋]

①賁，亨：裝飾後才能通。

②小利有攸往：有所往能獲得小利。

[哲理]

賁裝飾就能通，求小利可通；求大利要從根本做起。

象曰：賁，亨，亨字疑衍。**柔來而文剛①，故亨。分剛上而文柔②故小利有攸往，天文③也。**

以卦變釋卦辭，剛柔之交，自然之象。故曰天文。先儒說天文上當有剛柔交錯四字，理或然也。

[註釋]

①柔來而文剛：柔，下火卦。剛，上山卦。陰柔

前來，文飾陽剛。

②分剛上而文柔：陽剛分居於上文飾陰柔。

文明以止①，人文②也。又以卦德言之止，謂各得其分，**觀乎天文③以察時變，觀乎人文以化成天下④。**極言賁道之大也。

[註釋]

①文明以止：做到滿意為止。

②人文：人為的現象。

③天文：自然的現象。

④以化成天下：就能教化天下。

象日：山下有火，賁，君子以明庶政①，无敢折獄②。

山下有火，明不及遠。明庶政，事之小者，折獄，事之大者，內離明而外艮止，故取象如此。

[註釋]

①庶政：象人。

②无敢折獄：不可造成寃獄。

[哲理]

要清明的處理衆人之事，不可造成寃獄。

初九：賁其趾①，舍車②而徒③。

舍音捨，剛德明體，自賁於下，為舍非道之車，而安於徒步之象。占者自處當如是也。

[註釋]

①賁其趾：趾，指腳趾。即文飾自己的腳趾。

②舍車：不乘車。

③而徒：而用走路。

[哲理]

把腳裝飾起來，穿一雙好的鞋子走路，不可坐車。（比喻剛開始計劃做事。

[應用]

占卜：凡事在剛開始必須勤勉工作，要樸素，是創業的基本條件。

象日：舍車而徒，義弗乘①也。君子之取舍，決於義而已

[註釋]

①弗乘：不要乘車。

六二；賁其須①。

二以陰柔居中正，三以陽剛而得正，皆无應與，故二附三而動，有賁須之象。占者宜從上之陽剛而動也。

[註釋]

①賁其須：須，指鬍鬚。裝飾其鬍鬚。

[哲理]

把顏面裝飾一下，要以九三爻為模範

[應用]

占卜：本身柔弱無能，須靠人幫助，此時要勤勉變卦為「山天大畜」之戒也。

象曰：賁其須，與上興也。

九三：賁如孺①如永貞。

一陽居二陰之間，得其賁而潤澤者也。然不可溺於所安。故有永貞之戒。

[註釋]

①賁如孺：裝飾的乾乾淨淨。

[哲理]

裝飾的乾乾淨淨持恒則吉。

[應用]

占卜：凡事至此已條件具備，必須著手進行去做方能自養，這是變卦「山雷頤」

象曰：永貞之吉，終莫之陵。

[哲理]

持恒則吉，做到沒有可以批評的地方。

六四：賁如皤①文王白馬翰如②匪寇③婚媾④。

皤，白波反。皤，白也。馬，人所乘。人白則馬亦白矣。四與初相賁者，乃為九三所隔而不得遂。故皤如而其往求之心。如飛翰之疾也。然九三剛正，非為寇者也。乃求婚媾耳盱，故其象如此。

[註釋]

①皤如：皤，音波？，素白之色。竟即乾乾淨淨。

②翰如：快速。

③匪寇：不是強盜。

④婚媾：是來提親的。

[哲理]

紫飾的乾乾淨淨淨，騎着一匹白馬快速的去求婚，才不會被人誤為強盜，是來提親的。

[應用]

占卜：凡事此時只要細心處理也就不會有事。

象曰：六四當位疑也①，匪冠婚媾，終无尤也。

當位疑，謂所當之位可疑也，終无尤。謂若守正而不與，亦无他患也。

[註釋]

①疑：對你不瞭解。

[哲理]

因為對你不瞭解，到了最後才知道你不是盜寇而是親友。

六五：賁于①丘園②，束帛戔戔③吝④，終吉。

戔，在千反，又音牋。六五柔中，為賁之主。敦本尚實，得賁之道，故有丘園之象。然陰性吝嗇，故有束帛戔戔之象。束帛、薄物，戔戔，淺小之意。人而如此，雖可羞吝。然禮奢寧儉，故得終吉。

[註釋]

①賁于：裝飾。

②丘園：庭園。

③束帛戔戔：還有一包一包的禮物。

④吝：雖是花錢

[哲理]

把庭院裝飾起來就是張燈結彩，比喻家中有喜事，雖然有些花費，但這是吉利的。

[應用]

占卜：以前的經營到了這時也就可成家立業，故為有慶之象。變卦「風火」家人之意。

象日：六五之吉，有喜也。

上九：白賁①无咎。

賁極反本。復於无色，善補過失，故其象占如此。

[註釋]

①白賁：簡單裝飾。

[哲理]

樸素裝飾就可以了。

[應用]

占卜：到此時已無進展，祗要守成就好，否則以前成

象日：白賁无咎，上得志①也

[註釋]

①得志：已有成就，不必再鋪張。

[哲理]

已有成就了，只要簡單裝飾就好，不必再鋪張。

23☶☷　山地剝　（脫落之象）

剝，不利有攸往

剝，落也。五陰在下而方生，一陽在上而將盡。陰盛長而陽消落。九月之卦也。陰盛陽衰，小人壯而君子病，又內坤而外艮，有順時而止之象。故占得之者，不可有所往也。

[哲理]

去做就有不利的現象。

象日：剝，剝也。柔變剛也①以卦體釋卦名義，言柔進于陽變剛為柔也。

[註釋]

①柔變剛也：在指五個陰爻。

不利有攸往，小人長也，順而止之，觀象也。君子尚消息盈虛，天行也。長，丁丈反。以卦體卦德釋卦辭。

[哲理]

山地剝六爻全變卦為「澤天夬」在艮卦表示停止是一種現象，在上位的人，要對付下面的人，要寬厚，才會相安無事。

象日：山附於地，剝，上以厚不安宅①。

[註釋]

①上以厚不安宅：在上位者藉厚養在下者以安固國家及自己的地位，國者君之宅也。

初六：剝牀①以足②，蔑③貞凶。

剝自下起，滅正則凶，故其占如此。蔑，滅也。

[注釋]

①牀：長椅。

②以足：椅腳剝去。

③蔑：音滅，同滅。

[哲理]

指大而長的板登（長椅）把椅腳剝去，不能持久見凶。

[應用]

占卜：此時完全沒有發揮的餘地，(比喻椅子斷腳一樣。

象日：剝林以足，以滅下也。

六二：剝牀以辨①，蔑貞凶。

辨音辨，辨牀幹也，進而上矣。

[註釋]

①以辨：指椅樑。

[哲理]

剝下椅樑，不能持久見凶。

[應用]

占卜：完全沒有發揮餘地，危險也近了，变卦「水上卦

象日：剝牀以辨，未有與①也。言未大盛。

[註釋]

①未有與：不能為你所用。

六三：剝之，无咎

象陰方剝陽而已獨應之，去其黨而從正，无咎之道也。占者如是，則得无咎。

[哲理]

椅腳已剝，不如全部剝下就無災咎。

[應用]

占卜：將椅腳全部剝去可做其他用具，故無災咎。

象曰：剝之无咎，失上下也。上下，謂四陰。

[哲理]

椅腳已剝下不能為上使用，也能為下使用。

六四：剝牀以膚①，凶。

陰禍切身，故不能復言蔑貞，而直言凶也。

[註釋]

①剝牀以膚，無椅子坐，以皮膚坐地也（指災難接近）。

[哲理]

無椅子坐，以皮膚坐地，比喻災難接近。

[應用]

占卜：此時有災難接近。是凶的現象

象曰：剝牀以膚，切近災也。

六五：貫魚以宮人寵①，无不利。

魚陰物，宮人，陰之美而受制於陽者也。五為衆陰之長，當率其類，受制於陽，故有此象。占者如是，則无不利也。

[註釋]

①貫魚以宮人寵：貫魚，指美女。指六五統率群陰承順上九，如宮女之求寵。

[哲理]

領導着一群美女而受到主人的寵愛沒有不利。

[應用]

占卜：凡事皆能順心而無不利。

象曰：以宮人寵，終无尤也。

[哲理]

受到主人的恩寵就無怨尤。

上九：碩果①不食②，君子得輿③；小人剝廬④。

一陽在上，剝未盡而能復生，君子在上，則為衆陰所載，小人居之，則剝極於上。自失所覆，而尤復碩果得輿之象矣。取象既明。而君子小人其占不同，聖人之情益可見矣。

[註釋]

①碩果：大而硬的果實。

②不食：一般人吃不到。

③得輿：受到人民的愛戴。輿：指車子。

④剝廬：把房屋拆掉。比喻無立身之地。

[哲理]

一般人吃不到的果實，如果你是一位替天行事之人，會受到人民的愛戴。小人就無處身之地。(比喻能做到替天行事的人，才能吃到高而大的果實)。

[應用]

占卜：此時要行君子之道，才能服衆。

象日：君子得輿，民所戴也。小人剝廬，終不可用也。

[哲理]

君子受到人民的愛戴，小人連處身之地都沒有，怎麼可以用呢？

24 ☷ ☳ 地雷復 （歸元之象）

復，亨。出入无疾①，朋來无咎②，反復其道③，七日來復④，利有攸往。

反復之復，方福反。又作覆，象同。復，陽復生於下也，剝盡則為純坤十月之卦。而陽氣已生於下矣。積之踰月，然後一陽之體始成而來復，故十有一月，其卦為復，以其陽既往而復反。故有亨道。又內震外坤，有陽動於下，而以順上行之象。故其占又為已之出入，既得无疾，朋類之來。亦得无咎。又自五月姤卦一陰始生，至此六爻而一陽來復，乃天運之自然。故其反復其道。至於七日，當得來復。又以剛德方長，故其占又為利有攸往也。反復其道往而復來。來而復往之意，七日者，所占來復之期也。

[註釋]

① 出入无疾：出入無礙。

② 朋來无咎：會有很多方面的幫助。

③反復其道：指反轉回復於陽剛的正道。
④七日來復：過不了七天，必將回復，形容來復的快速。

[哲理]

就要認真的去做，就有利可得。

象曰：復，亨，剛反，剛反則亨。①**動而以順行②，是以出入无疾，朋來无咎**，以卦德而言，**反復其道，七日來復，天行③也**。陰陽消息天運然也。**利有攸往，剛長④也，以卦體而言**，既生者漸長矣。，**復其見⑤天地之心乎⑥。**

積陰之下，一陽復生，天地生物之心幾於滅息，而至此乃復可見，在人則為靜極而動，惡極而為善，本心幾息而復見之端也。程子論之詳矣，而邵子之詩亦曰，冬至子之半，天心无改移，一陽初動處，萬物未生時，玄酒味方淡，太音聲正希，此言如不信，更請問包義，至哉言也，學者宜盡心焉。。

[註釋]

①剛反：陽剛反又要開始。
②動而以順行：謂能順理勢而行動。
③天行：天道運行的規律。
④剛長：陽剛要往上生長。
⑤見：通現。
⑥心乎：可見大自然作用。

[哲理]

一陽復始萬象更新，初九為陽，剛要往上生長，這是天理的運作，可見大自然的作用。

象曰：雷在地中，復先王以至日①閉關商②旅不行，后③不省方④。安靜以養微陽也，月令是月齋戒掩身，以待陰陽之所定。

[註釋]

①以至日：在這情形之下。
②閉關商：城門關起來。
③后：王后。

④不省方；不得到四方去祭拜。

[哲理]

雷在地中，在此時先王會命令城門關起來，停止一切活動，這是月齋式掩身的月令，以待陰陽之所定。

初九：不遠復①，无祇悔②，元吉。

祇，音其。一陽復生於下，復之主也。祇，抵也。又居事初，失之未遠。能復於善，不抵於悔。大善而吉之道也。故其象占如此。

[註釋]

①不遠復：失之不遠而能回復。

②无祇悔：祇，音交或其。無反悔。

[哲理]

走不遠而回，剛開始不要投入太深，就能大吉。

[應用]

占卜：此時有機緣，運勢亨通，可向前走沒有阻力。

象日：不遠之復以脩身也。

[哲理]

拮取經驗以修身。

六二：休復①，之吉。柔順中正，近於初九而能下之，復小休美，吉之道也。

[註釋]

①休復：不用往回走。

[哲理]

不要走回頭路，要勇往直前。

[應用]

占卜：此時不能走回頭路，要延續以前的做法，繼續下去。

[哲理]

當你要往下走時，對下面的人要仁慈，才會受到幫助。

象日：休復之吉，以不仁也。下，遐嫁反。

六三：頻復①，厲②，无咎。

以陰居陽不中不正，又處動極，復而不固，屢失屢復之象，屢头故危，復者无咎，故其占又如此。

[註釋]

①頻復：時常的往回看。

②厲：辛苦。

[哲理]

時常的回頭看，這是很辛苦的，但無災咎。

[應用]

占卜：此時毫無發揮之機，又致事艱難之地，要安守本分就無災咎，這是變卦「地火明夷」之戒。

象日：頻復之厲，无咎也。

[哲理]

回頭看看（意謂常常做檢討）就無災咎。

六四：中行獨復①。

四處群陰之中，而獨與初應，為與衆俱行，而獨能從善之象，當此之時，陽氣其微，未足以有為。故不言吉。然理所當然吉凶非所論也。董子日，仁人者，正其誼，不謀其利，明其道，不計其功於剝之六三及此爻見之。

[註釋]

①中行獨復：處在小人當中而能獨自回復善道。中行即「居中行正」之義。

[哲理]

凡事處理得當（即守正自省），才能自己想去做自己的事。

[應用]

占卜：變卦「震為雷」為体用比和。能守正道意即自己想做就去做。

象日：中行獨復以從道①也。

[註釋]

①以從道：以從正道。

[哲理]

自己做自己的事，才能處理得當。

六五：敦復①无悔②。

以中順居尊，而當復之時，敦復之象。无悔之道也。

[註釋]

①敦復：回去考察。

②无悔：錯誤才不會發生。

[哲理]

回去考察錯誤才不會發生。

[應用]

占卜：此時本身條件差，惟要時常檢討，才不會發生錯誤。這是变卦為「水雷屯」之戒。

象日：敦復无悔，中以自考①也。考，成也。

[註釋]

① 自考：自成或自己反身。

上六：迷復①，凶，有災眚②，用行師③，終有大敗；以其國君④凶。至于十年不克征⑤。眚，生領反。以陰柔居復終迷不復之象。凶之道也。故其占如此，以，猶及也。

[註釋]

① 迷復：迷失正道。

② 眚：發生。

③ 用行師：施用於行兵作戰。

④ 以其國君：以，用也。那怕是一個國君。

⑤ 不克征：不發生戰爭。

[哲理]

有災難發生，那怕是一國之君，要與兵作戰必然失敗。一個迷失方向的人一定有災難發生，這種現象要建設十年才能恢復。

[應用]

占卜：此時會迷失正道不識自我，若執意妄行，那怕實力再大也必然見笑。

象日：迷復之凶，反君道也。

[哲理]

違反君子之道，迷失方向凶。

25 ☰☳ 天雷无妄 （逆理之象）

无妄①，元亨利貞，其匪正有眚②，不利有攸往。

无妄，實理自然之謂。史記作无望，謂无所期望而有得焉者。其義亦通，為卦自訟而變。九自二來而居於初，又為震主，動而不妄者也。故為无妄，又二體震動而乾健，九五剛中而應六二，故其占大亨而利於正。若其不正，則有眚，而不利有所往也。

[註釋]

① 无妄：指不虛假，真誠自然之意。

② 匪正有眚：不守正道將有災禍。匪，非也。眚，災難。

[哲理]

無理由去做事，又不守正道，必有災難發生，是無利可圖的。

彖曰：无妄，剛自外來①，而為主於內，動而健，剛中②而應，大亨以正，天之命也。其匪正有眚，不利有攸往，无妄之往③，何之矣④。天命不祐⑤，行矣哉。

以卦變卦德卦體言卦之善如此，故其占當獲大亨而利於正，乃天命之當然也。其有不正，則不利有所往，欲何往哉，其逆天之命而天不祐之，故不可以有行也。

[註釋]

①剛自外來：指陽剛在外。

②剛中：指九五爻。

③无妄之往：處在不妄為之時而背離正道而行。

④何之矣：能往那兒去。

⑤天命不祐：天命不助。祐，助也。

[哲理]

無理由去做事，陽剛在外，陰柔在內，九五是剛而中正而有應，這是天理正道。此時若行不正必有災難發生。無程由之事而去做，不為天所肋。

象曰：天下雷行①物與无妄②，先王以茂對時育萬物③。

天下雷行，震動發生，萬物各正其性命，是物物而與之以无妄也。先王法此以對時育物，因其所性而不為私焉。

[註釋]

①天下雷行：即雷行天下。

②物與无妄：無理由去做事。

③時育萬物：季節培育萬物。時育，春耕夏耘，秋收冬藏。

初九：无妄，往吉。

以剛在內，誠之主也。如是而往，其吉可知。故其象占如此。

[哲理]

剛開始去做無理由之事是好的。

[應用]

占卜：此時要靠自己奮鬥，只要謹慎努力去做會有機緣而能成功。變卦「否」之結果。

象曰：无妄之往，得志①也。

[註釋]

①得志：實現自己的願望。

[哲理]

剛開始不問原因去做是對的。

六二：不耕獲，不菑畬①，則利有攸往。

菑，側其瓜。畬，音餘。柔順中正，因時順理，而无私意期望之心。故有不耕獲不菑畬之象。言其无所為於前，无所翼於後也。占者如是，則利有所往矣。

[註釋]

①菑畬：菑，音茲。意即開墾。畬，音余。意即良田。

[哲理]

不開懇良田，又不耕種，就有收穫。

[應用]

占卜：此時很幸運，但不會致富，這是變卦「天澤履」之結果。

象日：不耕獲，未富也。

富，如非富天下之富。言非計其利而為之也。

[哲理]

不耕種有收穫但不會富有。

六三：无妄之災①，或繫之牛，行人之得，邑人之災。

卦之六爻，皆无妄者也。六三處不得正，故遇其占者，无故而有災。如行人牽牛以去，而居者反遭結捕之擾也。

[註釋]

①无妄之災：雖不妄為，卻召來災害。

[哲理]

無妄之災，有一人繫牛於外，被過路人牽走，全村人無牛耕種。

[應用]

占卜：本身無能力，雖有應但被二陽爻所隔，故有「无妄」之災，與九四爻有比，別人分擔災厄。

象日：行人得牛，邑人災也。

九四：可貞，无咎。

陽剛乾體，下无應與。可固守而无咎，不可以有為之占也。

[哲理]

持恒就無災咎。

[應用]

占卜：此時不可輕舉妄動，必須貞守，才不致災禍發生。

象日：可貞无咎，固有①之也。

有猶守也。

[註釋]

①固有：固，守也。守著原有的。

[哲理]

持恒就無災咎，守著原有的就可以了。

九五：无妄之疾①，勿藥有喜。

乾剛中正以居尊位，而下應亦中正，无妄之至也。如是而有疾，勿藥而自愈矣。故其象占如此。

[註釋]

①无妄之疾：無理由之病（心理病）。

[哲理]

無理由之病，不吃藥也會好。

[應用]

占卜：此時介於小人之間而受到威脅之苦，但有「六二爻」之化解。這是變卦「火雷噬嗑」的結果。

象日：无妄之藥，不可試①也。

既已无妄而復藥之，則反為妄而生疾矣。試，謂少嘗之也。

[註釋]

①不可試：不可試用藥物，宜求自癒。

上九：无妄①，行有眚②，无攸利。

上九非有妄也。但以其窮極而不可行耳。故其象占如此。

[註釋]

①无妄：沒有理由

②行有眚：無理由去做就會有災難。

[哲理]

無理由去做就會有災難。

[應用]

占卜：此卦為卦極，再過去已無作用，會有災禍，不可輕舉妄動。

象日：无妄之行，窮之災也。

26☶☰　山天大畜　（勤勉之象）

大畜①，利貞，不家食②，吉，利涉大川。

畜，勅六反。大，陽也。以艮畜乾，又畜之大者也。又以內乾剛健，外艮篤實輝光，是以能日新其德而為畜之大也。以卦變言，此卦自需而來，九自五而上，以卦體言，六五尊而尚之，以卦德言，又能止健，皆非大正不能，故其占為利貞。而不家食吉也。又六五下應於乾，為應乎天，故其占又為利涉大川也。不家食，謂食祿於朝，不食於家也。

[註釋]

①大畜：卦名，象徵大為畜聚。

②不家食：《本義》所說「食祿於朝，不食於家」。另解[不依賴父母]。

[哲理]

小孩撫養長大不依賴父母自食生活吉。

彖曰：大畜，剛健①篤實輝光，日新其德②，以卦德釋卦名義。**剛上而尚賢③，能止健④，大正⑤也。**以卦變卦體卦德釋卦辭。**不家食吉，養賢⑥也，利涉大川，應乎天也⑦。**亦以卦體而言。

[註釋]

①剛健：小孩要保護至長大成人。

②日新其德：不斷求道天天都有新的進步。

③剛上而尚賢：剛上，指六五爻。使剛正之人居於上位，這是六五爻之君崇尚賢人的表徵。

④能止健：能畜止剛正者。

⑤大正：至大的正道。

⑥養賢：培養自己的實力。

⑦應乎天也：因為這是順天行事。

[哲理]

勤勉的工作，小孩要保護到長大成人，篤實發揮，不斷求進步，發揮自己的才能，培養自己的實力去做大事，這是順天行事。

象曰：天在山中，大畜，君子以多識前言往行①，以畜其德②。

識，如字，又音志，行下孟反，天在山中，不必實有是事。但以其象言之耳。

[註釋]

① 多識前言往行：多方記取前賢往聖的言論與事蹟。「識」與「誌」通，紀也。音志？

②以畜其德：培養更美好的一切。

[哲理]

一個順天行事的人會把以前所學的力行去做，以培養更美好的一切。

初九；有厲，利已①。

已，夷止反。乾之三陽，為艮所止，故內外之卦，各取其義。初九為六四所止，故其占往則有危，而利於止也。

[註釋]

①有厲，利已：勤勉充實自己，以利自己。

[哲理]

勤勉充實自己，以利自己，一個人能知勤勉就無災咎。

[應用]

占卜：此時凡事要進行時，必須先充實自己方不犯災，否則一切努力將化為烏有。這是變卦為「山風蠱」之意。

象曰：有厲利已，不犯災也。

九二：輿說輹①。

說，吐活反。輹，音服。又音福。九二亦為六五所畜，以其處中，故其占往則有危，而利於止也。

[註釋]

①輿說輹：車與車身分開。車子脫離了輪輹，停止不前。

[哲理]

車子與車身分開。

[應用]

占卜：凡事此時若能採中道謹慎處理，也就不會有過失。這是變卦「山火賁」之意。

象曰：輿說輹，中无尤也。

[註釋]

①中无尤也：指進止合於中道，才不會有過失。尤，過失。

九三：良馬逐①，利艱貞②，日閑③輿衛④，利有攸往。

三以陽居健極。上以陽居畜極。極而通之時也。又皆陽爻，

故不相畜而俱進，有良馬逐之象焉。然過剛銳進，故其占必戒以艱真閑習。乃利於有往也，當為日月之日。

[註釋]

①良馬逐：一隻良馬要經常讓牠跑。

②利艱貞：雖然辛苦，但是有利的。

③日閑：有閒。

④輿衛：保養。

[哲理]

一隻好馬要經常讓牠跑，這樣是有利的。雖然卒苦，但是好現象。有閒把車子保養好是有利的。

[應用]

占卜：此時本身有能力，祇因無應而需艱苦養賢，以利他日成就一番事業。

象日：利有攸往，上合志①也。

[註釋]

①上合志：能達上九爻心志相合。

[哲理]

達到上九爻之吉利是有利的。

六四：童牛之牿①，元吉。

牿古毒反。童者，未角之稱。牿，施橫木於牛角以防其觸。詩所謂福衡者也。止之於未角之時，為力則易。大善之吉也，故其占如此，學記日，禁於未發之謂豫，正此意也。

[註釋]

①童牛之牿：童牛，無角的小牛。牿，保護牛角之橫木。有如加浩在無角小牛的頭上。

[哲理]

小牛的頭上有保護牛角之橫木就能大吉。

[應用]

占卜：凡事若有好的開始就必須珍惜，由於其乘剛、無比故有受損之虞。

象日：六四元吉，有喜也。

六五：豶豕①之牙，吉。

豶，符云反。陽已進而止之，不若初之易矣。然以柔居中而當尊位，是以得其機會而可制。故其象如此，占雖吉而不言元也。

[註釋]

①豶豕：豶，音墳，閹割過的豬，牠的牙不尖凶（比喻不兇猛）。

[哲理]

對一個人要加以磨練以後才吉。

[應用]

占卜：此時以陰居尊位，又有應有比故能發揮柔德，以利天不而吉終有慶。變卦為「風地天小畜」之意。

象日：六五之吉，有慶也。

上九：何天之衢①，亨。

何天之衢，言何其通達之甚也。畜，極而通。豁達无礙，故其占象如此。

[註釋]

①何天之衢：海闊天空，比喻道路四通八達。

[哲理]

海闊天空，道路四通八達。

[應用]

占卜：凡事至此已有當成就。其卦變「地天泰」之意。（此解不可以不當位、無應來解釋）。

象日：何天之衢道大行也。

27☶☳ 山雷頤 （養身之象）

頤，貞吉。觀頤①，自求口實。

頤，以之反。頤，口旁也。口食物以自養，故為養義。為卦上下二陽內含四陰，外實內虛，上止下動。

為頤之象，養之義也。貞吉者，占者得正則吉，觀頤，謂觀其所養之道，自求口實，謂觀其所以養身之術，皆得正則吉也。

[註釋]

①觀頤：頤，口旁。觀察事物頤養的道理。

②自求口實：口實，指口中食物。知道如何自我頤養。

[哲理]

當臉腴肉在動表示在吃東西。

象曰：頤，貞吉。養正①則吉也，觀頤，觀其所養也。自求口實，觀其自養②也。釋卦辭。**天地③養萬物，聖人養賢以及萬民，頤之時大矣哉。**極言養道而贊之。

[註釋]

①養正：吃應該吃的。

②自養：自己去吃。

③天地：指大自然。

[哲理]

頤能持恒就能吉利，吃應該吃的才是好的。看人家的嘴在動，表示在吃東西，人家要吃，我們也要吃，天地（大自然）滋養萬物，聖人培養賢人，並推及萬民，頤的意義很大。

象曰：山下有雷，頤，君子以慎言語，節飲食。

二者養德養身之切務。

初九：舍爾靈龜①，觀我朵頤②，凶。

舍，音捨。朵，多果反。靈龜，不食之物，朵，垂也。朵頤，欲食之貌。初九陽剛在下，足以不食，乃上應六四之陰而動於欲。凶之道也，故其象占如此。

[註釋]

②靈龜：龜為神明之物，借喻初九稟賦的剛明。

③朵頤：咀嚼食物之象

[哲理]

把自己的快樂建在別人的身上。

[應用]

占卜：此時為達目的而產生強烈的私心，而不擇手段，變卦為「山地剝」的結果。

象日：觀我朵頤，亦不足貴也

六二：顛頤①，拂經②；于丘頤，征凶。

求養於初，則顛倒而微於常理。求養於上，則往而得凶。丘，土之高者，上之象也。

[註釋]

①顛頤：倒過來向下求取頤養。

②拂經：違反常理。

[哲理]

不穩定的情況吃是違背道理的，依賴有能力的人生活長久凶。

[應用]

占卜：本身有能力但多機緣，運常理行事必損，因卦变「山澤損」的結果。

象日：六二征凶，行失類①也

初上皆非其類也。

[注釋]

①行失類：行，此行為。失類，失去為人的原則。

六三：拂頤①貞凶，十年②勿用，无攸利。

陰柔不中正，以處動極，拂於頤矣。皁拂於頤，雖正亦凶，故其象占如此。

[註釋]

①拂頤：不自養活而依靠別人。

②十年：一段長時間。

[哲理]

不自養活依靠別人，一段長時間無作為就有不利。

[應用]

占卜：本身雖然能力差，但有一技之長可養身。由於變卦為「山火賁」的結果。

象日：十年無用①，道大悖也。

[註釋]

①無用：無作為。

[哲理]

一段長時間無作為是違背大道理的。

六四：顛頤①，吉，虎視眈眈②其欲逐逐③，无咎。

眈，都含反。柔居上而得正，所應又正，而賴其養以施於下，故雖顛而吉，虎視眈眈，下而專也。其欲逐逐，求而繼也，又能如是，則无咎矣。

[註釋]

①顛頤：很忙碌求食。

②虎視眈眈：眈，音單？。指餓虎垂目注視貌。借喻為專一注釋，用來形容六四不求初專誠不二。此即《本義》下而專也。

③其欲逐逐：形容六四求欲之心相繼不絕。

[哲理]

很忙碌的求食，而別人又想分一杯糕，這是好的現象

[應用]

占卜：此時必須行以柔剋剛之道。

象日：顛頤之吉，上施光也①。施始鼓反。

[註釋]

① 上施光：居上位而能廣施天下。

六五：拂經，居貞吉，不可涉大川。六五陰柔不正，居尊位而不能養人，反賴上九之養，故其象占如此。

[哲理]

閒事勿涉，能持恒吉，但不可做大事。

[應用]

占卜：此時無發揮的條件，不可做大事。

象日：居貞之吉，順以從上也。

[哲理]

就是要培養像上爻那樣有能力。

上九：由頤①，厲吉，利涉大川。六五賴上九之養以養人，故其象占如此。

[註釋]

①由頤：藉由他而獲得頤養。

[哲理]

不用自己去做，但可督導他人去做。

[應用]

占卜：因變卦為「地雷復」，一切從頭開始，把你所知去告訴他人，負有任重道遠之意。

象曰：**由頤厲吉，大有慶也。**

[哲理]

把你求食的經驗去告訴別人。

28☱☴ 澤風大過（敗退之象）卦象：上腐下爛

大過棟橈，利有攸往，亨。

橈，乃教反。大，陽也。四陽居中過盛，故為大過，上下二陰，不勝其重，故有棟橈之象。又以四陽雖過，而二五得中。內巽外說，有可行之道。故利有所往而得亨也。

[哲理]

只要你把它整修一番，必可用而能通。

象曰：**大過，大者過也。**以卦體釋卦名義。**棟橈本末①弱也。**復以卦體卦氏釋卦辭。本，謂，初，末，謂上，弱，謂陰柔。**剛過而中②，巽而說行，利有攸往，乃亨。**說，音悅又以卦體土**大過之大矣哉。**大過之時，非有大過之材，不能濟也。故歎其大。

[註釋]

①棟橈本末：本，指上六爻⚋。末，指初爻⚋。棟，棟樑。橈指彎曲。

②剛過而中：陽剛雖過而所處不失中道。

[哲理]

本卦上六爻，初六爻為（⚋）中間四個陽（⚊）不能從中通過，促使棟樑彎曲而衰弱，但要採取行動才能通。大過的意義是很大的。

象曰：**澤滅木，大過，君子以獨立不懼①，遯世无悶。**

澤滅於木，大過之象也。不懼无悶，大過之行也。

[註釋]

①獨立不懼：特立獨行而無所畏懼。

[哲理]

澤金滅木，這就是大過。避開不該做的事就不會煩腦。

初六：藉用白茅①，无咎。

藉，在夜反。當大過之時而无咎者也。故其象占如此，白茅，物之潔者。

[註釋]

①藉用白茅：白茅，柔軟之物。以潔白的茅草鋪墊。

[哲理]

要以柔尅剛才無災咎。

[應用]

占卜：本身無能力，但有機緣，要以柔尅剛發揮柔德。

象曰：藉用白茅・柔在下也。

九二：枯楊生梯①，老夫得其女妻②，无不利。

梯，吐兮反。陽過之始而比初陰。故其象占如此。梯，根也。榮於下者也，榮於下，則生於上矣。夫雖老而得女妻，猶能成生育之功也。

[註釋]

① 枯楊生梯：梯，音題。樹枯了又生根。

② 老夫得其女妻：女妻，年輕的妻子。老夫娶年輕的妻子。

[哲理]

乾枯的楊樹再次生根就好像老夫娶少妻，雖不相配但兩廂情願。

[應用]

占卜：此爻就像枯木之根部，受到地下濕潤而生根，雖然不能長久但也沒有什麼不好。

象日：老夫女妻，過以相與①也。

[註釋]

①過以相與：過，不能平衡。相與，互相有利。即指老夫少妻雖不相當，卻能互相親與。

九三：棟橈，凶。

三四二爻，居卦之中，棟之象也。九三以剛居剛，不勝其重，故象橈而占凶。

[哲理]

這根棟樑已彎凶。

[應用]

占卜：此爻介於兩陽爻之間，受到強大的壓力，故見凶。

象曰：棟橈之凶，不可以有輔①也。

[註釋]

①不可以有輔：不可加以輔肋，即無法得到輔助。

[哲理]

這根棟樑彎曲了，已經對你無幫助了。

九四：棟隆①，吉，有它吝②。

它，湯何反。以陽居陰，過而不過，故其象隆而占吉，然下應初六，以柔濟之，則過於柔矣。故又戒以有它則吝也。

[註釋]

① 棟隆：棟樑堅固。

② 有它吝：指應初六爻，九四以陽居陰，本身無能力，又與初六陰柔相應，則將過柔而有損於陽剛承重之才，是以有羞吝。有它吝，平常要注意不到的地方。

[哲理]

這根棟樑堅固，但要注意平常沒有注意的地方就無災咎。

[應用]

占卜：平常應注意容易疏忽的地方就無災咎，這是變卦為「水風井」的結果。

象曰：棟隆之吉，不橈乎下①也。

[註釋]

①不橈乎下：不使棟樑再往下彎曲。不橈，不堅固。

九五：枯陽生華①，老婦得其士夫②，无咎无譽。

華，如字。九五陽過故其象占皆與二反。

[註釋]

①枯陽生華：華，花也。即指枯陽生葉。

②老婦得其士夫：士夫，壯年的男子。即指如老婦嫁年輕丈夫。

[哲理]

枯陽生葉，如老婦嫁年輕丈夫，雖無災咎但也無名譽。

[應用]

占卜：此時如同葉長新芽，但不能長久（不能生根）

象日：枯陽生華，何可久也，老婦士夫亦可醜①也。

[註釋]

①醜：羞。

上六：過涉滅頂①，凶，无咎。

處過極之地，才弱不足以濟，然於義為无咎矣。蓋殺身成仁之事，故其象占如此。

[註釋]

①過涉滅頂：逞強過河川，以致滅沒頭頂。

[哲理]

逞強過河川而遭滅頂凶，只要謹慎則無咎。

[應用]

占卜：此時柔弱無能，不可逞強行事。

象日：過涉之凶不可咎①也。

[註釋]

①不可咎：不可不注意。

[哲理]

是你自己太過逞強，不可不注意。

29☵☵　坎為水　（重險之象）

習坎，有孚①，維心亨②，行有尚③。

習，重習也，險陷也。其象為水，陽陷陰中，外虛而中實也。此卦上下皆坎，必有功矣，故其占如此。

[註釋]

①有孚：有誠信。

②維心亨：用心就能通。

③行有尚：險已過做任何事均有成。

[哲理]

凡事遇到多險，只要以誠心、用心待人就能通，險已過去，做任何事均有成。

彖曰：習坎，重險也，重直龍反。釋卦名義。**水流而不盈①，行險而不失其信②**。以卦象釋有孚之義，言內實而行有常也。**維心亨，乃以剛中③也，行有尚，往有功④也**。以剛在中，心亨之象。如是而往，必有功也。

[註釋]

①水流而不盈：盈，滿也。即指水流注於坎陷，不能滿盈。

②行險而不失其信：行於險境而、不失其誠信。

③剛中：兩卦陽爻在中間。

④往有功：去做有出險之功。

天選不可升也，地險山川丘陵也。王公設險以守其國。險之時用大矣哉。極言之而贊其大也。

象曰：水洊至①，習坎，君子以常德行②，習教事③。

洊在薦反，行下孟反，治已治人，皆必重習，然後熟而安之。

[註釋]

①水洊至：洊，一再的來。音荐？。即指水流相繼而至。

②常德行：常久保有美好的德行。

③習教事：熟習政教事務。

[哲理]

遇到重險，君子平常就要用美好之所行所為，一邊學習一邊教人。

初六：習坎，入于坎窞凶①。

窞，徒坎陵感二反。以陰柔居重險之下，其陷益深，故其象占如此。

[註釋]

①入于坎窞：陷入險境。

[哲理]

進入險境之中凶。

[應用]

占卜：在深淵之處，苦守為唯一之策，卦变「水澤節」之意。

象日：習飲入坎，失道①凶也。

[註釋]

①失道：失去方法。

[哲理]

進入險境失去要領凶。

九二：坎有險，求小得①。

處重險之中，未能自出，故為有險之象。然剛而得中，故其占可以求小得也。

[註釋]

①求小得：求小的在隱定中發展。

[哲理]

在險境中要求小的，在穩定中求發展

[應用]

占卜：此時不宜多動，而只能自救平安。

象日：求小得①，未出中②也。

[註釋]

①求小得：求小的在穩定中發展。

②未出中：未出險。指坎險之中。

六三：來之坎坎①，險且枕②，入于坎窞，勿用。

枕，針甚反。以陰柔不中正，而履重險之間，來往皆險，前險而後枕，其陷益深，不可用也，故其象占如此，枕，倚著，未安之意也。

[註釋]

①來之坎坎：之，往。往來進退皆險。

②險且枕：居險於不安。

[哲理]

又陷入險境，不可輕舉妄動。

[應用]

占卜：此時處於進退兩難的險陷中，只能自濟而不足於有為。

象日：來之坎坎，終无功也。

六四：樽酒①，災簋貳②，用缶③，納約自牖④，終无咎。

簋，音軌。缶，府九反。晁氏云，晁氏云，先儒讀樽酒簋為一句。貳用缶為一句。今從之，貳，益之也。周禮，大祭三貳，弟子職，左執虛豆。右執挾巳，周旋而貳是也。九五尊位，六四近之，在險之時，剛柔相際，故有但用薄禮，益以誠心，進結自牖之象。牖非所由之正。而室之所以受明也，始雖艱阻，終得无咎，故其占如此。

[註釋]

①樽酒：樽，酒杯。以酐裝酒。

②簋貳：簋，音乾災。盛肴饌之器（用竹子編成）。貳，副也。指簋貳為二簋。

③ 用缶：缶，瓦器。意指用瓦器裝好。

④ 納約自牖：納約，送進。牖，音猶。窗也。

[哲理]

瓶子裝好酒，送入監嶽裡的窗口。比喻有人落難要有関懷之心就無災咎。

[應用]

占卜：此時有能力要有側隱之心，伸出援手就無災咎

象日：樽酒簋貳，剛柔際①也。

晁氏日：陵氏釋文本无貳字，今從之。

[註釋]

①剛柔際：指君臣上下交接之時。

九五：坎不盈①，祗旣平②，无咎

九五雖在坎中，然以陽剛中正居尊位，而時亦將

出矣。故其象占如此。

[註釋]

①坎不盈：險過災禍不大。

②祇既平：用心就能克服。祇音支出，至也。

[應用]

占卜：處於困境，有能力排除困難，能平安渡過。

[哲理]

險過災禍就不大，只要用心就能克服。

象日：坎不盈，中未大也

有中德而未大。

上六：係用徽纆①，寘于叢棘②，三歲不得③，凶。

纆，音墨。寘，音置。以陰柔居險極，故其象占如此。

[註釋]

①係用徽纆：係，捆縛。徽纆：均為繩索名。指用草繩綁起來。

②寘于叢棘：寘，置。丟到草叢樹林內。

③不得：不得解脫。

[哲理]

用草繩綁起來丟到草叢樹林內，三年沒人救，凶。

[應用]

占卜：此時本身無能力，又要回頭去幫助別人，沒有開拓的空間，在危險中三年不得解脫。变卦「風水渙」之意也。

象日：上六失道，凶三歲也。

[哲理]

失去要領很久見凶

30☲☲　離為火　（明麗之象）

離，利貞，亨①。畜牝牛②，吉。

畜，許六反。離，麗也，陰麗於陽，其象為火。體陰而用陽火。物之所麗，貴乎得正，牝牛柔順之物也。故占者能正則亨，而畜牝牛則吉也。

[註釋]

①離利貞亨：離，麗也。其象為火。意指依附必合於正道，才能亨通。

②畜牝牛：畜，養也。牝牛，母牛。借喻溫順。指培養柔順的德性或借喻努力生產。

[哲理]

在明麗的狀況下，要努力去生產，這樣才是好的現象

彖曰：離，麗也，日月麗乎天①，百穀草木麗乎土②，重明③以麗乎正④，乃化成天下。重直龍反，釋卦名義。**柔麗乎中正，故亨，是以畜牝牛吉也。**以卦體釋卦辭。

[註釋]

①天：指高的。

②土：指低的。

③重明：在明麗的狀況下。

④乎正：要抱握時機。

[哲理]

在明麗的狀況下。要抱握時機，要努力去生產，這樣才是好的現象

象日：明兩作①，離，大人以繼明②照于四方。作起也。

[註釋]

①明兩作：作，起也。光明接續升起。

②繼明：繼續照明。

初九：履錯然①，敬之②，无咎。

錯，七各反。以剛居下而處明體，志欲上進，故有履錯然之象。敬之則无咎矣。戒占者宜如是也。

[註釋]

①履錯然：做錯事。

②敬之：要小心。

[哲理]

剛開始做錯了事情要小心就無災咎。

[應用]

占卜：此時要有勇氣踏出第一步，至於成敗不是很重要。

象曰：履錯之敬，以辟咎也①。辟同避。

[註釋]

①以辟咎也：辟，避也。以後就能避免。

[哲理]

做錯了事要重視它，以後就能避免錯誤。

六二：黃離①，元吉。

黃，中色。柔麗乎中而得其正，其其象占如此。

[註釋]

①黃離：黃，中色。具文采之美也。離，麗也。

[哲理]

艷陽高照大吉大利。

[應用]

占卜：此時猶如艷陽高照大吉大利，把握發揮必定大有所獲。

象曰：離黃元吉，得中道也。

九三：日昃象日：之離①，不鼓缶而歌②，則大耋嗟，凶。

耋，田節反。重離之閒，前明將盡，故有日昃之象。不安常以自樂，則不能自處而凶矣，戒占者宜如是也。

[註釋]

① 日昃之離：昃，音仄。日西斜也。夕陽，即時日不多。

②不鼓缶而歌：不鼓缶，要即時行樂，歡度餘年。

③大耋：耋，音碟。至老。

[哲理]

日落的太陽老時日不多，要抱握時間去發揮，要不然到老的時候悲嘆是凶的現象。

[應用]

占卜：此時把握可貴的時光，而不浪費歲月老而

遺憾

象日：日昃之離，何可久也。

九四：突如其來①，焚如②，死如，棄如。

突，如忽反。後朋將繼之時，而九四以剛迫之，故其象如此。

[註釋]

①突如其來：突然來的。

②焚如：燒過的東西。

[哲理]

火在燒是突然來的，有燒過的東西，燒死有生命及無生命的，要丟掉，不可保留

[應用]

占卜，此時本身無能力，處事不成。

象日：突如其象日：來，无所容也。无所容。焚死棄。

六五：出涕沱若①，戚嗟若②，吉。

沱，徒何反。以陰居尊，柔麗乎中，然不得其正而迫於上下之陽，故憂懼如此，然後得吉，戒占者宜如是也。

[註釋]

①出涕沱若：若，語詞，無義。以前做錯事要痛改前非。

②戚嗟若：憂傷嗟嘆。

[哲理]

以前做錯事要痛改前非，如果受利委屈要忍耐，是吉利的現象。

[應用]

占卜：此時只要發柔德，去克服困難，不失吉終

象日：六五之吉，離王公也①。離音麗。

[註釋]

①離王公：離音麗。依附在王公的尊位。

[哲理]

任何人做到這樣就能比美王公的尊位。

上九：王用出征，有嘉①，折首②，獲匪其醜③，无

咎。

剛明及遠，威震而刑不濫，无咎之道也。故其象占如此。

[註釋]

①有嘉：有嘉差之功。

②折首：只折取帶頭的魁首。

③獲匪其醜：醜，類也。不須擒獲其餘的同黨。

[哲理]

王出兵作戰，有功回來，贏了就好，不是要你把他殺的一踏糊塗，這樣才無災咎。

[應用]

占卜：處於最光明的地方為陽剛之氣，時處事的時機。

象曰：王日用出征。以正邦也。

[哲理]

王要出兵作戰為了是端正國家。

周易卷之二

周易下經

31☱☶ 澤山咸 （感應之象）

咸①，亨，利貞，取②女吉。

取，七具反。咸，交感也。兌柔在上，艮剛在下，而交相感應。又艮止則感之專。兌說則應之至，又艮以少男下於兌之少女，男先於女，得男女之正，婚姻之時，故其卦為咸，其占亨而利貞，取女則吉，蓋感有必通之理，然不以貞，則失其亨，而所為皆凶矣。

[註釋]

①咸：男女有相感應。

②取：通娶。

[哲理]

要持恒有結局才是吉利。

彖曰：咸，感也。釋卦名義。**柔上而剛下，二氣①感應以相與。止於說②，男下女③，是以享，利貞，取女吉也。**

說音悅。男下之下，遐嫁反。卦體卦德卦象釋卦辭，或以卦變言柔上剛下之義。日咸自旅來，柔上居大，剛下居五也，亦通。

[註釋]

①二氣：指男女。

②止於說：停在喜悅的地方。

③男下女：男生在女生之下。

[哲理]

少男碰到少女有感應，停在喜悅的地方，男在女的地方持恒能通有結局。

天地感①而萬物化生，聖人感人心而天下和平。觀其所感，而天地萬物之情可見矣。極言感通之理。

[註釋]

①天地感：陰陽感應。

[哲理]

陰陽有了感應，天地萬物分門別類生長，一般人如果能感化聖人之心，天不就能和平共處，天地萬物是有情的。

象曰：山上有澤，咸。君子以虛受人。山上有澤，以虛而通也。

[哲理]

君子很謙虛待人。

初六，咸其拇①

拇，茂后反。拇，足大指也。咸以人身取象。感於最下。咸拇之象也。感之尚潛，欲進未能，故不言吉凶。此卦雖主於感，然六爻皆宜靜而不宜動也。

[註釋]

①感其姆：從腳感應起。即剛開始而已。

[哲理]

剛開始就感應到腳姆指，還沒有什麼，一切還可以商洽研討。

[應用]

占卜：感應之初無好壞可言。

象曰：咸其拇，志在外也。

六二：咸其腓①，凶，居吉②。

腓，房非反。腓，足肚也。欲行則先自動，躁妄而不能固守者也。二當其處，又以陰柔不能固守，故取其象，然有中正之德，能居其所，故其占勒凶而靜吉也。

[註釋]

①咸其腓：腓，音肥，脚肚肉。感應到脚肚肉。

②居吉：居，不亂動。即不亂動則吉。

[哲理]

感應到小腿是有凶的現象，不要亂動則吉。

[應用]

占卜：感應到小腿不可妄動則凶，守正則吉。变卦巽的玄機。(☴下卦)

象曰：雖凶居吉，順不害①也。

[註釋]

①順不害：順，順理。即謹慎則吉。

[哲理]

雖然妄動見凶，但謹慎則吉。

九三：咸其股①，執其隨②，往吝

股，隨足而動，不能自專者也。執者，主當持守之意。下二爻皆欲動者，三亦不能自守而隨之。往則吝矣。故其象占如此。

[註釋]

①股：大腿。

②執其隨：執意隨從他人。

[哲理]

感應到了小腿的肉這就如小腿之動影響大腿之一切，就是刻意之行，動將導致災咎的發生，所有行動都隨人而行動。

[應用]

占卜：已感應到大腿不可執著。

象曰：咸其股，亦不處①也，志在隨人，所執下②也。

言亦者因前二爻皆欲動而云也。二爻陰躁，其動也宜。九三陽剛，居止之極，宜靜而動，可吝之甚也。

[註釋]

①不處：不能靜處，亦即不能坐著。

②所執下：所執守之志是卑下的。

[哲理]

感應到了小腿，不能坐著，所有行動都隨人而行動，這樣的行動是卑下的（據上而下動）。

九四：貞吉悔亡①，未感害也，憧憧往來②，朋從爾思③。

憧，昌容反。又音同。九四居股之上，脢之下，又當三陽之中，心之象。咸之主也，心之感物，當正而固，乃得其理。今九四乃以陽居陰，為失其正而不能固，故因占設戒。以為能正而固，則吉而悔亡。若憧憧往來，不能正固而累於私感，則但其朋類從之，不復能及遠矣。

[註釋]

①悔亡：沒有錯誤。

②憧憧往來：心意不定。

③朋從爾思：別人也會跟著你的想法去想。

[哲理]

如果你心意不定，而別人會受你的影響。

[應用]

占卜：本身能力不足，有患得患失的心態，變卦為「水山蹇」之戒也

象曰：貞吉悔亡，未感害①，憧憧往來，未光大也②。

感害，言不正而感，則有害也。

[註釋]

①未感害：未被私心交感所害。

②未光大也：不值得發揚。

[哲理]

心意不定是不值得鼓勵去做的。

九五：咸其脢①，无悔②。

脢，武杯反。又音每。脢，背肉。心上而相背。不能感物而无私係。九五適當其處，故取其象。而戒占者以能如是，則雖不能感物，而亦可以无悔也。

[註釋]

①脢：音每，背部的肉。

②无悔：無好壞之分。

[哲理]

沒有感應就沒有好壞三分。

[應用]

占卜：此爻相應六二爻不能交感（因陽氣上升，陰氣下降）故無好壞之分。

象曰：咸其脢，志未①也

志未，謂不能感物。

[註釋]

① 志未：未能感受。

[哲理]

沒有感應，就未能感受。

上六：咸其輔頰舌①。

頰，古協反。輔頰舌，皆所以言者，而在身之上。上六以陰居說之終，處咸之極，咸人以言而无其實。又兌為口舌，故其象如此，凶咎可知。

[註釋]

①輔頰舌：即腭、頰、舌皆為說話的器官。

[哲理]

感應到腭、面頰、舌頭相接吻，是最敏感的時候，這種相輔的接觸是喜悅的。

[應用]

占卜：此爻與九三爻相應，又是喜悅之極，故凡事能通。

象曰：咸其輔頰舌，滕口說①也。滕，騰通用。

[註釋]

滕口說：口對著口是喜悅的。

32☳☴　雷風恒　（志堅之象）

恒，亨，无咎，利貞，利有攸往①。

恒，常久也。為卦震剛在上，巽柔在下，震雷巽風，二物相與，巽順震動，為巽而動，二體六爻，陰陽相應，四者皆理之常，故為恒。其占為能久於其道，則亨而无咎，然又必利於守貞，則乃為得所常久之道，而利有所往也。

[註釋]

①利有攸往：有利收穫。

[哲理]

安定久了也能通，沒有災咎，持恒守正是有利收穫的。

彖曰：恒，久也，剛上而柔下，雷風相與，巽而動，剛柔皆應①，恒。

以卦體卦象卦德釋卦名義或以卦變言剛上柔下之義曰恒自豐來，剛上居二，柔下居初也，亦通。

[註釋]

①剛柔皆應：每爻皆感應。

恒，亨，无咎，利貞，久於其道①也，天地之道，恒久而不已②也。

恒固能亨，且无咎矣。然必利於正，乃為久於其道，不正則久非其道矣。天地之道，所以長久，亦以正而已矣。

[註釋]

①道：不終止。

②已：終了。

利有攸往，終則有始①也。

久於其道，終也。利有攸往，始也，動靜相生，循環之理，然必靜為主也。

[註釋]

① 終則有始：任何事有循環開始。

日月得天①而能久照，四時②變化而能久成③，聖人久於其道④而天下化成⑤，觀其所恒，而天地萬物之情可見矣。極言恒久之道。

[注釋]

①得天：依順天理。

②四時：一年四季。

③久成：恒久成歲。

④久於其道：指恒久於依順天理而變化。

⑤天下化成：教化天下。

象日：雷風，恒，君子以立不易方①

[註釋]

①立不易方：樹立恒久不變的法則。

[哲理]

君子處世守正且堅定不移。

初六：浚恒①，貞凶，无攸利。

初與四為正應，理之常也。然初居下而在初，未可以深有所求。四震體而陽性，上而不下，又為二三所隔，應初之意。異乎常矣，初之柔暗，不能度勢，又以陰居巽下，為巽之主，其性務入，故深以常理求之，浚恒之象也。占者如此，則雖貞亦凶，而无所利矣。

[註釋]

①浚恆：浚，深也。指往深處探討。

[哲理]

剛開始的時候就要往深處去探討必見凶，這是沒有收獲的

[應用]

占卜：本身能力差又在三陽之下，受阻以致無法發揮相應作用故凶，但有機緣若能發揮柔德，必有一線生機。

象日：浚恒之凶，始求深也①。

[註釋]

①始求深也：剛開始就往深處探討。

九二：悔亡①。以陽居陰本當有悔，以其久中，故得亡也。

[註釋]

①悔亡：悔恨消亡。

[哲理]

更改錯誤後，錯誤就無大災咎。

[應用]

占卜：本身無能力，又有錯誤，惟與六五有應，故能修改錯誤後，錯誤就無大災咎。

象日：悔亡，能久中①也。

[註釋]

①久中：恒久於中道。

九三：不恒其德①，或承之羞，貞吝。

位雖得正，過剛不中，志從於上，不能久於其所，故為不恒其德，或承之羞之象。或者，不知其何人之辭，承奉也。吉人皆得奉而進之，不知其所自來也。貞吝者，正而不恒，為何可羞吝，申戒占者之辭。

[註釋]

①不恆其德：如果不繼續成長。

[哲理]

不再求上進發揚美德，終會導致羞吝。

[應用]

占卜：到了此時種子已發芽，但很難發揮，惟有更加努力才有可成之機。

象日：不恆其德，无所容也①。

[註釋]

①无所容也：无處容身、被陶汰。

[哲理]

不求上進你會被社會所陶汰。

九四：田无禽①。

以陽居陰，久非其位，故為此象，占者无所獲，而凡事亦不得其所求也。

[註釋]

①田无禽：無收穫。

[哲理]

田裡沒有收穫。

[應用]

占卜：此時很難發揮，要等待機會（變卦「地風升」之戒也。

象日：久非其位，安得禽①也。

[註釋]

①安得禽：怎麼會有收穫呢。

[哲理]

坐在那邊　不求上進，怎麼會有收穫呢。

六五：恒其德，貞，婦人吉，夫子①凶。

以柔中而應剛中，常久不易，正而固矣。然乃婦人之道，非夫子之宜也。故其占如此。

[註釋]

①夫子：指男子。

[哲理]

為了要保持持續成長，要發揮婦人之柔德者吉，男子則凶。

[應用]

占卜：以陰居尊位，又乘三剛與九三爻相應，惟發揮柔德則吉，若一味以陽為柔必凶。

象曰：婦人貞吉，從一兩終也；夫子制義①，從婦②凶也

[註釋]

①制義：外面之事。

②從婦：聽夫人言（即男人不可無主張）。

[哲理]

外面的事情你主張，若聽信婦人言必凶。

上六：振恒①凶。

振者，動之速也。上六居恆之極，處震之終，桓極則不常，震終則過動。又陰柔不能固守，居上非其所安，故有振恒之象。而其占則凶也。

[註釋]

①振恒：動搖不定。

[哲理]

動搖不定見凶。

[應用]

占卜：此爻雖當位有應，但屬恆之極，到此時物極必反，故要避開，變卦「火風鼎」之戒也。

象曰：振恒在上，大无功也。

[哲理]

動揺不定已到了這爻也沒有什麼成就了。

33☰☶　天山遯（避離之象）

遯①，亨。小利②

遯，徒困反。遯，退避也。為卦二陰浸長，陽當退避，故為遯。六月之卦也，陽雖當遯，然九五當位而下有六二之應，若猶可以有為，但二陰浸長於下，則其勢不可以不遯，故其占為君子能遯，則身雖退而道亨。小人則利於守正，不可以浸長之故。而雖侵迫於陽也，小謂陰柔小人也。此卦之占，與否之初二兩爻相類。

[註釋]

①遯：碰到剛健要停下來。

②小利：求小的。

[哲理]

遯碰到剛健就要停，遯做小事情可以行的通，但只求小利。

彖曰：遯亨，而亨①也，剛當位而應，與時行②也，小利貞，浸③而長也。長，丁丈反。以下二陰釋小利貞。**遯之時義大矣哉。**陰方浸長，處之為難，故其時義為尤大也。

[註釋] 。

①遯而亨：避離就能通。

②與時行：時止則止，時行則行。意即該避離就要避離。

③浸：漸也

[哲理]

九五爻与六二爻當位有應，故避離就能通但要看時勢行事，只能求小利，陽剛很長。該避離的時候就要避離，不可強出風頭，這是大自然的現象。

象曰：天下有山，遯；君子以遠小人不惡而嚴①。

遠，袁萬反。天體无窮，高有限，遯之象也，嚴者，君子自守之常，而小人自不能近。

[註釋]

①不惡而嚴：惡，音務。不露憎惡，但見莊嚴。

[哲理]

在天卦下有山卦這就要避開，君子要遠難小人，不要惡言相向，對自己要嚴謹。

初六：遯尾①，厲②，勿用有攸往③。

遯而在後，尾之象。危之道也，占者不可以有所往，處靜俟。可免災耳。

[註釋]

①遜尾：還未完全避離。

②厲：很危險。

③勿用有攸往：不要輕舉妄動做任何事。

[哲理]

剛開始能馬上避離，但在未完全避離時還是會很危險，不要輕舉妄動做任何事。

[應用]

占卜：本身能力不足，但又不能避離，得了損失難免。

六二：執①之用，黃牛之革②，莫之勝說③。

勝音升。說吐活反。以中順自守，人莫能解，必遯以中順自守。人莫能解，必遯之志也。占者固守，亦當如是。

[註釋]

① 執：束縛。

② 黃牛之革：古代用黃牛之皮製成很堅固的繩子。

③莫之勝說：不能說服你。

[哲理]

要求縛就如同用黃牛皮製成之繩來拌住，不可能使你服從，表示意志很堅定。

[應用]

占卜：此爻當位中正与九五爻尊位正應，故其引退之意甚堅，此時小人當道，聖賢必然之舉。

象日：執用黃牛，固①志也。

[註釋]

①固：堅定。

九三：係遯①，有疾厲②，畜臣妾③，吉。

畜，許六反。下比二陰，當遯而有所係之象。有疾而危之道也。然以畜臣妾則吉，蓋君子之於小人，惟臣妾則不必其賢而可畜耳。故其占如此。

[註釋]

①係遯：該避離的時候就要避離。

②有疾厲：有危險、有損失。

③畜臣妾：退回家隱居。

[哲理]

該避離的時候就要避離，否則會有損失，不如回家隱居是好的現象。

[應用]

占卜象日：此爻為艮卦的上爻，即要一切停止避離，否則會有損失，故當退隱家居，這是變卦「天地否」之戒。

象日：係遯之厲，有疾憊①也（敗音），畜臣妾吉，不可大事也。

憊，音敗。

[註釋]

①有疾憊：有害且疲勞。

[哲理]

該避離的時候就要避離，否則會很危險，在有害且疲勞時祇能回家隱居，不可做大事。

九四：好遯，君子吉，小人否①。

好，呼報反。否，方有反。不應初六，而乾體剛健，有所始而能絕之以遯之象也。唯自克之君子能之，而小人不能，故占者君子則吉，而小人否也。

[註釋]

①小人否：小人不懂得避離。

[哲理]

凡事為了潔身自愛而退避，君子知道退避吉，小人貪求不知避離凶也。

[應用]

占卜：乾之初爻又臨尊位，本身雖無能力，但能潔身自愛而避離，但此時若是小人則否。

象日：君子好遯，小人否也。

九五：嘉遯①，貞吉。

剛陽中正，下應六二，亦柔順而中正，遯之嘉美者也。占者如是，而正則吉矣。

[註釋]

①嘉遯：美好的收場。

[哲理]

以美好收場恒吉。

[應用]

占卜：此爻与六二正應且為中正之道，故能完成正志，而毫無牽掛的引退吉終是必然的。

象曰：嘉遯貞吉。以正志也。

[哲理]

以美好結局持恆則吉，這是志願。

上九：肥遯①无不利。

以剛居卦外，下无係應，遯之遠而處之裕者也，故其象占如此，肥者，寬裕自得之意。

[註釋]

①肥遯：見好就收。

[哲理]

見好就收無不利。

[應用]

占卜：此時避離陰險小人最遠，而不受其害，故能安逸無事，變卦為「澤山咸」有感應而停。

象曰：肥遯无不利，无所疑①也

[註釋]

①疑：懷疑。

[哲理]

見必就收就沒有懷疑了。

34☳☰　雷天大壯　（奮起之象）

大壯①，利貞。大謂陽也。四陽盛長，故為大壯。二月之卦也，陽壯，則占者吉亨不假言，利在正固而已。

[註釋]

①大壯：鋼健。卦名。

[哲理]

四陽盛長而剛健，有利要持恒。

象曰：大壯，大者壯也，剛以動，故壯。

釋卦名義，以卦體言，則陽長過中。大者壯也。以卦德言，則乾剛震動，所以壯也。

大壯利貞，大者正也，正大而天地之情可見矣。

釋利貞之義而極言之。

[哲理]

陽剛（天卦）而動（雷卦）要天而正且守著而大者，這是天地之情，可以看到的。

象日：雷在天上，大壯，君子以非禮弗履①。自勝者強。

[註釋]

①非禮弗履：不合理的事不要去做。履，踐行。

[哲理]

雷卦在天卦之上謂奮起之象。對於無道理的事不要去做。

初九：壯于趾①，征凶，有孚。趾在下而進，動之物也。剛陽處下而當壯時，壯于進者也。故有此象。居下而壯于進，其凶必矣。故其占又如此。

[註釋]

①壯于趾：即壯于行。

[哲理]

凡事太過自信且又逞強去做會導致見凶。

[應用]

占卜：此時由於過分剛強，一味逞強妄動必見凶，惟有凡事穩重行事。(此命理：有發揮心，做什麼賠什麼)。

象日：壯于趾，其孚窮也。言必困窮。

[哲理]

凡事太過自信會導致落空。

九二：貞吉。以陽居陰已不得其正矣。然所處得中，則猶可因以不失其正，故戒占者使因中以求正，然後可以得吉也。

[哲理]

到了這爻一切就緒，可以去發揮你的才能，因九二於六五均有應，持恒去做則吉。

[應用]

占卜：此時惟有守中正之道，前進必然吉終。

象日：九二貞吉，以中也。

[哲理]

九二爻為中正之位，持恆則吉。

九三：小人用壯①，君子用罔②，貞厲③，羝羊觸藩④，羸其角⑤。羝，音低。羸，力追反。過剛不中，當壯之時，是小人用壯，而君子則用罔也。罔，无也。視有如无，君子之過於勇者也。如此，則雖正亦危矣。羝羊，剛壯喜觸之物。藩，籬也。羸，困也。貞厲之占，其象如此。

[註釋]

①小人用壯：小人會逞強行事。

②君子用罔：君子行事久思考。

③貞厲：很危險。

④羝羊觸藩：羝羊，公羊。觸藩，用角去觸籬巴。

⑤羸其角：羸，音雷。羊角被纏住。

[哲理]

到了這個時候正是小人逞強，君子欠思考而執意孤行這是很危險的，如同羊角去觸籬笆而折斷角。

[應用]

占卜：此時正處於二陽之小人群中，易受小人影響又欠思考，既危且損。變卦「雷澤歸妹」之戒也。

象日：小人用壯，君子罔也。

小人以壯敗，君子以罔困。

[哲理]

小人逞強，君子到此時仍一味執意孤行。

九四：貞吉，悔亡。藩決不羸①，壯于大輿之輹②。

輹，音福。貞吉悔亡，與咸九四同上，藩決不羸，承上文而言也。決，開也。三前有四，猶有藩焉。四前二陰，則藩決矣，壯于大輿之輹。亦可進之象也。以陽居陰，不極其剛，故其象如此。

[註釋]

①藩決不羸，籬笆決裂，困不住你了。

②壯于大輿之輹：把你的大車整裝起來。

[哲理]

籬笆決裂，困不住你了，把你的大車整壯起來（你可以整裝出發）祇要持恒則去

[應用]

占卜：本身不當位，但受三陽之推動，本身又是雷的初爻，故能暢通無阻，這是變卦為「地天泰」三陽開泰。

象曰：藩決不羸，尚往也①。尚，上通。

[註釋]

①尚往：往上發展。尚，通上。

[哲理]

困難解決了，你可去做你應該做的事。

六五：喪羊于易①，无悔。喪，息浪反。象同，易，以豉反。一音亦，旅卦同。卦體似兌，有羊象焉，外柔而內剛者也，獨六五以柔居中，不能抵觸，雖失其壯，然亦无所悔矣。故其象如此，而占亦與咸九五同，容易之易，言忽然不覺其亡也。或作疆埸之埸，亦通，漢食貨志，埸作易。

[註釋]

①喪羊于易：無能力生存的羊逃離別處（即另想他方）

[哲理]

失去了無能力生存的羊迷離別處，也沒有什麼不對的。意指到了這個時候，一切就順其自然吧！因為這個時運已經不對了。

[應用]

占卜：此時能力很差無比爻，而難四陽，因有九二爻相應方能全身而退而無悔。

象曰：喪羊于易，位不當也。

[哲理]

失去無力生存的羊，逃離別處也沒什麼不對，本爻位不當，即表無能力。

上六：羝羊觸藩，不能退，不能遂①，不詳也②，艱則吉。壯終動極，故觸藩而不能退，然其質本柔。故又不能遂其進也，其象如此，其占可知，然猶幸其不剛，故能艱以處則尚可以得吉也。

[註釋]

①不能退，不能遂：困住不能進退。遂，前進。

②不詳也：不得要領。

[哲理]

公羊的角被蘺巴困住，不能進退，一點好處也沒有，雖然很辛苦，去克服困難則吉。

[應用]

占卜：此爻臨卦極，又困難重重，已每力量了，萬事不吉。

象曰：不能退。不能遂。不詳也。艱則吉。咎不長也。

35☲☷　火地晉　（明進之象）

晉①，康侯②用錫馬蕃庶③，晝日三接④。

晉，進也，康侯安國之侯也。錫馬蕃庶，晝日三接，言多受大賜。而顯被親禮也。蓋其為卦上離下坤，有日出地上之象。順而麗乎大明之德，又其變自觀而來。為六四之柔進而上行以至於五，占者有是三者，則亦當有是寵也。

[註釋]

①晉：卦名，有升進之意。

②康侯：康，安也。安邦定國的公侯。

③錫馬蕃庶：錫，通「賜」。蕃庶，衆多。蒙天子賞賜衆多的車馬。

④晝日三接：一天之內榮獲三次接見。比喻其備受恩寵。

[哲理]

文王之弟被封為侯，這些俸祿全是君王所給，故他在面君王時送給君王的禮物，而君王接待有一日內三次。

彖曰：晉，進也。釋卦名義，**明出地上①，順而麗乎大明②，柔進而上行③，是以康侯用錫馬蕃庶，晝日三樓也。**上行之上時掌反。以卦象、卦德卦變釋卦辭。

[註釋]

①明出地上：本卦離在坤上，是明出地上之上。

②順而麗乎大明：柔順附麗於大明，豫賢臣依附於明君。

③柔進而上行：指六五以陰柔之質上升人君之位。

象曰：明出地上，晉，君子以自昭明德①。昭明之也。

[註釋]

①自昭明德：以身作則之意。自我闡明內在光明的德性。

[哲理]

光明出於地上，而君子自己表明本人超越的立場，而發揚美好的德性

初六：晉如摧如①，貞吉，罔孚，裕无咎②。

以陰居下，應不中正，有欲進見摧之象。占者如是，而能守正則吉，設不為人所信，亦當處以寬裕，則无咎也。

[註釋]

①晉如摧如：屢進屢折。

②罔孚，裕无咎：用心去克服困難，就無災咎。

[哲理]

屢進屢折要持恒則吉，由於無故失敗，要用信心去克服就沒有災咎。

[應用]

占卜：此時能力不足，初入社會屢進屢敗，有患得患失的現象，變卦為「火雷噬嗑」之戒也。

象曰：晉如摧如，獨行正①也，裕无咎，未受命②也。

初居下位，未有官守之命。

[註釋]

①獨行正：獨自堅守正道。

②未受命：沒有受到別人的指導。

[哲理]

做任何事情在沒有受到別人的指導而獨自去作，才會遭受屢進屢敗。

六二：晉如愁如①，貞吉，受茲介福②于其王母③。

六二中正，上無應援，故欲進而愁，占者如是，而能守正則吉，而受福于王母也，王母指六五，蓋享先妣之吉占，而凡以陰居尊者，皆其類也。

[註釋]

①晉如愁如：因升進困難而憂愁。

②受茲介福：將承受大的福報。

③王母：指六五，祖母或長輩。

[哲理]

在進取中又怕不能如願，但能持恒則吉，這樣你就會承蒙長輩的庇佑。

[應用]

占卜：此時想要展圖，但只是妄想而已，又担心不能如願。

象日：受茲介福，以中正也。

[哲理]

你承受長輩的庇佑，不用担心有不如願的，因為六二爻是中正當位。

六三：衆允①悔亡。

三不中正宜有悔者。以其與下二陰皆欲上進，是以為衆所信而悔亡也。

[註釋]

①衆允：允，信也。為衆人所信從。

[哲理]

大家認同後，才不會有悔錯之處。

[應用]

占卜：此時機緣好，處事要與衆人討論後再前進。

象曰：衆允之志上行①也。

[註釋]

①志上行：能發揮。

[哲理]

經大家認同後，一切事情均可進行去做。

九四：晉如①鼫鼠②，貞厲。

鼫，音石。不中不正以竊高位，貪而畏人，蓋危道也。故為鼫鼠之象。占者如是，雖正亦危。

[註釋]

①晉如：在進行中。

②鼫鼠：兔頭老鼠身之動物。比喻貪心又胆小之意。

[哲理]

做事在進行中，貪心又胆小，這樣會很危險。

[應用]

占卜：此時有貪奪又怯儒是很危險的現象。

[哲理]

貪心又胆小這樣是很危險的，以陰居陽位不當。

象曰：鼫鼠貞厲，位不當也。

六五：悔亡，失得勿恤①，往吉，无不利。

以陰居陽，宜有悔矣。以大明在上，而下皆順從，故占者得之，則其悔亡。又一切去其計功謀利之心，則往吉而无不利也。然亦必有其德，乃應其占耳。

[註釋]

①失得勿恤：恤，憂也。不須憂慮得失。

[哲理]

為了不要担心有所損失，你最好不要把得失心看得太重，持恒去做是吉利，無不利之處。

[應用]

占卜：此時因無幫助，唯有靠自己，只要努力去做是吉利的，無不利。

象曰：失得勿恤，往有慶也。

上九：晉其角①，維用伐邑②，厲吉③无咎，貞吝④

角，剛而居上，上九剛進之極，有其象矣。占者得之，而以代其私邑，則雖危而吉且无咎。然以極剛治小邑，雖得其正，亦可吝矣。

[註釋]

①晉其角：角，侍勇。即仗著你的權勢。

②維用伐邑：到處去征伐。

③厲吉：能慮危防危而獲吉。

④貞吝：若固執不變，剛極求進，必至悔吝。

[哲理]

仗著你的權勢，到處去開拓是很危險，但亦有成功之時，如長期下去會有吝災發生。

[應用]

占卜：此時不能去發揮，否則有災難發生。

象曰：維用伐邑，道未光也①。

[註釋]

①道未光也：不值得提倡。

[哲理]

仗勢去開拓，這種現象是不值得去提倡的。

36☷☲　地火明夷　（暗息之象）

明夷，利艱貞①

夷，傷也。為卦下離上坤，日入地中，明而見傷之象，故為明夷。又其上六為暗之主。六五近之，故占者利於艱難以守正，而自悔其明也

[註釋]

①艱貞：在艱難困苦中堅守正道。

[哲理]

當光明受到傷害時，你就要能辛苦的渡過。

象曰：明入地中，明夷以卦象釋卦名，**內文明而外柔順以蒙大難，文王以之①**難去聲。下同。以卦德釋卦義蒙大難。謂遭紂之亂而見囚也，**利艱貞，晦其明②也，內難而能正其志，箕子以之③。**以六五爻之義釋卦辭，內難，謂為紂近親，在其國內，如六五之近於上六也。

[註釋]

①文王以之：文王有過。

②晦其明：晦藏他的光明，即含光斂德。

③箕子以之：箕子，文王之子。文王之子有過。

[哲理]

因光明進入地下，地下光明，而上面柔順而暗，這種現象會受到很大困難。文王有七年之災，能在黑暗中渡過，如箕子正直的人格能渡過。

象日：明入地中，明夷，君子以莅衆①用晦而明②。

[註釋]

①莅眾：莅，臨也。治理衆人。

②用晦而明：用晦藏明智的方式而益顯其英明。

[哲理]

當光明進入地中，光明受到傷害，惟有君子率領大衆等待時機走出光明。

初九：明夷于飛①，垂其翼②，君子于行③，三日不食④，有攸往，主人有言⑤。飛而垂翼，見傷之象。占者行而不食，所如不合，時義當然，不得而避也。

[註釋]

①明夷於于飛：在黑暗中飛行。

②垂其翼：飛行受傷，翼就垂下。

③于行：受難。

④三日不食：三日無暇進食，喻急於遁行避難。

⑤有言：疑怪責難。

[哲理]

在黑暗中飛行，翼必受傷垂下，如君子受難急於遁行避難，在這時就算有好處也是別人不情願所施捨。

[應用]

占卜：此時剛受傷害，能够閃避，雖然凡事不甚順遂，而尚能自保。

象日：君子于行①，義不食也②。唯義所在不食可也。

[註釋]

①于行：受難。

②養不食也：君子落難很難渡過。

[哲理]

君子受難很難渡過。

六二：明夷，夷于左股①，用拯馬壯②吉。

拯之陵反渙初爻同。傷而未切，救之速則免矣。故其象占如此。

[註釋]

①夷于左股：左腿受傷。

②用拯馬壯：適時遇到一壯馬拯救。

[哲理]

此時有貴人相助，這是好的現象。

[應用]

占卜：此時雖然受傷，但不嚴重而能及時脫離痛苦。

象日：六二之吉，順以則①也。

[註釋]

① 順以則：所遇到的事很順。

[哲理]

所遇到的事很順利的脫雜困境，這是好的現象。

九三：明夷于南狩①，得其大首②，不可疾貞③。

以剛居剛又在明體之上，而居於至暗之下，正與上六闇主為應，故有向明除害，得其首惡之象。然不可以亟也，故有不可疾貞之戒。成湯起於夏臺，文王興於羑里。正合此爻之義，而小事亦有然者。

[註釋]

①南狩：在南方施行征討。狩，「獵」也。有征討之意。

②大首：元凶首悪，指上六暗指昏君。

③不可疾首：不可急於匡正時弊。

[哲理]

在黑暗時期，你領兵出征，只要打贏就好，不可貪戰。

[應用]

占卜：此時脫離黑暗而不受到傷害。

象日：南狩之志①乃大得也

[註釋]

①南狩之志：深入探討。意即戰爭時深入敵後。

[哲理]

以德服人。即這樣做就大有所得。

六四：入于左腹①，獲明夷之心②，于出門庭③。

此爻之義未詳，竊疑左腹者，幽隱之處，獲明夷之心于出門庭者，得意於遠去之義。言筮而得此占，其自處當如是也。蓋離體為至明之德，坤體為至闇④之地。下三爻明在闇引外，故隨其遠近高下而處之不同，六四以柔正居闇地而尚淺。故猶可以得音於遠去，五以柔中居闇地而已迫，故為內難正志以悔其明之象，上則極乎闇矣。故為自傷其明以至於闇，而又足以傷人之明。蓋下五爻皆為君子，獨上一爻為闇君也。

[註釋]

①入于左腹：處心腹之地。左有隱蔽之意，心腹為人體的要害。引申為重要的處所。

②獲明夷之心：深得處明夷之道。心指內在情實。

③于出門庭：于，語助詞。出門庭遠去。

④闇：音暗。幽暗。（辭海門文物出版社　趙錫如　主編）

[哲理]

對一件事情能深入探討，得到收獲就能脫困安然無恙。

[應用]

占卜：此時脫離黑暗而不受到傷害。

象日：入于左腹，獲心意也。意，音臆。

[哲理]

對一件事情能深入探討就能稱心如意。

六五：箕子①之明夷，利貞。

居住闇之地，近之闇之君，而能正其志，箕子之象也。貞之至也，利貞，以戒占者。

[註釋]

①箕子：商之舊臣。因力諫得罪紂王，故佯狂為奴免於死。

[哲理]

箕子落難，但精神永存。

[應用]

占卜：此時無人幫助，只有燃燒自己照亮別人，即明夷利貞之意也。

象曰：箕子之貞，明不可息①也

[註釋]

①明不可息：說明其內心的光明終究不可滅熄。

[哲理]

箕子的作為，但精神永留人間。

上六：不明悔①，初登于天②，後入于地③。

以陰居坤之極，不明其德以至於晦。始則處高位以傷人之明。終必至於自傷而墜厥命，故其象如此，而占亦在其中矣。

[註釋]

①不明悔：不明而悔暗，以喻上六以陰處明夷之極為闇主、暴君之象。

②初登于天：即一步登天。

③後入于地：必然墮落失敗之地。

[哲理]

在最黑暗時期你想要一步登天，必然墜落失敗之地。

[應用]

占卜：凡事不可好高騖遠必失敗，到此為止，不可再前進以免失敗。變卦「山火賁」之戒。

象曰：初登于天，照四國①也，後入于地，失則②也。

照四國以位言。

[註釋]

①照四國：照臨四方諸國。比喻胸懷大志。

②失則：不得要領。

[哲理]

你胸懷大志想要一步登天，必遭失敗，這是不得要領的原故。

37☴☲ 風火家人 （齊家之象）

家人①，利女貞②。

家人者，一家之人，卦之九五六二，外內各得其正，故為家人。利女貞者，欲先正乎內也，內正則外无不正矣。

[注釋]

①家人：卦名。字義為一家之人，而卦義則主論治家之道。

⑤ 利女貞：宜在女子（主婦）能守持正道。

彖曰：家人，女正位乎內①，男正位乎外②，男女正，天地之大義也③也。以卦體九五六二，釋利女貞之義。

家人有嚴君④焉，父母主謂也。亦謂二五。**父父、子子、兄兄、弟弟、夫夫、婦婦，而家道正，正家⑤而天下定矣。**上父初子，五三夫，四二婦，五兄三弟，以卦畫推之，又有此象。

[註釋]

①女正位乎內：指內卦六二爻而言。

②男正位乎外：指外卦九五爻而言。

③大義：大道理。

④嚴君：一家之長猶，一國尊嚴之君。

⑤正家：端正家道。

[哲理]

六二爻談內卦九五爻談外卦，男男女女衹要能守正，就是天經義的事，每個家庭都辦好自己的本分就能家庭安定，天下太平。

象曰：風自火出，家人；君子以言有物①而行有恒②

行下孟反。身脩則家治矣。

[註釋]

①言有物：言語能切合事實，即不妄語。

②行有恒：行為合於常度常規，即不妄為。

[哲理]

任何好的作為要講出有道理之話，並要持續去做。

初九：閑有家①，悔亡②。

初九以剛陽處有家之始，能防閑之。其悔亡矣，戒占者當如是也。

[註釋]

①閑有家：即防禦於家。

②悔亡：不會錯誤發生。

[哲理]

有空閒時，就應把家務整理完妥，那是不會有錯的。

[應用]

占卜：此爻為卦初能力薄，但處處為家著想。

象日：閑有家，志未變也。志未變而豫防之。

[哲理]

有空閒時，就要把家務整理完妥，這個家就沒有變節的現象。

六二：无攸遂①，在中饋②，貞吉。

六二柔順中正，女之正位乎內者也。扶其象占如此。

[註釋]

①无攸遂：不敢專生其事，所謂地道无成。

②在中饋：在家中主管飲食事宜。即做好事情。
饋，食光。

[哲理]

做事情要堅守本分，不可節外生枝，持恒則吉。

[應用]

占卜：此時只要把自己的事情做好就好，變卦「風天小蓄」。

象日：六二之吉，順以巽①也。

[註釋]

①順以巽：柔順而謙遜，

[哲理]

六二爻與九五爻有應與風一樣的順。

九三：家人嗃嗃①，悔厲，婦子嘻嘻②，終吉。

嗃，呼落反。嘻，喜悲反。象同，以剛居則而不中，過乎剛者也，故有嗃嗃嚴厲之象。如是，則雖有悔厲而也。嘻嘻者，嗃嗃之反，吝之道也。占者各以其德為應，故兩言之。

[註釋]

①嗃嗃：嗃，音鶴，受家人管教。

②嘻嘻：歡樂笑鬧聲。

[哲理]

家中有嚴教的聲音，雖然比較辛苦，是好的現象。放任婦兒戲禧過日，就無家規，最後窮吝。

[應用]

占卜：凡得此爻者，其吉凶在於平日行為處決之。

象日：家人嗃嗃，未失也。婦子嘻嘻，失家節①也。

[註釋]

①失家節：家中無規矩。

[哲理]

家中有嚴教的聲音，沒有什麼損失，放任婦兒禧戲，家中就變成無規矩。

六四：富家①，大吉。

陽主義，陰主利，以陰居險而在上位，能富其家則也。

[註釋]

①富家：富厚其家。

[哲理]

1.指富豪之家大吉大利，所謂家大業大，「多財善賈」。

2.經過治家有道，各人承負責任，是大吉大利因當位、有比、有應。

[應用]

占卜：得此爻者其運勢有如日中天之大吉。

象日：富家大吉，順在位①也。

[註釋]

①順在位：以巽順而居正位（以陰居陰）。

[哲理]

有應、有比、當位又鄰尊位故吉順。

九五：王假有家①，勿恤②。吉。假。更自反。假，至也。太廟之假。有家，猶言有國也。九五剛健中正，下應六二之柔順，王者以是至于其家。則勿用憂恤而吉可必矣。蓋聘納后妃之吉。而凡有是德者遇之，皆吉也。

[註釋]

①王假有家：假，音格，至也。九五以是能至於保有其國。

②勿恤：不憂慮。

[哲理]

由於你治家有成，國王要借重你的能力，來替他治理國事，你不要耽心做不好，這是好的現象。

[應用]

占卜：此時勤於家計而事業有成的吉象。

象曰：王假有家，交相愛①也。

程子曰：夫愛其內助，婦愛其刑家。

[註釋]

①交相愛：互相親愛。

[哲理]

由於你愛自己的家，也會愛國家。

上九：有孚威如①，終吉。

上九以剛居上，在卦之終，故言正家久遠之道，占者必有誠信嚴威，則終吉也。

[註釋]

①有孚威如：由於你的誠心為人，而受到別人的尊重。

[哲理]

由於你誠信待人，而受到別人的尊重，這是吉利的。

[應用]）

占卜：此時如同家庭長者，由於無持家能力（不當位）唯有立身嚴正不失威儀，才能樹立良好的風範，而受到別人的尊重。變卦「水火既濟」之意。

象曰：威如之吉，反身①之謂也。

謂非作威也。反身自治，則人畏服之矣。

[註釋]

①反身：以身作則。

[哲理]

反省自己以身作則，而能受到別人的尊重，這是好的現象。

38☲☱ 火澤睽 （向齊之象）

睽①，小事吉。

睽，苦圭反。睽，乖異也。為卦上火下澤。性相違異，中女少女，志不同歸，故為睽。然以卦德言之，內說而外明，以卦變言之，則自離來者。柔進居三，自中孚來者，柔進居五，自家人來者兼之，以卦體言之，則六五得中而下應九二之剛，是以其占不可大事，而小事尚有吉之道也。

[註釋]

①睽：卦名，（序卦）說：「睽者乖也」。乖者背道而馳。

[哲理]

乖違的人衹能做小事，不可成大事。

象曰：睽火動而上，澤動而下，二女①同居，其志不同行，上下俱上聲，下同。以卦象釋卦名義。**說②而麗③乎明，柔進而哉上行，得中而應乎剛。是以小事吉。**說音悅，以卦德卦變卦體釋卦辭。**天地睽而其事同也④，男女睽而其志通⑤也，萬物睽而其事類⑥也，睽之時用⑦大矣。**極言其理而贊之。

[註釋]

①二女：指上離為中女，下兌為少女。

②說：指兌卦。

③麗：指離卦。

④其事同：指化育萬物的事理相同。

⑤其志通：指交感求合的心志相通。

⑥其事類：指稟受陰陽之氣的情狀相類。

⑦睽之時用：指處睽之時，合睽之用。

[哲理]

火往上升，澤（水）往下流不能溝通，九二爻與六五爻不當位但有應，祇能做小事。兩者觀念不同，但目的相同，故天下每一件事都是殊途同歸，以其稟受陰陽之氣的情狀相類，故睽的作用很大。

象曰：上火下澤，睽，君子以同而異①。二卦合體而性不同

[註釋]

①以同而異：意見不同但目標相同。

[哲理]

上卦火下卦澤這是睽的現象。有德性之人雖意見不同，但目標相同。

初九：悔亡①，喪馬②勿逐自復③，見惡人④，无咎。

喪去聲。上无正應有悔也，而居睽之時，同德相應，其悔亡矣，故有悔也，勿逐而自復之象，然亦必見惡人，然後可以辟俗。如孔子之於陽貨也。

[註釋]

①悔亡：錯誤不會發生。

②喪馬：馬跑掉。

③自復：自返。

④見惡人：平常不要得罪惡人。

[哲理]

馬跑掉了，若是好馬你不要追牠，牠自己會回來。平常不要得罪惡人，那就會無災咎、無錯誤發生。

[應用]

占卜：凡事乖違處理必有損失，但不自復只要堅守純正立場，必將得回，時見惡人不要去得罪他，就無災咎。

象日：見惡人，以辟咎①也。辟音避。

[註釋]

①辟夊：避免災咎。

[哲理]

不得罪惡人就能避免災咎。

九二：遇主于巷①，无咎。

二五陰陽正應，居睽之時，乖戾不合，必委曲相求而得會遇，乃為无咎，其象占如此。

[註釋]

①遇主于巷：在同一場合遇到長官。

[哲理]

在不該與長官相遇的他方，應以正常禮節相符就無災咎。

[應用]

占卜：此時只要依正道去做就無災咎。

象日：遇主于巷，未失道也。本其正應非有邪也。

六三：見輿曳①，其牛掣②，其人天且劓③，无初有終④。曳，以制反，昌逝反。劓魚器反。六三上九正應，而三居二陽之閒，後為二所曳。前為四所掣，而當睽之時，上九猜狠方深，故有髡劓⑤之傷，然邪不勝正，終必得合，故其象占如此。

[註釋]

①輿曳：曳，音義。又音夜。車子被人在後拖曳。

②其牛掣：掣，音徹。手拉著車並牽著牛。

③人天且劓：劓，音譯意。割鼻之刑。比喻此人活得相當的苦。（辭海一〇六頁　趙錫如　主編　將門文物出旅社）

④无初有終：起初有乘違，最後必有成果。

⑤髡劓：髡，同髡。古時候剃除頭髮之刑。喻剃鼻之刑。（辭海一三〇七頁　趙錫如　主編　將門文物出版社）

[哲理]

看見一個人拖著車，手牽著牛，累得滿身大汗。

表示此人過得很苦，你要做任何事，祇要認真去做，最後必有成果。

[應用]

占卜：此時雖然能力差但有機緣，做事慢慢會成功。這是變卦「火天大有」的結果。

象日：見輿曳，位不當也，无初有終，終遇剛也。

九四：睽孤①，遇元夫②，交孚③，厲无咎。

夫，如字。睽孤，謂无應。遇元夫，得初九。交孚，謂同德相信，然當睽時，故必危厲。乃得无咎。占者亦如是也。

[註釋]

①睽孤：固執。

②遇元夫：遇到已離婚的太太。

③交孚：彼此誠心交談。

[哲理]

夫妻為意見不合而分開，嗣後再相遇，如能彼此交談溝通就无災咎，也能彼此同心協力的努力。

[應用]

占卜：此時只要做任何事，都能以誠懇守正的態度去做就無災咎，否則會有損失。這是變卦「山澤損」之意。

象日：交孚无咎，志行也。

[哲理]

彼此溝通就無災咎，也就能同心協力的合作。

六五：悔亡，厥宗噬膚①，往何咎。

噬，市制反。以陰居陽，悔也，居中得應，故能亡之。厥中，指九二，噬膚，言易合，六五有柔中之德，故其象占如是。

[註釋]

①厥宗噬膚：其宗臣能去除中梗的組礙。宗，家臣。

[哲理]

經同心協力使傷口癒合來化解，化解以後的事就無災咎，也無錯誤發生。

[應用]

占卜：此時雖處於乖違之際，只要能禮賢下士而使之同心協力，終能補受害之缺口也就無災咎。

象曰：厥定噬膚，往有慶也。

上九：睽孤，見豕負塗①載鬼一車，先張之弧②，後說之弧③，匪寇婚媾，往遇雨④則吉。

弧，音胡。說，吐活反。媾，古豆反。睽狐，謂六三為二陽所制，而已以剛處明極睽極之地。又自猜狠而乖離也。見豕負塗，見其污也。載鬼一車，以无為有也。張弧，欲射之也。說弧，疑稍釋也。匪寇婚媾，知其非寇而實親也。往遇雨則吉，疑盡釋而睽合也。上九之與六三，先睽後合，故其象占如此。

[註釋]

①負塗：背負污泥，即滿身污泥之意。

②先張之弧：孤，弓也。把弓拉開。

③後說之孤：說，通「脫」。後脫了弓。

④遇雨：遇合。古人認為雨為陰陽兩氣交感和合所致，在此象徵陰陽相遇化睽為合。

[哲理]

堅持己見，看見一隻髒兮兮的豬以為是一車的鬼，首先張了弓，後脫了弓，看清楚不是壞人而是對你有利的（凡事把誤會解釋清楚就是吉利的）。

[應用]

占卜：此爻即有很大的猜疑之心，若能去疑則吉（如與六三相應，但其間陰陽相錯皆不當位，又居卦極，故有猜疑之心）。

象曰：遇雨之吉，羣疑亡①也。

[註釋]

①羣疑亡：一切的猜疑都消失了。

39☵☶　水山蹇　（險阻之象）

蹇①，利西南②，不利東北③，利見大人④，貞吉。

蹇，紀免反。蹇，難也。足不能進，行之難也。為卦艮下坎上，見險而止，故為蹇，西南平易，東北險阻，又艮方也。方在蹇中，不宜走險，又卦自小過而來，陽進則往居五而得中，退則入於艮而不進，故其占曰利西南而不利東北，當蹇之時，必見大人，然後可以濟難，又必守正，然後得吉，而卦之九五剛健中正，有大人之象。自二以上五爻皆得正位，則又貞之義也。故其占又曰利見大人貞吉。蓋見險者貴於能止，而又不可終於止。處險者利於進而不可失其正也。

[註釋]

①蹇：卦名。難也。音簡？，不利於行、遭遇險難之義。

②利西南：西南為坤，象平易之地。

③不利東北：東北为艮，象险阻之山。

④利見大人：可計劃做大事。

[哲理]

蹇指險阻，有利於西南、不利東北，因本卦為坎水之險，西南為坤土，土可剋水。不利東北為艮山，在高山，故西南坤地可計劃做大事。

彖曰：蹇難也，險在前也，見險而能止，知①矣哉。難乃旦反。知音智。德釋卦名義。而贊其美。**蹇利西南，往得中②也。不利東北，其道窮也③，利見大人，往有功④也，當位⑤貞吉，以正邦也，蹇之時用大矣哉。**以卦變卦體釋卦體釋卦辭。而贊其時用之大也。

[註釋]

①知：智也。

②得中：合宜適中。

③道窮：路困途窮。

④有功：有濟蹇之功。

⑤當位：此處「當位」，除有爻位得正之外，亦有守正濟蹇之意。

[哲理]

山上有水，即是險阻無法求發展，故君子在此時必須培養美好德行，來突破險境。

象曰：山上有水，蹇，君不以反身脩德①。

[註釋]

①反身脩德：經常反省。

初六：往蹇來譽。往遇險，來得譽。

[哲理]

遇險就回來，等待時機。

[應用]

占卜：此爻無比無應又不當位，無發揮的機會，要等待，這是卦變成「水火既濟」之意義。

六二：王臣蹇蹇①，匪躬②之故。

柔順中正，正應在上，而在險中，故蹇而又蹇以求濟之，非以其身之故也。不言吉凶者，占者但當鞠躬盡力而已，至於成敗利鈍，則非所論也。

[註釋]

①蹇蹇：蹇之又蹇或層層阻礙不能親近。

②匪躬之故：故，事也。非為自身之事或不能在一起溝通之原故。

[哲理]

王與大臣之間目前尚沒有相處溝通，這也就是始終無法解脫的原故。

[應用]

占卜：本爻處於互卦為水。意為重險，處在困苦之境。

象曰：王臣蹇蹇，終无尤也①。事雖不濟亦无可尤。

[註釋]

①終无尤也：這種現象不要怨天尤人。

[哲理]

王與臣有層層阻礙不能溝通，這種現象，不可怨天尤人。

九三：往蹇，來反①反就二陰，得其所安

[註釋]

①來反：回來策畫再去。

[哲理]

目前去求發展有困難，不如暫停回來策畫再去。

[應用]

占卜：本身有能力，今處艮的卦極入險境，臨上卦「坎水」之意。，內喜①之也。

象曰：往蹇來反，內喜①之也。

[註釋]

①內喜：將來有喜之事。

六四：往蹇來連①連於九三，合力以濟。

[註釋]

①往蹇來連：回來結合力量，時回頭充實自己的能力（因此時稍有機會，有突破困境之能力，因九三爻當位也有應之故）。

[哲理]

目前之困境，祇有回來結合大衆之力量來突破較有力，六四爻當位又介兩陽爻之間又臨尊位。

[應用]

占卜：此爻在於戒人不可因位高恃寵而失民心，必須和睦待人。

象曰：往蹇來連當位實也①

[註釋]

①當位實也：居位得正，態度誠實。

九五：大蹇朋來①。

大蹇者，非常之蹇也，九五居尊，而有剛健中正之德，必有朋來而助之者，占者有德則有是助矣。

[註釋]

①大蹇朋來：大難來時，得到很多方面的幫助。朋來，朋友相率而來。

[哲理]

大難來臨得到很多方面（朋友）的幫助，而能渡過難關（九五當位又處二陰之間受到幫助）。

[應用]

占卜：此爻中正尊位，因其坎中一身擔當天下大難之象。受到正人君子朋聚以共濟時艱而「地山謙」的跡象甚明。

象曰：大蹇朋來以中節①也。

[註釋]

①中節：指九五爻中正，有中正的節操。

上六：往蹇，來碩①，吉，利見大人。

已在卦拯，往無所之，益以蹇耳，來就九五，與之濟蹇則有碩大之功。

[註釋]

①來碩：返歸而待時，則有濟賽之功，則有碩大久功。大人，指九五，曉占者宜如是也。

[應用]

占卜：此爻坎之卦極有危險但有九三相應之助力而有作為

[哲理]

自己無能力獨自創業前去有危險，不如回頭去幫助要做大事之人

象曰：往蹇來硬，志在內①也，利見大人，以從貴②也。

[註釋]

①志在內：志在連合內諸力以濟蹇。

②從貴：貴，尊貴，指九五爻。追求高貴的未來。

40☳☵ 雷水解 （脫困之象）

解，利西南①无所往②，其來復吉③，有攸往④，夙⑤吉。

解音解。彖傳大象同。解難之散也。居險能動，則出於險之外矣。解之象也。難之既解，利於平易安靜，不欲久為煩擾，且其卦自升來。三往居四，八於坤體，二居其所，而又得中，故利於西南平易立地。若无所往，則宜來復，其所而安靜。若尚有所往，則宜早往早復，不可久煩擾之。

[註釋]

①解，利西南：西南指坤，象廣大平易。指險難

舒解後，宜採廣大簡易之政。解，脫險。

②无所往：無所作為，指險難已解，無生事擾民。

③其來復吉：指前面「水山蹇」險已過吉。

④有攸往：有當解之事。

⑤夙：早也。意指有險難，宜防微杜漸，及早處理。

[哲理]

險過而動曰解，沒有其他的辦法脫險，惟有重新來過，很快就會吉利。

彖曰：解，險以動，動而免乎險，解。以卦德釋卦名義。**解利西南，往得衆小①也，其來復吉，乃得中②也。有攸往夙吉，往有功也。**

以卦變釋卦辭。坤為衆，得衆，謂九四入坤體得中，有功，皆指九二。

[註釋]

①得衆：得要領。

②得中：指六五爻得到九二爻中正有應。意指走中庸之道。

[哲理]

險過了就吉，祇要認真去做就有收穫是吉利的。

天地解①而雷雨作，雷雨作而百果草木皆甲坼②，解之時③大矣哉。

極言而贊其大也。

[註釋]

①天地解：天地舒解，指陰場交感和暢。

②甲坼：坼，音徹。裂。甲，種子的外売。意指種子的的外売裂開。

③時：作用。

[哲理]

在大自然雷施雨作的現象，大地萬物之種子，売裂開百果草木發芽生長，雷水解的作用是很大的。

象曰：雷雨作，解，君子以赦過宥罪①。

[註釋]

①赦過宥罪：宥，音又。寬恕。君子有得饒人處且饒人。

初六：无咎。

難既解矣。以柔在下，上有正應，何咎之有，故其占如此。

[哲理]

剛開始無災咎，不當位有應。

[應用]

占卜：此時雖不當位但有比有應，力量雖然簿弱，只要安分守己也就無災咎。

象曰：剛柔之際。義无咎也。

九二：田獲三狐①，得黃矢②，貞吉。

此爻取象之意未詳，或日卦凡四陰。除六五君位，餘陰，即三狐之象也。大抵此爻為上田之吉占，亦為去邪媚而得中直之象。能守其正，則无不吉矣。

[註釋]

①田獲三狐：在田裡打獵獲三隻狐狸。狐，指陰險的小人。

②得黃矢：得到很好的助力而能除去內奸。

[哲理]

要為你得到很好的助力，而能除去內奸恒吉。

[應用]

占卜：此爻陰中陽剛與九五正應有以矢除奸之責任，這是變卦「雷地豫」之意

象日：九二貞吉，得中道也。

六三：負且乘①，致②寇至，貞吝。

乘如字，又石證反。繫辭備矣。貞吝，言雖以正得之，亦可羞也。唯避而去之為可免耳。

[註釋]

①負且乘：負，象人厭悪的人。乘，坐車。

②致：招致。

[哲理]

象人厭悪的人（沒有品德的人）還要揚威坐車招

遙，此現象終會引起大衆的忿怒，長此下去會導致窮吝。

[應用]

占卜：此爻乘剛又居坎極，必招寇患也。

象日：負且乘，亦可醜①也。自我致戎②，又誰咎也。

戎古本作寇。

[註釋]

①醜：羞恥。

②自我致戎：自我找麻煩。

[哲理]

一個沒有品德的人乘車招遙這是壞事，自我找刀劍之災，又能怪誰呢。

九四：解而姆①，朋至斯孚②。

解，佳買反，象同，拇，茂后反。拇，指初。初與四皆不得其位而相應應之，不以正者也。然四陽初陰，其類不同，若能解而去之，則君子之朋至而相信也。

[註釋]

①而拇：開始。

②朋至斯孚：正人君子的朋友必然前來，彼此以誠信相合。

[哲理]

得到有誠信的朋友來幫助而開始脫險。

[應用]

占卜：因其居震初過坎，故有開始解脫之象，因有初六之助能得以脫險。

象日：解而拇，未當位也

[哲理]

九四爻不當位，本身無能力，故需要別人的幫助才能脫險。

六五：君子有解①，吉，有孚于小人②。

解音蠏。象同。封凡四陰，而六五當君位，與三陰同類者，必解而去之則吉地也。孚驗也，君子有解，以小之退為驗也。

[註釋]

①維有解：能解去小人，維句中助詞，無義。

②有孚于小人：孚，以誠信感化小心。指看你能否應付身邊小人。

[哲理]

你能不能脫險，端看你能否應付身邊的小人，那一切會很順利。

[應用]

占卜：此卦要遠離小人，那一切會很順利。

象曰：君子有解，小人退也。

上六：公①用射隼②于高墉③之上，獲之無不利。

射，食亦反。隼，荀尹反。繫辭備矣。

[註釋]

①公：王公或現今民意代表。②隼：音準。指專吃鳥之鷹。

②墉：音庸。城垣。

[哲理]

大衆推選你出來站在高坡上，射殺專吃鳥的老鷹（意為除去外賊）。

[應用]

占卜：此爻當位居卦極，有除去外賊，解決叛逆之意。

象曰：公用射隼，以解悖①也。解佳買反。

[註釋]

①解悖：解除悖亂。

41☶☱　山澤損　（損益之象）

損①，有孚。元吉，无咎，可貞，利有攸往。

損，減省也。卦上畫之陽，益上卦上畫之陰，損兌澤之深，益艮山之高，損下益上，損內益外，剝民奉君之象。所以為損也，損所當損，而有孚信，則其占當有此下四者之應矣。

[註釋]

①損：卦名，為減損之意也。

[哲理]

付出得合理誠信是吉利的，沒有災咎，可以持恒下去，是一件好的事。

曷之用①二簋可用享②。簋，音軌。言當損時，則至薄无害。

[註釋]

①曷之用：曷，猶「何」。之，語助詞。意指有何不可用。

②二簋可用享：簋，音軌？。古代祭祀宴享時盛黍稷的器血。即使用兩簋微波的祭品，也可享祀鬼神。

[哲理]

兩樣的粗菜有何不可用來祭拜。

彖曰：損，損下益上，其道上行①上行之上，時掌反。以卦體釋卦名義。**損而有孚，元吉，无咎。可貞，利有攸往，曷之用，二簋可用享，二簋應有時②，損剛益柔③有時，損益盈虛，與時偕行。**此釋卦辭，時謂當損之時。

[註釋]

①其道上行：減損的方式是由下往上。其，代名詞。道，方式。

②應有時：應該合其時宜。

③損剛益柔：剛，陽爻。柔，陰爻。指減損太過而增益不足。

[哲理]

凡事都負有消長就看在什麼時候。

象曰：山下有澤，損，君子以懲忿窒欲①。

懲、直升反。君子脩身所當損者，莫切於此。

[註釋]

①懲忿窒欲：懲，停止。忿，沒有不平之心。窒欲，不要貪求。

[哲理]

君子處事不能存有不滿或怨恨之心（貪求）。

初九：已事遄往①无咎，酌損②之。

已，音以。遄，市專反。四爻同，初九當損下益上之時，上應六四之陰。輟所、之事，而速往以益之，无咎之道也。故其象占如此，然居下而益上。亦當斟酌其淺深也。

[註釋]

①已事遄往：已事，放下正在做的事。遄往，當別人有事，我們要放下事去幫助人家。

②酌損：斟酌自己的能力。

[哲理]

曾別人有困難，你要快速放下你正在做的事去幫助他，就沒災咎。

[應用]

占卜：此爻當位有應，而居損之初。即有能力去幫助能力差的人。

象日：已事遄往，尚合志也①。尚，上通

[註釋]

①尚合志：達到願望。

九二：利貞征凶①，弗損益之②。

九二剛中志在自守。不肯妄進，故占者利貞，而征則凶也。弟損益之，言不變其所守，乃所以益上也。

[註釋]

①利貞征凶：經常這樣過凶。

②弗損益之：不要損人利己。

[哲理]

不要做損人利己的事，這樣才能利貞吉，否則妄動見凶。

[應用]

占卜：此時戒以不可好功而損人利己。

象日：九二利貞，中①以為志也。

[註釋]

①中：指中爻

六三：三人①行，則損一人。一人②行，則得其友③。

下卦本乾，而損上爻以益坤。三人行而損一人也，一陽上而一陰下，一人行而得其友也。兩相與則專，三則雜而亂，卦有此象。故戒占者當致一也。

[註釋]

①三人：三個人發生不同意見。

②一人：一個人去做。指六三爻。

③則得其友：一定會找到志同道合的朋友

[哲理]

三人發生不同意見時，其中一人必定有損失，假如一個人去做一定會找到志同道合的人。

[應用]

占卜：此爻戒以凡事不可節外生枝為宜。

象日：一人行，三則疑①也。

[註釋]

①疑：猜疑。

[哲理]

比喻一個人做事易行，但人多就會有意見。

六四：損其疾①，使遄②有喜，无咎。

以初九之陽剛益己，而損其陰柔之疾，唯速則善，戒占者如是則无咎矣。

[註釋]

①損其疾：疾，疾患缺失。意即減輕病情。

②使遄：迅速回來。

[哲理]

減輕病情而使之迅速回復就沒有災咎。

[應用]

占卜：此爻當位但居於小人之中，雖有不順，但有正應初九之幫助故無恙。

象日：損其疾，亦可喜也。

六五：或益之①十朋之②龜③弗克違④，元吉。

柔順虛中，以居尊位。當損之時，受天下之益者也，兩龜為朋，十朋之龜，大寶也。或以此益之而不能辭，其吉可知，占者有是德，則獲其應也。

[註釋]

①或益之：倘或行有益之事。

②十朋：一朋為二隻，意指很多的朋友。

③龜：賜福之物。

④弗克違：不能不接受。

[哲理]

賜給你很多朋友，你也不能不接受。

[應用]

占卜：此時要抱握機會，能發揮而受到幫助。

象日：六五元吉，自上祐也①。

[註釋]

自上祐：指上九會幫助你的。

上九：弗損益之①，无咎，貞吉，利有攸往，得臣无家②。上九當損下益上之時，居卦之上，受益之極，而欲自損以益人也。然居上而益下，有所謂惠而不費者，不待損已，然後可以益人也。能如是則无咎，然亦必以正則吉。而利有所往。惠而不費，其惠廣矣，故又日得臣无家。

[註釋]

①弗損益之：不要損人利已。

②得臣无家：得以臣服天下而不限於一家。

[哲理]

凡事不作損人利己的事，一定是無災咎並能持恒則又有利益可圖能做到那樣，所有的人沒有不對你臣服的。

[應用]

占卜：此時以陽剛居損之極，凡事大公無私地施惠於民，損庫益民方能大得民心。

象日：弗損益之，大得志也。

42☴☳　風雷益　（增益之象）

益，利有攸，利涉大川。

益，增益也。為卦損上初畫之陰，自上卦而下於西下卦之下，故為益，卦之九五六二，皆得中正，下震上巽，皆术之象。故其占有所往，而利涉大川也。

[哲理]

有利可圖的情況下，要去做大事。

彖曰：益，損上益下，民說无疆①，自上下下②，道大光。上下之下，去聲。以卦體釋卦名義。

利有攸往，中正有慶③，利涉大川，木道乃行，益動而巽④，日進无疆⑤，天施地生⑥，其益无方⑦，凡益之道：與時偕行⑧。

施始豉反，動巽二卦之德，乾下施，坤上生，亦上文卦體之義，又以此極言贊益之大。

[註釋]

①民說无疆：下民喜悅無窮。說同悅。

②自上下下：從上施益於下，前一「下」字為動詞。

③中正有慶：指九五爻有中正美善之德。慶，善也。

④益動而巽：處益之時，動而順理。巽，順也。

⑤日進无疆：日有進展。

⑥天施地生：天所施佈，地所化生。

⑦无方：很廣。

⑧與時偕行：經常輪替現象。

[哲理]

損上益下人民無限的高興，人民就有無從上往下旋惠，六二、九五中正有應皆大歡喜，樹木也長出果實，日有進展，此種現象受益很廣，凡是有道理經常去做。

象曰：風雷，益，君子以見善則遷①，有過則改。

風雷之勢，交相助益。遷善改過，益之大者，而其相益亦猶是也。

[註釋]

①遷：遷徙慕尚。

初九：利用為大作①，元吉无咎。

初雖居下，然當益下之時，受上之益者也，不可徒然无所報效，故利用為大作，必元吉，然後得无咎。

[註釋]

①利用為大作：大作，大有作為。即利用時機大有作為。

[哲理]

利用時機來到，必有很大的作為，這樣去做是大吉，沒有災咎。

[應用]

占卜：此時為損上益下之主体，因其本身受惠，故有帶動新盛之象，必有大作為而大吉，但剛開始鑑無大的能力。

象日：元吉无咎，下不厚事①也。

下本不當任厚事，故不知是，不足以塞咎也。

[註釋]

①下不厚事：在下位卑原本不能擔當大事，因初爻無大發揮。

[哲理]

目前可能尚無能力。

六二：或益之十朋之龜，弗克①違，永貞吉，王用享于帝②，吉。

六二常益下之時，虛中處下，故其象占與損六五同，然爻位皆陰，故以永貞為戒。以其居下而受上之益，故又為卜郊之吉占。

[註釋]

①弗克：不可能接受。

②王用享于帝：帝王前之主祭官對神祭拜。

[哲理]

時運未到，沒有理由不予接受很大的賜福，既是主公重用你為帝王前之主祭官，也是你守正持恒一貫的作為而獲得的。

[應用]

占卜：此時當位居中且與九五尊位正應，乃賢臣之象，故能大受其福。

象曰：或益之，自外來①也或者衆无定主之辭。

[註釋]

①自外來：指外卦的上卦九五。從外而來，不召而至。

[哲理]

由於你初九的努力才有很多朋友來幫助你。

六三：益之用凶事①，无咎，告公用圭②。

六三陰柔不中不正，不當得利者也。然當益下之時，居下之上，故有益之以凶事者，蓋警戒震動，乃所以益之也。占者如此，然後可以无咎，又戒以有孚中行，而告公用圭也。用圭，所以通信。

[註釋]

①益之用凶事：為了大衆公益，旣是要破壞來達成。

②固有之：固，專也。即乃能專斷其事。

[哲理]

為了大衆公益，旣是要破壞來達成，是沒有災咎的，但必須有誠信沒有私利來處事，然後用有公信力的命令來公告推行。

[應用]

占卜：不當位震卦之極故柔弱之象極，故凡事要借重正應「上九」陽剛之氣勢方能順事。

象曰：益用凶事，固有之也。益用凶事，欲其因心衡慮而固有之也。

六四：中行告公從①，利用為依遷國②。

三四皆不得中，政皆以中行為戒。此言以益下為心，而合於中行，則告公而見從矣。傳曰，周之東遷，晉鄭焉依，蓋古者遷國以益下，必有所依。然後能立，此爻又為遷國之吉占也。

[註釋]

①中行告公從：指若能中道而行，以此稟告王公，必能言聽計從。

②利用為依遷國：利於依上順下遷都益民。

[哲理]

無論做任何事應事先告訴大家，那怕是遷國都之事，人民也無怨言。

[應用]

占卜：此爻當位有應且臨尊位，為大臣之位存代君施惠下民之責，具有柔德以輔君位，故能公正行事而無利偏。

象日：公從以益志①也。

[註釋]

①以益志：即以天下蒼生為念，故能公告而獲從。

[哲理]

無論做任何事，要公佈給人民知道，人民很樂意幫助你完成心願。

九五：有孚惠心①，勿問②元吉，有孚惠我③德。

上有信以惠於下，則下亦有信以惠於上矣。不問而元吉可知。

[註釋]

①惠心：施惠天下之心。惠，賜也。

②勿問：不問而可知。

③有孚惠：指下民必有以至誠回報。

[哲理]

只要有誠意施恩於別人的心志。不要再去問原因或結果，同樣別人也能回報你的美德

[應用]

占卜：此爻陽剛中正有應，因得賢臣故能成明君，而能多方面去照顧人民，然其必受到人民的愛戴。

象日：有孚惠心，勿問之矣，惠我德，大得志①也。

[註釋]

① 大得志：雙方都好。

上九：莫益之①，或擊②之，立心勿恒③，凶。

以陽居益之極。求益不已，故莫益而或擊之，立心勿恒，戒之也。

[註釋]

①**莫益之**：不想對別人有幫助。

②或擊：甚或攻擊。

③立心勿恆：有此心的人不會長久。

[哲理]

不知施恩於別人，還想處處打擊人家，像這人居心何在，能得意多久，災凶。

[應用]

占卜：此爻居「益卦」卦極，物極必反，故其非但不思考如何益人，反益損人利己故凶象極明。

象日：莫益之，偏辭①也。或擊之，自外來②也。

莫益之者，猶從其求益之偏辭而言也。若究而言之。則又有擊之者矣。

[註釋]

①偏辭：借故。

②自外來：從四面八方來。

[哲理]

不幫他也不打擊他，這就是在打擊他

43☱☰　澤天夬　（缺潰之象）。

夬①，揚于王庭，孚號有厲②，告自邑③，不利卽戎④，利有攸往。

夬，古快反，號，戶羔反。卦內並同。夬，決也，陽決陰也。三月之卦也，以五陽去一陰，決之而已，然其決之也。必正名其罪，而盡誠以呼號其衆，相與合力。然亦尚有危厲，不可安肆，又當先治其私，而不可專尚威武，則利有所往也，皆戒之之辭。

[註釋]

①夬：卦名。音怪？。《說文》「夬，分決也」。

②孚號有厲：肯定是危險現象。

③告自邑：要有受到指示。

④不利卽戎：不可以馬上採取行動。

[哲理]

在王的庭園內耀武揚威之現象，是很危險的，假如受到王的指示，不馬上制止，但經過制止是好的現象。

彖曰：夬，決①也，剛決柔也，健而說②決而和。說音悅。釋卦名義。而贊其德。**揚于王庭，柔乘五剛也。孚號有厲，其危乃光③，告自邑，不利卽戎，所尚乃窮④也，利有攸往，剛長乃終⑤也。**

長，丁丈反。此釋卦辭，以一小人加於衆君子之上，是其罪也。剛長乃終。謂一變則為純乾也。

[註釋]

①決：果斷。

②健而說：剛健而和悅。

③其危乃光：這種現象很危險。

④所尚乃窮：落人口實（即在理上說不通）。

⑤剛長乃終：終，成也。完成陽剛的順長。

[哲理]

夬是果斷，上為天卦為健，下為澤卦為悅，在王的庭園內耀武揚威之象現是很危險的，上六為柔下有五剛，這是很危險的，要有受到指示不可以馬上採取行動才不會落人口實，把陰爻拿掉變成陽爻即成純乾卦。

象曰：澤上於天，夬，君子以施祿及下①，居德則忌②。上，時掌反。施，始鼓反。澤上於天，潰決之勢也。施祿及下，潰決之意也。居德則忌未詳也。

[註釋]

①施祿及下：祿，恩澤。即有能力去幫助別人。

②居德則忌：不要有自私的想法。

[哲理]

夬是澤在天之上，做為一個君子要有能力去幫助別人，不要有自私的想法。初九：壯于前趾①，往不勝為咎②前，猶進也。當決之時，居下任壯，不勝宜矣。故其象占如此。

[註釋]

①壯于前趾：恃勇前進。

②往不勝為咎：往無功必有災咎。

[哲理]

恃勇前進，不顧一切這樣去做是無法取勝，反而有災咎。

[應用]

占卜：此爻當位，故恃壯前進，但因無應無比難免無功反受其咎。

象日：不勝而往，咎也。

九二：惕號①，莫夜有戎②，勿恤。

莫音暮。九二當決之時，剛而居柔，又得中道，故能憂惕號呼以自戒備，而莫夜有戎，亦可无患也。

[註釋]

①惕號：警惕訊號。

②莫夜有戎：莫夜，整夜。有戎，有兵巡邏。

[哲理]

聽到警惕的訊號，就整夜巡邏而加以戒備就沒有什麼可擔心的。

[應用]

占卜：此爻雖不當位、無比、無應但居乾中，故凡事要謹慎，不可疏忽。

象日：有戎勿恤，得中道也①

[註釋]

① 中道：指乾卦中爻。

九三：壯于頄①，有凶，君子夬夬②，獨行遇雨③，若濡有慍④，无咎。

頄，求龜反。頄，顴也。九三當決之時，以剛而過手中。是欲決小人，而剛壯見于面目也。如是則有凶道矣。然在象陽之中，獨與上六為應，若能果決其決。不係私要，則雖合於上六，如獨行遇雨，至於若濡而為君子所慍，然終必能決去小人而无所咎也，溫嶠之於王敦，其事類此。

[註釋]

① 壯于頄：頄音拳，顴骨之意，比喻一天到晚絆

著臉孔

②夬夬：決心除去小人。

③獨行遇雨：當你決心除去小人時，就必需解釋清楚。

④若濡有慍：濡音如，溼也。別人會有生氣的表示。

[哲理]

絆著臉孔去處事，會導致災咎，故君子決心要去做事就必需解釋清楚，這樣的做法可洗去別人忿怒之心，是無笑災咎的。

[應用]

占卜：此爻當位有應又居乾極，故陽剛正直而勇於驅除公敵，此時也會遭小人暗算，不得不慎。

象日：君子夬夬，終无咎也。

九四：臀无膚①，其行次且②，牽羊悔亡③，聞言不信④。

臀，徒敦反。次，七私反。且，七余反，姤卦同。以陽居陰，不中不正，居則不安，行則不進，若不與象陽競進，而安出其後，則可以亡其悔。然當決之時，志在上進，必不能也。占者聞言而信，則轉凶而吉矣，牽羊者，當其前則不進，縱之使前而隨其後，則可以行矣。

[註釋]

①臀无膚：坐立不安。

②其行次且：進退無據。

③牽羊悔亡：猶疑無主。

④聞言不信：別人的忠告也不聽。

[哲理]

有左立不安，進退無據、猶疑無主的狀況時，會導致錯誤發生，這樣別人的忠告你也不聽。

[應用]

占卜：此爻不當位、無比、有應，就如人身之臀須依附而動，故有坐立不安。雖然臨尊位（九五爻），但無賢能來輔助，故猶疑無主。

象日：其行次且，位不當也，聞言不信，聰不明①也。

[註釋]

①聰不明：智慧未開。

九五：莧陸夬夬①，中行无咎。

莧，閑辦反。莧陸，今馬齒莧，感陰氣之多者。九五當決之時，為決之主。而切近上六之陰，如莧陸然，若決而決之，而又不為過暴。合於中行，則无咎矣，戒占者當如是也。

[註釋]

①莧陸夬夬：莧陸，長草長在路中。比喻清除小人如斬除莧陸般剛毅果決。

[哲理]

鋸齒狀的長草生長於路中應該除去（檔路）把它除去，行走時就無災咎。

[應用]

占卜：此爻剛健尊位，率四陽而有必除小人之決心，因無應常得罪小人，此時必須取中道慎行為宜。

象日：中行无咎，未見光也①。

程傳備矣。傳日，卦辭言夬夬，則於中行為咎矣。象復盡其義云，中未光也，夫人心正意誠，乃極中正之道，而充實光輝。五心有所比，以義之不可而決之。雖行於外。不失中正之義，可以无咎，然於中道未得為光大也。蓋人心一有所慾，則離道矣。夫子於此，示人之意深矣。

[註釋]

①中未光也：目前尚有障礙。

[哲理]

當你決心去做一件事情，目前尚有障礙。

上六：无號，終有凶①。

陰柔小人，居窮極之時，黨類已盡无所號呼，終必有凶也。占者有君子之德，則其敵當之，不然反是。

[註釋]

①无號，終有凶：無警號必有事發生。

[哲理]

指盲目進行，無目標是危險的。

[應用]

占卜：此爻雖當位有應，但此乃乘五陽，故其被除去的對象而無處求助，故凶（要注意小人）。

象日：无號之凶，終不可長也。

[哲理]

沒有信號來指示，必然有凶，不會安逸很長久。

44☰☴ 天風姤 （相遇三象）

姤①，女壯②，勿用取女③

姤，古后反。取七喻反，姤，遇也。決盡則為純乾四月之卦，至姤然後一陰可見，而為五月之卦，以其本非所望，而卒然植之。如不期而遇者，故為遇，遇已非正，又一陰而遇五陽，則女德不負而壯之甚也。取以自配，必害乎陽，故其象占如此。

[註釋]

①姤：卦名，為遇合之義。

②女壯：能幹的女人。

③勿用取女：不可相處。

[哲理]

「姤」，相遇。遇到能幹的女人是不可相處的。

象日：姤，遇也。柔遇剛也，釋卦名。**勿用取女，不可與長①也**，釋卦辭。**天地相遇②，品物咸章③也。剛遇中正④，天下大行也**。指九五。**姤之時義大矣哉。**

幾微之際，聖人所謹。

[註釋]

①不可與長：不可與之長久相處。

②相遇：相交即天地陰陽相交。

③品物咸章：各種事物都能彰顯亨通。

④剛遇中正：陽剛遇合居中守正的陰柔。

[哲理]

遇到能幹的女人，不可相處也不可長久的，在大自然陰陽相交，萬物分門別類的生長，遇剛中正，則天下大行(遇九五爻)，但遇姤的自然景象就大不相同。

象曰：天下有風，姤，后以施命①誥②四方。

[註釋]

①施命：施發命令。

②誥：傳告。

[哲理]

王后用她的權勢，向天下頒佈命令。

初六：繫于金柅①，貞吉。有攸往，見②凶，羸豕孚蹢躅③。柅，乃李反。又女紀反。柅，所以上車，以金為之，其剛可知。一陰始生，靜正則吉，往進則凶。故以二義戒小人，使不害於君子，則有吉而无凶。然其勢不可止也。使深為之備云。

[註釋]

①繫于金柅：用金屬強化煞車桿。

②見：通現。

③羸豕孚蹢躅：像瘦弱的猪，輕浮躁動不安。蹢躅，徘徊不安。

[哲理]

加強煞車桿的安全，這樣就不會發生意外是吉利的，否則見凶如捉猪要有信心，一下子把牠捉住，才不會有不必要的掙扎。

[應用]

占卜：此時必須要充分發揮柔德方能安然無事，否則見凶。

象曰：繫于金柅，柔道牽①也。

牽，進也。以其進故止之。

[註釋]

①柔道牽：比喻以柔克剛。

九二：包有魚①，无咎，不利賓②。

魚，陰物，二與初遇，為包有魚之象。然制之在已，故猶可以无咎，若不制而使遇於衆，則其為害廣矣。故其象占如此。

[註釋]

①包有魚：平常要有包容陰物（女人或小人）。

②不利賓：不利被動即要主動。

[哲理]

對女人或小人必須有分寸，要主動去衡量是無災咎的。

[應用]

占卜：此爻為初六的比爻，故此時要主動的去包容初六才能為己所用。

象日：包有魚，義不及賓①也

[註釋]

①義不及賓：要主動。

九三：臀无膚，其行次且①，厲②，无大咎。

九三過剛不中，下不遇於初，上无應於上，居則不安。行則不進，故其象占如此。然旣无所遇，則无陰邪之傷，故雖危厲而无大咎也。

[註釋]

①其行次且：進退無據（如夬卦九四）。

②厲：危險。

[哲理]

坐立不安進退無據的情形，雖然很危險，但無大災咎。

[應用]

占卜：此時有坐立不安，進退無據之情，但本身當位故無大害。

象日：其行次且，行未牽①也。

[註釋]

①行未牽：一切事不能捆住你。

九四：包无魚，起凶①。

初六正應，已遇於二而不及於已，故其象占如此。

[註釋]

①起凶：逢凶。

[哲理]

不包容女人或小人會逢凶的。

[應用]

占卜：此爻乃初六的正應，本可以包容初六惟有二陽介中且變卦為重巽，反而不能包容，此時凡事要化凶。

象曰：无魚之凶，遠民①也。遠，袁厲反。民之去已，猶已遠之。

[註釋]

①遠民：不得民心。

九五：以杞①包瓜②，含章③有隕自天④。

瓜，陰物之在下者，甘美而善潰。杞，高大堅實之木也。五以陽剛中正，主卦於上，而下防始生必潰之陰。其象如此，然陰陽迭勝，時運之常，若能含晦章美，靜以制之，則可以回造化矣。有隕自天，本无而倏有之象也。

[註釋]

①杞：高大的灌木。

②包瓜：包容於瓜藤。

③含章：含藏美德。

④有隕自天：含著美麗的未來。

[哲理]

高大的灌木包容於瓜藤，含著美麗的未來，有一天它也會開花結瓜，瓜熟落地（意即不要輕易樵不起人家）。

[應用]

占卜：此爻陽剛中正如高大的灌木，足以庇蔭全局，故有含美現象。

象曰：九五含章，中正也，有隕自天志不舍命①也。

舍，音捨。

[註釋]

①志不舍命：命，天理。心志不違棄天理。

上九：姤其角①吝，无咎。

角，剛乎上者也。上九以剛居上而无位，不得其遇，故其象占與九三類。

[註釋]

①姤其角：如角剛硬難以遇合。

[哲理]

遇到剛硬雖無咎，但不可勉強去做，否則會發生窮吝的事。

[應用]

占卜：此爻不當位無比、無應又居卦極，此時無可發揮餘地。即此時凡事不可造次，應採「隨遇而安」之態度。

象曰：姤其角，上窮吝也。

45☱☷ 澤地萃 （聚生之象）

萃①，亨，王假②有廟③，利見大人，亨，利貞，用大牲④吉。利有攸往

假，更白反。萃，聚也。坤順兌說，九五剛中而二應之，又為澤上於地萬物萃聚之象，故為萃。亨字衍文，王假有廟言王者何以至于宗廟之中。王者卜祭之吉占也，祭義曰，公假于太廟是也，廟所以聚祖考之精神，又人必能聚巳之精神，則可以至于廟而承祖考也。物旣聚，則必見大人而後可以得亨，然又必利於正，所聚不正，則亦不能亨也，皆占吉而有戒之辭。

[註釋]

①萃：卦名、會聚之意。

②王假：國王要借重你的才能。

③有廟：做官。

④大牲：大牲禮。（用太牢祭祀，牢，牛也）

[哲理]

王要借重你的才能來担任主祭官。你要胸懷大志而且要用大牲禮才能吉。

彖曰：萃，聚也，順以說④剛中而應，故聚也。說音悅，以卦德卦體釋卦名義。**王假有廟，致孝②享③也，利見大人亨，聚以正④也。用大牲吉，利有攸往，順天命也。**釋卦辭。**觀其所聚⑤，而天地萬物之情可見**

矣。極言其理而贊之。

[註釋]

①順以說：指兌卦而言。

②致考：開展孝道。

③享：祭祀。

④聚以正：以正道會聚人心。。

⑤其所聚：讚嘆之意。

[哲理]

聚生的意思是六二、九五有應王假借祭拜來發揚孝道，並用大牲禮這是順天行事，觀察聚生的現象，而天地萬物之情況也都可以知道的。

象曰：澤上於地，萃，君子以除戎器①，戒不虞②。

上，時掌反。除者脩而聚之之謂。

[註釋]

①除戎器：修治兵器。

②戒不虞：謹慎不疑慮。

[哲理]

萃是有備無患，保護兵器並謹慎不疑慮。

初六：有孚不終①，乃亂乃萃②，若號③，一握為笑④，勿恤⑤，往无咎。

號，平聲。初六上應九四而隔於二陰，當萃之時，不能自守，是有孚而不終，志亂而妄聚也，若呼號正應，則衆以為笑，但勿恤而往從正應，則无咎矣。戒占者當如是也。

[註釋]

①有孚不終：誠信始終不一。

②乃亂乃萃：亂了你應有的會聚。

③若號：凡事能把握先機。

④一握為笑：聚衆為友。

⑤勿恤：想做就去做。

[哲理]

誠心始終不一，聚生而不能自守，凡事能抱握先機，且能聚衆為友，想做就去做，沒什麼可担心的事，

都是好的現象

[應用]

占卜：此時能抱握機會，想做就去做，是好的現象。變卦「澤雷隨」之意。

象曰：乃亂乃萃，其志亂也。

六二：引吉①无咎，孚乃利用禴②。

禴，羊畧反。二應五而雜於二陰之間，必牽引以萃，乃吉而无咎，又二中正柔順，虛中以上應，九五剛健中正，誠實而下交，故卜祭者有其孚，誠者雖薄物，亦可以祭矣。

[註釋]

② 引吉：使之吉利。

② 孚乃利用禴：必須以祭拜的誠信去做任何事。

[哲理]

必須以祭拜的誠信去做任何事，使之吉利而無災咎。

[應用]

占卜：凡事不要有變節之心，誠信去做必能吉利。

象曰：引吉无咎，中未變①也。

[註釋]

①中未變：居中守正志未變。

六三：萃如嗟如①，无攸利，往无咎，小吝。

六三陰柔不中不正，上无應與，欲求萃於近而不得，故嗟如而无所利，唯往從於上，可以无咎。然不得其萃，困然後往，復得陰極无位之爻，亦可以小羞矣。戒占者當近捨不正之強援，而遠結正應之窮交，則无咎矣。

[註釋]

①萃如嗟如：想聚生而又不能如願。

[哲理]

想聚生而又不能如願，居於這種心態，祇要繼續去做，就沒有災咎，而中途而廢必有小損失。

[應用]

占卜：此時有遇到困難也就繼續努力，否則中途而廢必有小損失。

象曰：往无咎，上巽①也。

[註釋]

①上巽：指䷬指「澤地萃」內之互卦「巽」卦。

九四：大吉无咎。

上比九五，下比衆陰，得其萃矣，然以陽居陰不正，故戒占者必大吉，然後得无咎也。

[哲理]

正是大吉的時候一切如願去發展，不當位有應因處於統領三陰必須保正。

[應用]

占卜：此爻雖不當位但有比、有應處於統領三陰必須保正。此時正是大吉之時，一切可以如願變卦「水地比」之意也。

象曰：大吉无咎，位不當也。

九五：萃有位①，无咎，匪孚②，元永貞③，悔亡。

九五剛陽中正，當萃之時而居尊，固无咎矣。若有未信，則亦脩其元永貞之德而悔亡矣，戒占者當如是也。

[註釋]

①萃有位：值時而聚生。

②匪孚：還未建立別人對你的信心。

③元永貞：守正持恒努力。

[哲理]

值時而聚生沒有災咎，但還未建立別人對你的信任，

只要守正持恆就沒有錯。

占卜：此時可以去做，但要評估你的能力，在未建立別人對你的信任，你要持恆就對了。

象曰：萃有位，志未光也。未光，謂匪孚。

上六：齎咨涕洟①，无咎。

齎，音咨。又將啼反。洟音夷象同。處萃之終，

陰柔无位，求萃不得，故戒占者必如是，而後可以无咎也

[註釋]

①齎咨涕洟：嗟嘆痛哭。齎音資P　即誠心悔過。

[哲理]

對你以前所作所為，到了這爻已經沒有機會彌補，只有誠心悔過。

[應用]

占卜：此爻不當位無比又無應，又居卦極，到了此時已無發展餘地了。

象曰：齎咨涕洟未安上①也。

[註释]

①未安上：未能於尚窮的地位。

[哲理]

再也沒有機會更正彌補。

46☷☴　地風升　（上升之象）

升①元亨，用②見大人，勿恤③，南征④吉。

升，升進而上也，上居四，內巽外順，九二剛中而五應之，是以其占如此，南征，前進也。

[註釋]

①升：卦名。有上升之意。

②用：猶宜。

③勿恤：不要担心。

④南征：征，前進之意。南，離為南方之卦。意即前進。

[哲理]

要想辦法去做大事，不要担心，只要得要領則吉。

象曰：柔以時升①，以卦變釋卦名。**巽而順剛中而應**②，**是以大亨**，以卦德卦體釋卦辭。**用見大人勿恤，有慶也南征吉，志行也。**

[註釋]

①柔以時升：以陰柔之性順時而升。

②剛中而應：指九二以剛中應六五之意

[哲理]

只要順時而升，會如同夙那樣順，九二與六五有應，故能暢通，要想辦法去做大事，不要担心，得到要領必可達要理想。

象日：地中生木，升，君子以順德①，積小以高大②

王肅本，順作慎，今按他書引此亦多作慎意尤明白，蓋古字通用也，説見上篇蒙卦。

[註釋]

①順德：巽順之德。

②積小以高大：積累小德業以成就崇高偉大的德業。

[哲理]

地中的種子能生長，順天而行事之人必能以小積大。意即高山由細砂所堆成。

初六：允升①大吉。

初以柔順居下，順之主也。當外之時績以二陽，占者知之，則信能升而大吉矣。

[註釋]

① 允升：受到提拔而升遷。

[哲理]

能受到提拔而升遷，這樣是大吉。

[應用]

占卜：此爻雖不當位、無應但有比受九二爻的提拔而升遷。這是變卦「地天泰」之関係，這樣是大吉大利的。

象日：允升大吉，上合志①也。初以柔順居下，巽之主也之順作慎。

[註釋]

①上合志：順合在上者（指九二）的心志。

[哲理]

得九二之幫助（有比）必可達到理想。

九二：孚乃利用禴①，无咎。義見萃卦。

[註釋]

①孚乃利用禴：禴，指祭拜。以誠信祭拜的心去做事。

[哲理]

以祭拜典禮那樣的誠信來處理或作事，那就無災咎，因九二、六五有應。

[應用]

占卜：此時祇要以誠信來處事，就能達到目的。這是變卦「地山謙」之意。

象曰：九二之孚，有喜也。

九三：升虛邑①。

陽實陰虛，而坤有國邑之象。九三以陽剛當升時，而進臨於坤，故其象占如此。

[註釋]

①升虛邑：沒有人的區域即升遷無阻。

[哲理]

升遷無阻。

[應用]

占卜：此爻當位有應有比，機緣好升遷無阻。

象曰：升虛邑，无所疑也。

[哲理]

升遷無阻，不要懷疑。

六四：王用亨于岐山①，吉，无咎。義見隨卦。

[註釋]

①王用亨于岐山：岐山，終南山在西安。如同文王以順利亨通於岐山。

[哲理]

你有能力受君王之器重是吉利的，有何災咎。

[應用]

占卜：此爻當位又臨尊位，此時為君王所器重是吉利的現象。

象曰：王用亨于岐山，順事也。

以順而升，登祭于山之象。

六五：貞，吉升階①。

以陰居陽，當升而居尊位，必能正固。則可以得吉而升階矣。階升之易者。

[註釋]

①吉升階：得到升遷而吉利。

[哲理]

只有誠信保持守正，一定能得到升遷的。

[應用]

占卜：此爻与九二相應，此時只要以誠信守正，一定能得到升遷。

象曰：貞吉升階①，大得志。

[註釋]

①吉升階：得到升遷而吉利。

上六：冥升①，利于不息之貞②。

以陰居升極，昏冥不已者也。占者遇此，无適而利，但可反其不已於外之心，施之於不息之正而已。

[註釋]

①冥升：昏暗的升進。即不得体的升遷；亦即使用不正當手段而升遷。

②不息之貞：不停息的守持正道。

[哲理]

使用不正當手段而升遷，會長久處於不會珍惜之事而揮霍無度。

[應用]

占卜：此爻居卦極已無發揮餘地，任你用不當方法也不能得到，變卦為「山風蠱」之關係。

象曰：冥升在上①，消不富②也。

[註釋]

①冥升在上：在上冥升。指居上位乃昏暗的升進。

②消不富：指其上升之勢必將消衰而不能富盛。

[哲理]

使用不當手段而升遷到了上爻已無發揮餘地了，你不會富有，漸漸會貧困

47䷮　澤水困　（忍苦之象）

困①，亨，貞，大人吉，无咎。有言不信②。

困者窮而不能自振之義。坎剛為兌柔所揜(同掩)。四五為上六所揜，所以為困，坎險兌悅，處險而悅，是身雖困而道則亨也。二五剛中，又有大人之象。占者處困能亨，則得其正矣。非大人其孰能之。故日貞，又日大人者，明不正之小人不能當也，有言不信，又戒以當務晦默，不可尚口，益取困窮。

[註釋]

①困：卦名。為困窮之義。

②有言不信：不聰明。

[哲理]

有能力的人，終會脫困陰境的，而固執不信勸告的人（不聰明的人)，則無法脫困。

象日：困，剛揜①也，以卦體釋卦卦名。**險以說②，困而不失其所亨，其唯君子乎。貞大人吉，以說音悅。剛中③也，有言不信，尚口乃窮④也。**以卦德卦體釋卦辭。

[註釋]

①剛揜：陽爻被陰爻掩住。

②險以悅：處險而不失歡悅。

③剛中：指本卦九二與九五陽剛而居中。

④尚口乃窮：尚口，崇尚言辭。即多言無益。

[哲理]

困剛被掩了，困住後應設法脫險，那就會通，這樣只有君子可以行得通，有能力的人才是吉利的。如固執不信勸告多言無益，只有實際去做。

象日：澤无水①，困，君子以致命遂志②。

水下漏則澤上枯，故日澤无水，致命，猶言授命。言持以與人而不之有也，能如是則雖困而亨矣。

[註釋]

①澤无水：澤中無水。

②致命遂志：不惜犧牲生命來實現志向。

[哲理]

在這一卦的現象澤水無水，表示被困，君了為了脫困完成志願，那怕犧牲生命也在所不惜。

初六：臀困于株木①，入于幽谷②，三歲不覿③。

臀，物之底也，困于株木，傷而不能安也。初六以陰柔處困之底，居暗之甚，故其象占如此。

[註釋]

①臀困于株木：坐困在有刺的樹木上。

②入于幽谷：退入幽深的山谷。

③覿：見也。音迪？

[哲理]

坐在有刺的樹木上，被困在人間罕見的山谷中，有三年未被發現。

占卜：此事（時）遇困難要等三年才會過去。

象日：入于幽谷，幽①不明也。

[註釋]

①幽：暗也

[哲理]

在山谷中很難見到光明。

九二：困于酒食①，朱紱②方來③，利用亨祀④，征凶无咎。

紱，音弗，亨，讀作享。困于酒食厭飫苦腦之意。酒食，人之所欲。然醉飽過宜，則是反為所困矣。朱紱方來，上應之也。九二有剛中之德，以處困時，雖无凶害，而反困於得其所欲之多，故其象如此。而其占利以享祀，若征行則非其時，故凶而於義為无咎也。

[註釋]

①困于酒食：一天到晚祇知吃喝，苦於無事可做。

②朱紱：紱，音弗？。上朝官服。

③方來：送來。

④利用亨祀：你要珍惜他。

[哲理]

一天到晚祇知吃喝，苦於無事可做，適有送來上朝的官服可用來祭拜或上朝（今之派令）你要珍惜他，妄動見凶。

[應用]

占卜：此時要等待機會，不可經舉妄動就無災咎。

象曰：困于酒食，中有慶①也。

[註釋]

①中有慶：能保持剛中之德（指中文）終究有福慶。

六三：困于石①，據于蒺藜②，入于其宮③，不見其妻，凶。

陰柔而不中正，故有此象。而其占則凶，石指四。蒺藜，指二。宮謂三，而妻則六也，其義則擊辭備矣。

[註釋]

①困于石：困境很難突破。

②據于蒺藜：就好像生在有莿之滕內。

③宮：房屋的通稱。古時不分貴賤，秦漢以後專指帝王或廓宇。

[哲理]

在困境很難突破，就好像被有帶刺的藤圍位，這種被陷入其中的困境，就如同黃飛虎入宮不見其妻凶也。

[應用]

占卜：此時在困境中很難突破，就好像被有刺的滕圍住。

象曰：據于蒺蔾，乘剛也，入于其宮不見其妻，有終不祥也。

九四：來徐徐①，困于金車②，吝，有終③。

初六、九四之正應，九四處位不當不能濟物，而初六方困於下，又為九二所隔，故其象如此，然邪不勝正，故其占雖為可吝，而必有終也，金車為九二象未詳，疑坎有輪象也。

[註釋]

①來徐徐：慢慢的事。

②困于金車：被関在囚車之內。

③吝有終：終會還你清白。

[哲理]

被關在囚車之內，慢慢的被推往京都受審，雖有吝災，但終會還你清白。

[應用]

占卜：此時雖被囚車所困，但終會還你清白。

象日：來徐徐，志在下也①，雖不當位，有與也②。

[註釋]

①志在下也：与下爻一樣。

②有與也：終於還你清白。

九五：劓刖①，因于赤紱②，乃徐有說③，利用祭祀④。

劓，音見睽。刖音月。說音悅。劓刖者，傷於上下，上下既傷，則赤紱无所用而反為困矣，九五當困之時，上為陰揜，下則乘剛，故有此象。然剛中而說體，故能遲久而有說也。占具象中，又利用祭祀，久當獲福。

[註釋]

①劓刖：割鼻子。

②赤紱：囚犯的衣服。

③乃徐有說：指九五始困於無助，後以誠心得九二來助，共濟天下之困，漸能擺脫困境而喜悅。

④利用祭祀：謂宜用祭祀般的誠心。

[哲理]

被困在牢裡受刑罰，祇要耐心等待，就有機會平反。

[應用]

占卜：此爻當位、中正、有比此時雖被困在牢裡受刑，只要有耐心等待，就有機會平反。變卦為「雷水解」。

象日：劓刖志未得也，乃徐有說，以中直①也，利用祭祀，受福也。

[註釋]

①中直：持中守正。

上六：困用于葛藟于臲卼①，日動悔有悔②，征吉。

藟，力軌反。臲，五結反，卼，五骨反。以陰柔處困極。故有因于葛藟于臲卼日動悔之象。然物窮則變，故其占日若能有悔，則可以征而吉矣。

[註釋]

①困于葛藟于臲卼：被藤梆起來，吊在半空中搖來晃去。

②動悔有悔：你亂動就有危險

[哲理]

這種困境如同被藤梆起來吊在空中搖來晃去，此時你亂動會有危險，你必須努力想辦法脫因才能吉絡。

[應用]

占卜：此時如同被滕梆起來，亂勤會有危險，你必須想辦法脫困才能吉終。

象日：困于葛藟未當也，動悔有悔，吉行①也。

[註釋]

吉行：要慢慢的去克服困難，才能吉終。

48䷯　水風井　（造井之象）

井①，改邑不改井②，无喪无得③，往來井井④，汔至⑤，亦未繘井⑥，羸其瓶⑦，凶。

喪，息浪反。汔，許訖反。繘音橘，羸，律裴反。井者，穴地出水之處，以巽木入乎坎水之下，而上出其水，故為井。改邑不改井，故无桑无得，而往者來者，皆井未盡綆而敗其瓶則凶也，其占為事乃舊无得喪，而又當敬勉，不可幾成而敗也。

[註釋]

①井：卦名。孔穎達《正義》說：古者穿地取水，以瓶引汲，謂之井。

②改邑不改井：你建村莊不造井也即無益。

③无喪无得：無損失，亦無所得。

④往來井井：自古以來不能沒有井，一定要造井。

⑤汔至：乾旱未至。汔，音氣？

⑥亦未繘井：繘，音橘。還未挖井。

⑦羸其瓶：羸，毀敗。即任憑裝水的器具損壞。

[哲理]

造村莊而不造井，雖無損失，亦沒有所得，自古以來造村莊一定要造井，如旱期來至，亦未挖井且連可容水的器具也遭到破壞，此情況一定是凶。

彖曰：巽乎水①而上水②，井，井養而不窮③也，上，時掌反。**卦象釋卦名。改邑不改井。乃以剛中也。汔至亦未繘井，未有功也。羸其瓶，是以凶也。**

以卦體釋卦辭，无喪无得，往來井井。兩句意與不改井同，故不復多，剛中以二五而言，未有功而敗其瓶，所以凶也。

[註釋]

①巽乎水：巽，入也。指以瓶入以水中。

②而上水：汲水而上。

③井養而不知窮：這口井用不盡。

[哲理]

水在風之上，表示有井，這口井用不盡，若沒有挖井就沒有用了。

象曰：木①上有水，君子以勞民勸相②

上，如字。又時掌反，木上有水，津潤上行，井之象也。勞民者以君養民，勸相者，使民相養，皆取井義之義

[註釋]

① 木：指巽風。

②勞民勸相：我要請人民去為我做事，必定向他解釋清楚。

[哲理]

木（指巽風）上有水，君子要請人民為他做事，必定向人民解釋清楚。

初六：井泥不食①，舊井无禽②。

泥，乃計反。并以陽剛為泉，上出為功，初六以陰居下，故為此象。蓋井不泉而泥，則人所不食，而

禽鳥亦莫之顧也。

[註釋]

①井泥不食：井已經被污染了不可食用。

②舊井无禽：廢舊之井，連禽鳥都不來吃。

[哲理]

井水不清，含帶污泥不能吃，這種廢舊之井連鳥禽都不來吃的地方，如同是過時被時代所陶汰的。

[應用]

占卜：此時比喻舊井含帶泥沙不能吃是過時的，會被時代所陶汰。

象曰：井泥不食，下①也，舊井无禽，時舍②也。

舍，音捨。言為時所棄。

[註釋]

①下：最處卑下。

②時舍：舍，棄也。意即過時為時代所陶汰。

九二井谷射鮒①，**甕敝漏②。**

谷，余六反，音育，射，石亦反。鮒音附。九二剛中，有泉之象。然上无正應，下比初六，功不上行，其象如此。

[註釋]

①井谷射鮒：鮒，音付。井底可以映出小魚。

②甕敝漏：一個裝水的甕被打破了，祇剩下片瓦之水。

[哲理]

可看到井底的小魚，且容魚的水瓶破漏沒什麼實用。

[應用]

占卜：此爻不當位無比無應，比喻此時不能發揮。

象曰：井谷射鮒无與①也。

[註釋]

① 无與：與，猶「應」。無人援引。

九三：井渫不食，為我心惻①，可用汲，王明並受其福。

渫息列反。渫，不而使人心側，可用汲矣。王明，則汲井以及物，而施者並受其福也。九三以陽居陽，在下之上，而未時用其象占如此。

[註釋]

①為我心惻：我覺得很可惜。

[哲理]

清徹的井水而沒有去飲用，實在可惜，如用來飲食，那主人與家僕均受其福。

[應用]

占卜：此爻當位有應有比，此時可以去發揮，如清徹的井水可以陰用。

象曰：井渫不食，行側①也，求王明受福也。

行惻者，行道之人皆以為惻也。

[註釋]

①行惻：路人同悲。

六四：井甃①，无咎。

甃，側救反。以六居四，雖得其正，然陰柔不象，則但能脩治而无及物之功，故其象為井甃，而占則无咎。占者能自脩治，則雖无及物之功，而亦可以无咎矣。

[註釋]

①井甃：修理這口井。甃，音宙。脩治。

[哲理]

為了保持井的持久，整修完善是好的現象。

[應用]

占卜：此爻當位有比無應，此時無機緣，但有能力，處事惟守不宜攻才是好的現象。

象曰：井甃无咎，脩井也。

九五：井洌①，寒泉食②。

洌，音列。洌，潔也，陽剛中正，功及於物，故為此象。占者有其德。則絜其象也。

[註釋]

①井洌：洌，音列。井清澈。

②寒泉食：冰冷而能吃。

[哲理]

清澈而寒涼的井水是上好的飲水，也是上乘之品。

[應用]

占卜：此爻當位又居尊位，有比無應，到了此時清澈寒冷的井水是上乘之品。

象日：寒泉之食中正也。

上六：井收勿幕①，有孚②元吉。

收，詩救反。又如字，幕音莫。收，汲取也。晁氏云：收，鹿盧收繘者也。亦通幕，蔽覆也。有孚，謂其出有源而不窮也。井以上出為功。而坎口不揜，故上六雖非陽剛，而其象如此，然占者應之，必有孚乃元吉也。

[註釋]

①井收勿幕：這口井大家都在用了，你不要把它蓋上。

②有孚：用你的誠信。

[哲理]

這口井供大家使用，不要把井口蓋上，一定要有誠信讓人家使用才能大吉。

[應用]

占卜：到了此爻已經大有成就了，是大吉的現象。變卦為「順為風」之意。

象日：元吉在上，大成①也。

[註釋]

①大成：大成就。

[哲理]

到了上六這爻已經大有成就了，是大吉的好現象。

49☱☲　澤火革　（革新之象）

革①，已日乃孚②元亨利貞，悔亡。

革，變革也。兌澤在上，離火在下，火然則水乾，水決則火滅，中少二女。合為一卦，而少上中下，志不相得，故其卦為革也。變革之初，人未之信，故必已日而後信。又以其內有文明之德，而外有和說之氣。故其占為有所更革，皆大亨而得其正，所革皆當，而所革之悔亡也。一有不正，則所革不信不通，而反有悔矣。

[註釋]

①革：卦名，變革之意。

②已日乃孚：已日，天命已到之日。乃孚，肯定之意。

[哲理]

肯定天命已到之日（指時機成熟），博大、暢通、受利、持恒不會有錯誤的。

彖曰：革，水火相息①，二女同居，其志不相得，曰革。以卦象釋卦名義，大畧與睽相似。息，滅息也。又為生息之義。滅息而後生息也。

已日乃孚，革而信之②，文明以說，大亨以正③，革而當④，其悔乃亡。說，音悅。以卦德釋卦辭。**天地革而四時成⑤，湯武革命，，順乎天而應乎人革之時大矣哉。**極言而贊其大也

[註釋]

①水火相息：息，通熄。

②革而信之：確信去改革。

③大亨以正：九五爻、六二爻有應。

④革而當：革新是適當的，不會有錯。

⑤天地革而四時成：天地革新的現象如同一年四季。

[哲理]

澤火革兩卦均為陰卦，不得生活在一起稱曰革。肯定大命已到之日，應確去去改革。適當情形下改革，錯誤就不會發生。天地革新如四季變化一樣。湯武革命是順天應人之事，革新這種現象是很重要的。

象曰：澤中有火，革，君子以治歷明時①。

治，平聲。四時之變，革之大者。

[註釋]

①治歷明時：要創造時。

[哲理]

澤中有火稱革，君子正是要創造時代。

初九：鞏①用黃牛之革。

鞏，九勇反。雖當革時，居初无應，未可有為，故為此象。鞏，固也，黃，中色。牛，順物。革，所以固物。亦取卦名為義不同也。其占為當堅確固守，而不可以有為，聖人之於變革，其謹如此。

[註釋]

①鞏：堅固。

[哲理]

要堅定固守如同用牛皮做成的繩子，把你綁起來，也不會改變你的決心。

[應用]

占卜：此時有能力又有機緣要下定決心去做。

象曰：鞏，用黃牛，不可以有為也。

[哲理]

不可節外生枝的作法。

六二：已日乃革①之，征吉，无咎。

六二柔順中正而為文明之主。有應於上，於是可以革矣。然必已日然後革之，則征吉而无咎。戒占者猶未可遽變也。

[註釋]

①已日乃革：天命已到之日就要去改革。

[哲理]

天日已到之日就要去改革它，這樣去做就是吉利的。

[應用]

占卜：此時有能力又有機緣，即刻去做會得到貴人相助是好的現象。

象曰：已日革之，行有嘉①也。

[註釋]

①行有嘉：措施是有功的。

[哲理]

天命已到之日就要去改革它，這種措施是有功的。

九三：征凶①，貞厲②，革言三就③，有孚④

過剛不中，居離之極，躁動於革者也，故其占有征凶貞厲之戒。然其時則當革，故至於革言三就，則亦有孚而可革也。

[註釋]

①征凶：躁進、妄動。

②貞厲：有危險。

③革言三就：要改革之措施，要再三考慮。

④有孚：經大象同意。

[哲理]

妄動見凶而有危險，但凡是經大象再三決議後才去做，當然可行。

[應用]

占卜：此時不可妄動而見凶，但改革經大象再三討論後，做成決議才去執行當然可行。

象曰：革言三就①，又何之矣②。言已審。

[註釋]

①革言三就：要改革之措施，要再三考慮。

②又何之矣：又有什麼比這樣更可行的呢？

九四：悔亡，有孚，改命①吉。

以陽居陰，故有悔，然卦已過中，水火之際，乃革之時，而剛柔不偏，又革之用也。是以悔亡。然又必有孚，然後革乃可獲言，明占者有其德，而當其時，又必有信，乃悔亡而得吉也。

[註釋]

①改命：更改原來的計劃。

[哲理]

為了不使錯誤發生，要改變原來的計劃。

[應用]

占卜：此時要改變原來計劃才不會錯誤。

象曰：改命之吉，信志①也。

[註釋]

①信志：一定能完成任務。

[哲理]

改變計劃吉，一定能完成任務。

九五：大人①虎變②，未占有孚③。

虎，大人之象。變謂革而毛毨也。在大人則自新新民之極。

順天應人之時也，九五以陽剛中正為革之主。

有此象。占而得此，則有此應，然必自其未占之時，乃足以當之耳。

[註釋]

①大人：有能力的人

②虎變：在這時候再發揮更有能力。

③未占有孚：無須占決就能肯定是好的現象。

[哲理]

有能力的人再發揮更輝煌的能力，不必占筮就能肯定是好的現象。

[應用]

占卜：此時要發揮你的才能，必能受到肯定。

象曰：大人虎變，其文炳①也。

[註釋]

①文炳：身上的紋路更是輝煌之色。

[哲理]

有能力的人再發揮更輝煌的能力，其身上紋路更為輝煌之色。

上六：君子豹變①，小人革面②，征凶，居貞③吉。

革道已成，君子如豹之變，小人亦革面以聽從矣。不可以往，而居正則吉。變革之事，非得已者，不可以過，而上六之才，亦不可以有行也，故占者如之。

[註釋]

①豹變：變得更好。

②小人革命：小人要洗心革面。

③居貞：有恆心。

[哲理]

君子在這時候變得更好，那小人就必須革新，否則妄動見凶，持恒則吉。

[應用]

占卜：你在這時候變得更好，持恒則

象曰：君子豹變，其文蔚①也，小人革面，順以從君也。蔚，紆胃反。

[註釋]

①文蔚：文采華盛。

[哲理]

君子在這時候變得更好，其身上紋路更為美麗，小人洗心革面後，要向君子學習。

50☲☴　火風鼎　（養賢之象）

鼎①，元②吉亨。

鼎烹任之器，為卦下陰為足。二三四陽為腹，五陰為耳，上陽為鉉，有鼎之象。又以巽木入離火而致烹飪，鼎之用也。故其卦為鼎，下巽，巽也。上離為目，而五為耳，有內巽而外聰明之象。卦自巽來，陰進居五，而下應九二之陽，故其占曰元亨。吉，衍文也。

[註釋]

①鼎：卦名。為烹飪之器。

②元：有得吃。

[哲理]

鼎，有得吃（烹飪）大而吉利可通。

象曰：鼎，象也。以木巽①火，亨飪也，聖人亨以享②上帝，而大亨③以養聖賢④。

亨，普庚反。飪，入甚反。以卦體二象釋卦名義，因極其大而言之，享帝貴誠用犢而已。養賢則饔飧牢體當極其盛，故日大亨。

巽而耳目聰明⑤，柔進而上⑥，得中而應乎剛，是以元亨。上，時掌反。以卦象卦變卦體釋卦辭。

[註釋]

①巽：人也。

②享：祭拜。

③而大亨：就能大通。

④以養聖賢：培養更多的聖賢。

⑤巽而耳目聰：以巽順之道去祭祀上帝，供養賢人，故能使耳目聰。蓋聖賢乃君之耳目。

⑥柔進而上：兩者均為陰卦。

[哲理]

如果把這個道理再加以發揮，能培養更多的聖人。若以巽順之道去祭祀上帝，供養賢人，故能使耳目聰，蓋聖賢乃君之耳目。

象日：木上有火，鼎，君子以正位①凝命②。

鼎，重器也，故有正位凝命之意，凝猶至道不凝之凝，所謂協于上下以承天休者也。

[註釋]

①君子以正位：君子做好自己所能做的事。

②凝命：完成使命。

[哲理]

木上有火即烹飪。君子做好自己所能做的事，以完成使命。

初六：鼎顛趾①，利出否②，得妾以其子③，无咎。

出，尺遂反。又如字，下，鼎趾之象也，上應九四則顛矣。然當卦初，鼎未有實而舊有否惡之積焉。因其顛而出之，則為利矣。得妻而因得其子，亦猶是也。此爻之象如此，而其占无咎，蓋因敗以為功，因賤以致貴也。

[註釋]

①鼎顛趾：鼎的腳壞掉。

②利出否：利於傾出廢。

③得妾以其子：如娶了妾而生子，將她扶為正室。

[哲理]

當一個人能力不足時，要集中所有錢財去成家生子。

[應用]

占卜：此時雖能力不足，但機緣好，要集中錢財去成家生子。

象日：**鼎顛趾，未悖①也，利出否，以從貴也。**

鼎而顛趾，悖道也。而因可出否以從貴，則未為悖也，從貴，謂應四，亦為取新之意。

[註釋]

①未悖：未違背道理。

[哲理]

當一個人能力不足時，不要違背道理，把力量集中起來去做一件事情。

九二：**鼎有實①，我仇有疾②，不我能即③，吉。**

仇，音求。以剛居中，鼎有實之象也。我仇，謂初，陰陽相求而非正，則相陷於惡而為仇矣。二能以剛中自守，則初雖近，不能以就之，是以其象如此，而其占為如是則吉。

[註釋]

①鼎有實：實，指九二陽剛濟用之才。喻九二有如鼎中裝滿食物般充實。

②我仇有疾；別人看會嫉妒。

③不我能即：沒有我的同意不能得到。

[哲理]

鼎中有食物別人看了會嫉妒，但沒有我的同意不能得到。

[應用]

占卜：此爻有應無比雖得貴人相助，但會被別人嫉妒，要謹慎才能吉利。變卦「火山旅」的結果。

象日：**鼎有實，慎所之也①，我仇有疾，終无尤也。**

有實而不慎其所往，則為仇所即而陷於惡矣。

[註釋]

①慎所之也：平常謹慎處事之結果。

[哲理]

我過得很好，平常處事謹慎的結果，別人對我嫉妒我無怨尤。

九三：鼎耳革①，其行塞②，雉膏不食③，方雨虧悔④，終吉。

行，下孟反。塞悉則反，以陽居鼎腹之中，本有美食者也，然以過剛失中，越五應上，又居下之極，為變革之時，故為鼎耳方革，而不可舉移。雖承上卦文明之腴，有雉膏之美。而不得以為人之食，然以陽居陽，為得其正，苟能自守，則陰陽將和而失其悔矣。占者如是，則初雖不利而終得吉也。

[註擇]

①鼎耳革：鼎的兩個耳環壞了。

②其行塞：移鼎供食的行為受阻。比喻才能不能施展。

③雉膏不食：有美味的雞和湯大家吃不到。

④方雨虧悔：方，將也。等待將下之雨降臨之後，必能消除悔恨。

[哲理]

鼎的兩個耳環壞了，鼎不能端出去，雞和湯大家吃不到，要等下雨冷却後就可提拿，就沒有不利的現象。

[應用]

占卜：此時易遭困難，等待時機就沒有不利之事。變卦「火水未濟」之象。

象曰：鼎耳革，失其義①也。

[註釋]

①義：宜也。

[哲理]

鼎的兩個耳環壞了，失去意義。

九四：鼎折足，覆公餗①，其形渥②凶。

折，之舌反。覆，方服反。悚，送六反。渥，乙角反。晁氏曰：形渥諸本作刑剭，謂重刑也。今從之，九四居上，任重者也，而下應初六之陰，則不勝其任矣。故其象如此，而其占凶也。

[註釋]

①覆公餗：餗，音速。公糧會翻出來。

②形渥：犯重罪一般。

[哲理]

一個沒有能力的人去從公職就好像浪費公糧。

[應用]

占卜：此時環境不好，做事要三思而行。變卦「山風蠱」的結果。

象曰：覆公餗，信如何①也。言失信也。

[註釋]

①信如何：沒有公信。

[哲理]

鼎內的食物流出來，這樣的現象如何教別人相信呢？

六五：鼎黃①耳，金鉉②，利貞。

鉉，玄典反。五於象為耳，而有中德，故云黃耳。金，堅剛之物，鉉，貫耳以舉鼎者也。五虛中以應九二之堅剛，故其象如此，而其占則利在貞固而已。或曰：金鉉以上九而言，更詳之。

[註釋]

①黃：指金屬。

②鉉：鼎耳之總稱。

[哲理]

鼎的匝中是用黃金來撓上，可以讓你用很久。

[應用]

占卜：此時機緣佳，要接納忠言，不可聽信小人以免發生困難，因變卦「天風姤」之意。

象曰：鼎黃耳，中以為實①也。

[註釋]

①中以為實：指六五有應以中道得陽剛之輔。

上九：鼎玉鉉①，大吉无不利。

上於象為鉉，而以陽居陰，剛而能溫，故有玉鉉之象。而其占為大吉无不利。蓋有是德則如其占也。

[註釋]

①鼎玉鉉：鼎搭配着玉鉉。

[哲理]

鼎的四周用寶石來裝訂，此最高貴，大吉大利。

[應用]

占卜：此時剛柔得宜，萬事順利。

象曰：玉鉉在上，剛柔節①也。

[註釋]

①剛柔節：剛柔調和。

[哲理]

鼎的四周用寶石來裝訂，是陰陽調和的現象。

51☳☳ 震為雷 （激動之象）

震①，亨，震來虩虩②，笑言啞啞③，震驚百里，不喪匕鬯④。

虩，許逆反。啞，烏客反。喪，息浪反。匕，必以反。鬯，勅亮反。震，動也。一陽始生於二陰之下，震而動也。其象為雷，其屬為長子，震有享道5，震來，當震之來時也。虩虩，恐懼驚顧之貌，震驚百里，以雷言。匕，所以舉鼎實。鬯，以秬黍酒和鬱金，所以灌地降神者也。不要匕鬯，以長子言也。此卦之占，為恐懼則致福，而不失其所主之重。

[註釋]

①震：卦名。有雷動震驚之義。

②震來虩虩：虩，音隙。打雷時恐懼的樣子。

③啞：啞，音。笑聲。

④匕鬯：祭器。

[哲理]

打雷很害怕，但下了雨後，萬物就能生長，六地歡喜，担任主祭官的人，不可因打雷而將法器丟掉地上。比喻有胆識的人就能担任主祭官之職。

象曰：震亨，震有亨道，不待言也。**震來虩虩**，恐致福①也。**笑言啞啞，後有則②也**，恐致福，恐懼以致致福也，則，法也。**震驚百里，驚遠而懼邇也③出④**

可以守宗廟社稷，以為祭主也。程子以為邇也下。脫不喪匕鬯四字，今從之。出，謂繼世而主祭也。或云，出。即鬯字之誤。

[註釋]

①恐致福：因惶恐畏懼而獲致福澤。

②後有則：由恐懼而後行為有法則。

③驚遠而懼邇也：邇，近也。即遠近皆驚。

④出：你不被嚇到就可以担任主祭官。

[哲理]

打雷會怕但是會賜福，打雷一定要下雨，如果能克服不受驚可當主祭官。

象曰：**洊雷①，震，君子以恐懼脩省②。**洊，在薦反，省，悉井反

[註釋]

② 洊雷：相繼而致的雷聲。洊，音薦

② 恐懼脩省：以誠慎恐懼的態度脩養反省。

[哲理]

雷一再的打，為人之道要戰戰兢兢反身自己有沒有做錯事。

初九：**震來虩虩，後笑言啞啞，吉。**

處震之初，故其占如此。

[哲理]

打雷聲隆隆威厲傳來，事後雨水滋潤傳來高興笑言的聲音，是吉利的現象。

[應用]

占卜：此時環境悪劣，但能持久終有所獲。

象曰：震來虩虩，恐致福也，笑言啞啞，後有則也。

六二：震來厲①，億②喪貝③，躋于九陵④，勿逐⑤，七日得⑥。

躋，子西反。六二乘初九之剛，故當震之來而危厲也。億字未詳，又當喪其貨貝而升於九陵之上，然柔順中正，足以自守，故不求而自獲也。此爻占具象中，但九陵七日之象，則未詳耳。

[註釋]

①厲：危險。

②億：要小心。

③喪貝：當你被嚇跑會有損失。

④躋于九陵：登上高峻之山，跑到安全的地方藉以避禍。

⑤勿逐：遺失不要追回來。

⑥七日得：七日後會獲得。

[哲理]

打雷之時很危險，但注意不要受到傷害，在跑跳的路上，不要使財物損失，走到安全的高處，不要再回去尋找，將來可以獲得。

[應用]

占卜：此時處境危險要謹慎行事，財物雖受損失也不要追究。

象曰：震來厲，乘剛也。

六三：震蘇蘇①，震行无眚②。

蘇蘇，緩散自失之狀，以陰居陽，當震時而居不正，是以如此。占者若因懼而能行去其不正，則可以无眚矣。

[註釋]

①震蘇蘇：雷亂打。

②震行无眚：和有胆識的人在一起就無災。

[哲理]

打雷一再亂打的時候，跟著有胆識的人在一起是可壯胆，無災咎。

[應用]

占卜：此時環境悪劣，你又無能力（此爻不當位），要找一位有經驗的人同行，就能渡過難関。

象曰：震蘇蘇，位不當也。

九四：震遂泥①。

泥，乃計反。以剛處柔不中不正，陷於二陰之閒，不能自震也。遂者，无反之意。泥，滯溺也。

[註釋]

①震遂泥：雷打在泥巴上；比喻無作用。

[哲理]

雷打在泥巴上，一點作用都沒有，發生不了作用。比喻此時不能發揮。

[應用]

占卜：此時你能力不足（不當位），又無機緣不能發揮。

象曰：震遂泥，未光①也。

[註釋]

①未光：未發生作用。

六五：震往來①厲，億无喪②有事③。

喪，息浪反。以六居五，而處震時，无時而不危也，以其得中，故无所喪而能有事也。占者不失其中，則雖危无喪矣。

[註釋]

①震往來：在打雷的時候你來來往往。

②億无喪：祇要小心就無事。

③有事：還是要去做。

[哲理]

打雷之時走來走去是很危險的，但祇要小心就沒有喪失，指有事一定要去做，不因打雷就怕事而停吧。

[應用]

占卜：此時處境危險，你有能力處理，不要怕困難而停止。

象曰：震往來厲，危行①也，其事在中②，大无喪也。

[註釋]

①危行：宜心存危懼謹慎行事。

②其事在中：處事在終執行中道。

上六：震索索①，視矍矍②，征凶。震不于其躬于其鄰③，无咎，婚媾有言④。

索，桑落反。矍，俱縛反。以陰柔處震極，故為索索矍矍之象。以是而行，其凶必矣。然能及其震未及其身之時，恐懼脩有，則可以无咎。而亦不能免於婚媾之有言。戒占者當如是也。

[註釋]

①震索索：因震懼雙腳畏縮難行。

②視矍矍：矍，音？。即兩眼惶顧不安。

③震不于其躬于其鄰：雷不打在自己身上，而打在周圍之人。

④婚媾有言：別人有怨言。

[哲理]

打雷一波一波像閃電而來，却沒打在自己身上，而打在別人身上，雖然別人有怨言，對自己是無咎的。指自己不可幸災樂禍。

[應用]

占卜：此時雖處惡劣的環境，就如同打雷一波一波像閃電而來，自己無損失但別人有損失，不可幸災樂禍，這是變卦「雷水解」之意也。

象日：震索索，中未得也，雖凶无咎，畏鄰戒也①。

中。謂中、心

[註釋]

①畏鄰戒也：當你周圍之人受難，要戒掉畏懼之心預先戒備

[哲理]

打雷在你周圍受難的人，你不要去害怕他，要戒掉這種心態，而預先戒備。

52☶☶ 艮為山 （停滯之象）

艮①其背，不獲其身②，行其庭，不見其人③，无咎。

艮，止也。一陽止於二陰之上，陽自下升，極上而止也。其象為山，取坤地而隆其上之壯。亦止於極而不進之意也。其占則必能止于背而不有其身，行其庭而不見其人，乃无咎也，蓋身動物也。唯背為止，艮其背，則止於所當止步也。止於所當止，則不隨身而動矣，是不有其身也，如是，則雖行於庭除有人之

地，而亦不見其人矣。蓋艮其背而不獲其身者，止而止也，行其庭而不見其人者，行而止也，動靜各止其所，而皆主夫靜焉，所以得无咎也。

[註釋]

①艮：卦名。有抑止之義。
②艮其背，不護其身：抑止背部使身體不能隨意轉動。
③行其庭，不見其人：即使走過有人的庭院，也不覺得有人存在。

[哲理]

山就像人的背一樣是不能見到的，就好像去拜訪人家看不到主人，這種情形是無災咎。

彖曰：艮，止也。時止①則止，時行則行，動靜不失其時，其道光明。

此釋卦名，艮之義則止也。然行止各有其時，故時止而止，止也。時行而行，亦止也。艮體篤實，故又有光明之義，大畜於艮，亦以輝光言之。

[註釋]

①時止：當止之時。

[哲理]

艮即擋，該停止就停止；該行動就行動，凡事見機行事就會成功。

艮其止，止其所①也，上下敵應②，不相與也③。是以不獲身④，行其庭不見其人，无咎也。

此釋卦辭，易背為止，以明背卽止也。背者，止之所也，以卦體言，內外之卦。陰陽敵應而不相與也，不相與，則內不見已，外不見人，而无咎矣。晁氏云：艮其止，當依卦辭作背。

[註釋]

①止其所：止得其所。
②上下敵應：指上下兩卦初與四、二與五、三與上均敵對而不相應。
③不相與也：彼此無應。

④是以不獲其身：就好像看不到我們自己的背。

[哲理]

應該要擋要停的地方，就好像看不到我們的背部。

象曰：兼山①，艮，君子以思不出其位②。

[註釋]

①兼山：一山過了又一山。

②艮，君子以思不出其位：君子該停時要考慮以後不出去（因為不當位）以免利益薰身。

[哲理]

一山過了又一山君子該停時應考慮後不去（因為不當位）以免利益薰身。

初六：艮其趾①，无咎，利永貞。

以陰柔居艮初，為艮趾之象。占者如之則无咎，又以陰柔，故又戒其利永貞也。

[註釋]

①艮其趾：抑止於腳趾。

[哲理]

剛開始就好像停在腳趾下，只要持久就無災咎。

[應用]

占卜：凡事剛開始沒什麼不好，只要能持久就無災咎。變卦「山火賁」之意也。

象曰：艮其趾，未失正也①。

[註釋]

①未失正也：祇要守正。

[哲理]

剛開始停在腳趾下祇要守正就好。

六二：艮其腓①，不拯其隨②，其心不快。

拯，之凌反。六二居中得正，既止其腓矣，三為限，則腓所隨也。不能往而拯之，是以其心不快也。此爻占在象中，不爻於此亦不肯退而聽乎二也。

[註釋]

①艮其腓：抑止於腳趾。

②不拯其隨：不能任意行動。

[哲理]

停上在小腿處，就不能任意行動，這種心境是不會快樂的。

[應用]

占卜：此時環境不佳又行動不自由，心情不快樂，這是變卦「山風蠱」之義。

象日：不拯其隨，未退聽也。三止乎上亦不肯退而聽乎二也。

[哲理]

在行動不方便又在進退不得時祇有聽別人的。

九三：艮其限①，列其夤②，厲熏心③。

夤，引真反。限，身上下之際，卽腰胯也。夤膂也，止于腓則不進而已，九三以過剛不中，當限之處，而艮其很，則不得屈伸，而上下判隔，如列其夤矣。危厲熏心，不安之甚也。

[註釋]

①艮其限：抑止於腰部。

②列其夤：背脊的裂開。夤，音銀，膂也。背脊肉。

③厲熏心：其危險有如烈火熏心。

[哲理]

停在腰部之時，如果要勉強去動，這時背部的肉可能會裂開，其危險有如疼痛引入心。

[應用]

占卜：此時身体背部之痛引入心，萬物不順，行事應三思而行，其变卦「山地剝」之意也。

象日：艮其限，危熏心也。

六四：艮其身①，止諸躬②也。

以陰居陰時止而止。故及艮其身之象。而占得无咎也。

[註釋]

①艮其身：抑止上身。以喻六四能自我抑止而不妄動。

②止諸躬：全身停止。

[哲理]

全身都停止了，一切都沒有災咎。

[應用]

占卜：此時雖然身体全都停止了，但能自我抑止而不會妄動，一切都沒有災咎。這是變卦「火山旅」之意。

象曰：艮其身，止諸躬也。

六五：艮其輔①，言有序②悔亡③

六五當輔之處，故其象如此，而其占悔亡也。悔，謂之以陰居陽，正字羨文叫韻可見。

[註釋]

①艮其輔：抑止臉頰。

②言有序：要說有道理的

③悔亡：就無錯。

[哲理]

停止在臉頰就不要說話，就不曾有錯。

[應用]

占卜：此時臉頰停止，要謹言慎行，就沒有錯誤之事発生。变卦「風山漸」之義。

象曰：艮其輔，以中正也。正字羨文。叶韻可見。

上九：敦艮①吉。

以陽剛居止之極，敦厚於止者。

[註釋]

①敦艮：止於高位。

[哲理]

停在該停止的地方，一切就能吉利。

[應用]

占卜：此時能隨身所欲是吉利的現象。變卦「地山謙」之意也。

象曰：敦艮之吉，以厚終①也。

[註釋]

①以厚終：任何事要做得很好。

[哲理]

停在該停的地方，一切就能吉利。

53☴☶　風山漸　（進展之象）

漸①，女歸②吉，利貞。

漸，漸進也。為卦止於下而巽於上，為不遽進之義，有女歸之象焉。又自二至五位比得正，故其占為女歸吉而又戒以利貞也。

[註釋]

①漸：漸進。有進展之意

②女歸：女子出嫁。

[哲理]

男女交往要持恒則吉。

彖曰：漸之進。女歸吉也，之字疑衍，或是漸字。**進得位①，往有功也，進以正，可以正邦也。**以卦變釋利貞之意，蓋此卦之變，自渙而來。九進居三。自旅而來。九進居五。皆為得位之位。**其位，剛得中②也。**以卦體言，謂九五也。**止而巽，動不窮③也。**以卦德言，漸進之意。。

[註釋]

①進得位：由漸進而得位。即九五、六二爻當位又有應，進展必有成果。

②剛得中：以卦體言為九五爻。

③止而巽，動不窮：九五爻中正剛健，山止風動不會窮。

[哲理]

漸的前進方式，就如同出嫁的女兒一般按照正確的順序前進，不僅可以正家，還可以端正邦國。

象曰：山上有木，漸君子以居賢德善俗①。

二者皆當以漸而進，疑賢字衍，或善下有脫序。

[註釋]

①居賢德善俗：積聚賢德，改善風俗。

[哲理]

要具備有能力，美好的德性來改善風俗。

初六：鴻漸于干①，小子②厲，有言③，无咎。

鴻之行有序而進有漸，干，水涯也。始進於下，未得所安，而上復无應，故得其象如此，而其占則為小子厲，雖有言而於義則无咎也。

[註釋]

①鴻漸于干：鴻，大鳥。干，有水的地方。即鴻雁飛翔漸近水邊。

②小子：小鳥。又言初六位卑，艮為少男，故稱為小子。

③有言：有怨言。

[哲理]

大鳥要飛到有水之地較易，小鳥就比較辛苦但無災咎。

[應用]

占卜：此時能力不足，要量力而為，雖辛苦但無災咎。

象曰：小子之厲，義①无咎也。

[註釋]

① 義：照道理説。

六二：鴻漸于磐①，飲食衎衎②，吉。

衎，苦旦反。磐，大石也，漸遠於水。進於磐而益安矣。衎衎，和樂意。六二柔順中正，進以其漸，而上有九五之應，故其象如此。而占則吉也。

[註釋]

② 磐：大石。

② 衎衎：得意的樣子。音看

[哲理]

大鳥停在大石上很如意，是吉利的。

[應用]

占卜：此時基礎如大石般的穩固，事業可以發揮，可得成果。变卦「巽為風」之意也。

象曰：飲食衎衎，不素飽①也。

素飽，如詩言素餐，得之以道。則不為徒飽而處之安矣。

[註釋]

不素飽：不是簡單的吃，而是吃得很豐富。

九三：鴻漸于陸①，夫征不復，婦孕不育②，凶，利禦寇③

復，房六反。鴻，水鳥。陸非所安也，九三過剛中而无應。故其象如此。而其占夫征則不復，婦孕則不育，凶莫甚焉。然以其過剛也，故利禦寇。

[註釋]

①陸：指岸邊的小山頂。

②婦孕不育：如婦如生孩子而不養育他。

③利禦寇：宜守持正道以防止邪妄。

[哲理]

男人出征沒有回來就好像婦女生孩子不養育他，這種現象凶，在此情況只有保護自己。

[應用]

占卜：此時要保護自己不可發揮，否則見凶。變卦「風地觀」之意。

象曰：夫征不復離群醜①也，婦孕不育，失其道也，利用禦寇②，順相保③也。離。力智反。

[註釋]

①離群醜：醜，類也。遠離群類。

②利用禦寇：沒有能力攻擊別人。

③順相保：以順以正理使上下相保。

[哲理]

男人出征沒有回來，離開群体是不妙之事，如同婦女生孩子而不養育他，這種現象不是正道，在沒有能力攻擊人家，只求自保。

六四：鴻漸于木①，或得其桷②，无咎。

桷，音角。桷，平柯也，或得平柯，則可以安矣。六四乘剛而順巽。故其象如此，占則如之，則无咎也。

[註釋]

①木：飛鴻停在橫的樹枝。
②或得其桷：桷，音覺？。是指平的樹枝。意即得以棲息。

[哲理]

飛鴻停在橫的樹枝得以棲息，沒有災咎。(即住的很安祥)。

[應用]

占卜：此時生活安逸，優優自在沒有災咎。

象日：或得其桷，順以巽①也。

[註釋]

①順以巽：順以正道，並以謙虛自處。

[哲理]

住的好安祥，跟風一樣的順。

九五：鴻漸于陵①，婦三歲不孕②，終莫之勝③，吉。

陵，高阜也，九五居尊，六二正應在下，而為三四所隔，然終不能奪其正也。故其象如此，而占者如是則吉也。

[註釋]

①陵：高處。
②婦女三歲不孕：九五欲應六二，然為三四爻所隔，不能相合，猶如夫婦不能相合以致不孕。
③終莫之勝：最後沒有用難。(以喻二五終能遇合)

[哲理]

大鳥飛到高處觀望，雖像是婦女三年都不能懷孕，但終克服困難。

[應用]

占卜：此時很忙碌，惟無成效，但終究會克服困難。

象日之：終莫勝吉，得所願也。

上九：鴻漸于陸①，其羽可用為儀②，吉。

胡氏程氏皆云，陸當作逵，謂雲路也。今以韻讀之良是，儀，羽旄旌纛③之飾也。上九至高，出乎人位之外，而其羽毛可用以為儀飾，位雖極高，而不為无用之象。故其占為如是則吉也。

[註釋]

①陸：雲路。

②可用為儀：可用在祭典上的裝飾。

③纛：古時軍隊的大旗（國語日報辭典六四六頁

[哲理]

鴻鳥死了，但落在陸上之羽毛可用在祭典上的裝飾。（指人死留名虎死留皮）

[應用]

占卜：此時已到卦極，已無發揮的餘地了变卦「水山蹇」之意。

象曰：**其羽可用為儀吉，不可亂也。**

漸進愈高而不為无用，其志卓然，豈可得而亂哉。

[哲理]

即人在世上不可糊塗過一生。

54☳☱　雷澤歸妹　（歸寧之象）

歸妹①，征凶，无攸利。

婦人謂曰歸。妹，少女也。兌以少女而從震之長男，而其情又為以說而動，皆非正也。故卦為歸妹。而卦之諸爻，自二至五，皆不得正，三五又皆以柔乘剛，故其占征凶而无所利也。

[註釋]

①歸妹：卦名。象徵出嫁少女。

[哲理]

嫁女兒或嫁妹無利可圖。

象曰：**歸妹，天地之大義也。天地不交①而萬物不興，歸妹，人之終始也。**釋卦名義也。歸者，女之終。生育者，人之始。**說以動②，所歸妹也**，說音悅，又以卦德言之。**征凶，位不當③也，无攸利，柔乘剛也。**又以卦體釋卦辭。男女之交，本皆正理，唯若此卦，則不得其正也。

[註釋]

①天地不交：陰陽不交萬物不能生。

②說以動：不可亂嫁。

③位不當：九二、六五不當位。

[哲理]

嫁女兒是合乎天理之事，若陰陽不交則萬物不生，嫁人是做人的跟本，但不可亂嫁，長久會見凶，因九二、六五爻為不當位又六五爻乘剛，無利可圖。

象曰：澤上在雷，歸妹。君子以永終知敝①。

雷動澤隨，歸妹之象。君子觀其合之不正，知其終之有敝也，推之事物，莫不皆然。

[註釋]

①永終知敝：必具備先知先覺的能力。

[哲理]

嫁女兒君子要知天命，必須具備先知先覺的能力。

初九；歸妹以娣①，跛能履②，征吉。

娣音弟，跛，波我反。初九居下而无正應，故為娣象。然陽剛在女子為賢正之德，但為娣之賤，僅能承助其君而已，故又為跛能履之象。而其占則征吉也。

[註釋]

①歸妹以娣：少女出嫁為側室（偏房）。娣，音弟？妾意。

②跛能履：女人跛腳嫁人為妾。

[哲理]

女人跛腳嫁人為妾，這種現象沒有關係守正則吉。

[應用]

占卜：此時生活困難，不可冒然前進，要堅守正道，才能如意。變卦「雷水解」。

象曰：歸妹以娣，以恒①也，跛能履吉，相承也②

恆，謂有常久之德。

[註釋]

①以恒：持恒。

②相承：相互承讓。

[哲理]

女人跛腳嫁人為妾持恒能吉，互相承讓。

[應用]

占卜：此時環境悪劣，但可勉強前進，要腳踏實地去做，變卦「雷水解」。

九二：眇能視①，利幽人之貞②。

眇能視，承上爻而言，九二陽剛得中，女人之賢也。上有正應，而反險柔不正，乃女賢而配不良，不能大成內助之功。故為眇能視之象。而其占則利幽人之貞也。幽人，亦抱道守正而不偶者也。

[注釋]

①眇能視：視力不佳，但還能見。

②利幽人之貞：祇有樸實為人才能持恒。

[哲理]

視力不佳但還能看見，這種情況要樸實，腳踏實地做人。

[應用]

占卜：此時環境悪劣，但可勉強前進，要腳踏實地去做。變卦「震為雷」。

象日：利幽人之貞，未變常也。

[哲理]

樸實的做人，持恒有利才不會失去本質。

六三：歸妹以須①，反歸以娣②。

六三陰柔而不中正，又為說之主。女之不正，人莫之取者也，故為未得所通，而反歸為娣之家。或日，須女之賤者。

[註釋]

①須：鬚解體面。

②反歸以娣：反求嫁人為妾室。

[哲理]

嫁人為妾不用太體面。

[應用]

占卜：此時要守成不可太舖張。變卦「雷天大壯」之意。

象日：歸妹以須，未當也。

九四：歸妹愆期①，遲歸有時②。

九四以陽居上體而无正應，賢女不輕從，而愆期以待所歸之象。正與六三相反。

[註釋]

①愆期：嫁人年齡耽延時機。

②遲歸有時：遲遲未嫁是人家挑妳而不是妳挑人家。

[哲理]

嫁[人年齡若耽延時機是人家在挑妳，不是妳在挑人家。

[應用]

占卜：此時已無機緣，無發展的時候，只好等待機會，變卦「地澤臨」之意。

象日：愆期之志，有待而行也①。

[註釋]

①行也：嫁也。

六五：帝乙①歸妹，其君之袂②，不如其娣之袂良，月幾望③，吉。

袂，彌計反。六五柔中居尊，下應九二，尚德而不貴飾，故為帝女不嫁而服不盛之象。然女德之盛，无以加此，故又為月幾望之象。而占者如之則吉也。

[註釋]

①帝乙：紂王之文。

②其君之袂：袂、娶妻之場面。音妹？意即君王娶妻的場面。

③月幾望：月接近盛滿而不過盈，以喻六五德位雖盛而不驕盈。另意：祇要能發展婦道。

[哲理]

帝乙（紂王之父）女兒出嫁（嫁給文王）其出嫁之儀式，不如紂王娶妲己來得風光，但只要能守婦道還是吉利。

[應用]

占卜：此時會損財，但要持正道才能解決問題。

變卦「兌為澤」之意。

象曰：帝乙歸妹，不如其娣之袂良也，其位在中，以貴行也①。以其中德之貴而行，故不尚飾。

[註釋]

①以貴行：以尊貴而能施行謙儉之道。

[哲理]

誰能發揮美好的婦德就是尊貴的。

上六：女承筐无實①，士刲羊无血②，无攸利。

刲，苦圭反。上六以陰柔居歸妹之終而无應。約婚而不終者也。故其象如此，而於占為无所利也。

[註釋]

①女承筐无實：歸寧拿空筐回娘家。

②士刲羊无血：如一個人殺羊無血（比喻嫁這種老公無利）。

[哲理]

歸寧回去拿空筐回娘家，就如殺羊後沒見到血一樣，嫁後很不適合的婚姻。

[應用]

占卜：此時已無發展餘地，一切停止才能避免太大損失。變卦「火澤睽」意。

象曰：上六无實，承虛筐也。

[哲理]

回娘家沒有帶東西如同帶空藍子。

55☳☲ 雷火豐 （盈虛之象）

豐①，享。王假之②，享。王假勿憂，宜日中③。

假，更白反。豐，大也。以明而動，盛大之勢也。故其占有亨道焉，然王者至此，盛極當衰，則又有憂道焉，聖人以為徒憂无益，但能守常，不至於過感則可矣。故戒以勿憂宜日中也。

[註釋]

①豐：卦名。美麗的太陽。又存「豐盛」之意。

②王假之：假，音革？，至也。有德的君王能至於此。

③宜日中：如日正當中，普照大地。

[哲理]

豐指美麗的太陽，能暢通，王要重用你，不要担憂，如日當中，普照天下要好好去發揮。

象日：豐，大也。明以動①，故豐，以卦德釋卦名義。**王假之，尚大②也，勿憂宜日中，宜照天下也。**釋卦辭。**日中則昃③，月盈則食④，天地盈虛，與時消息，而況於人乎，況於鬼神乎。**此又發明卦辭外意，言不可過中也。

[註釋]

①明以動：明察事理而後動。

②尚大：崇尚弘大。

③日中則昃：太陽居於中天必將西斜。

④月盈則食：月亮滿盈必將虧蝕。

[哲理]

在日正當中以後，太陽就要西下了，天地的盈虛是跟著季節變化，何況人呢？又何況是四度空間看不到的鬼神。

象日：雷電皆至，豐，君了以折獄①致刑②

折之舌反。取其威照並行之象。

[註釋]

①折獄：決斷訟獄。

②致刑：動用刑罰。

[哲理]

雷電皆至謂主豐，君子為了名譽那怕是有勞役之災。

初九：遇其配主①。雖旬②勿咎，往有尚③。

配主，謂四。旬，均也。謂皆陽也。當豐之時，明動相資，故初九之遇九四，雖皆陽剛，而其占者如此也。

[註釋]

①配主：相匹配之主，指九四為配主，九四稱初九為夷主。

②雖旬：平衡之意。旬，均也。

③往有尚：這樣去做有利。

[哲理]

上司與部屬權利分配得當，這樣去做是有利的。

[應用]

占卜：此時處事要公平，能這樣才是有利的。變卦「雷山小過」。

象日：雖旬无咎，過旬①災也。戒占者不可求勝其配，亦爻辭外意。

[註釋]

①過句：分配不當。

[哲理]

分配得當就無災咎；分配不當就有災難。

六二：豐其蔀①，日中見斗②，往得疑疾③，有孚發若④，吉。

蔀，音部。六二居豐之時，為離之主，至明則也，而上應六五之柔暗，故為豐蔀見斗之象。蔀，障蔽也。大其障蔽也。故日中而昏也。往而從之，則昏暗之主，必反見疑，唯在積其誠意以感發之則吉。戒占者宜如是也。虛中，有孚之象。

[註釋]

①蔀：日蝕。音布

②日中見斗：斗，星座。日正當中卻顯現斗星。

③往得疑疾：在黑暗中行走，必遭到別人對你猜疑。

④有孚發若：以你的誠信待人，才能發揮你的志向。

[哲理]

美麗的太陽，在白天能看到日蝕(表示天氣很暗)。你在黑暗行事，必遭到人家對你猜疑，但只要以誠信待人就能發揮你的志向，這樣就能吉林。

[應用]

占卜：此時環境不佳，雖遭到人家猜疑，但只要以誠信待人，就能發揮你的志向，這樣就能吉利變卦「雷天大壯」。

象曰：有孚發若，信以發志①也。

[註釋]

①信以發志：以誠信感發在上的心志。

九三：豐其沛①，日中見沬②，折其右肱③无咎。

沬，昧同。莫佩反。折，食列反。沛，一作旆。謂旛幔也。其蔽甚於蔀矣。沬，小星也。三處明極而應上六，雖不可用，而非處也，故其象占如此。

[註釋]

①豐其沛：沛通「旆」音配？。由於戰爭的旗旌之多把太陽遮住。

②沬：小星星。

③折其右肱：折斷右手。

[哲理]

由於戰爭的旗旌之多把太陽遮住，在黑暗中你要小心行事，能謹慎就無災咎。

[應用]

占卜：此時行事如同在戰爭中的旗旌之多，把太陽遮住，小心謹慎行事就無災咎變卦「艮為山」之意。。

象曰：豐其蔀，不可大事也。折其右肱，終不可用也。

九四：豐其蔀，日中見斗，遇其夷主①，吉。

象與六二同。夷，等夷也。謂初九也，其占為當豐而遇暗主，下就同德則吉也。

[註釋]

①夷主：相對等之主，指初九。

[哲理]

暗訪中遇到主人。（在戰爭不可去做大事）

[應用]

占卜：此時環境如戰爭之亂，不可去做大事。變卦「地火明夷」。

象曰：豐其蔀，位不當也，日中見斗，幽不明也。遇其夷主，吉行①也。

[註釋]

①吉行：吉之行也。

[哲理]：在黑暗中遇到賞識自己的君王一定要跟他（遇貴人）是吉利的。

六五①：來章，有慶譽②，吉。

質雖柔暗，若能來致天下之明，則有慶譽而吉矣。蓋因其柔暗而設此以開之。占者能如是，則如其占矣。

[註釋]

①來章：得到好的助益。

②有慶譽：有好的事情発生。

[哲理]

當得到好的助益，有好的事情將要發生，是吉利的。

[應用]

占卜：此時會得到幫助，有好的事情將要發生，是吉利的現象变卦「澤文革」

象日：六五之吉，有慶也。

上六：豐其屋①，蔀其家②，闚③其戶，闃其尤人④，三歲不覿⑤，凶。

闃，苦鶪（鳥名）反。以陰柔居豐極，處動終明極而反暗者也。故為豐大其屋而反以自蔽之象。无人，不覿，亦言障蔽之深，其凶甚矣。

[註釋]

①豐其屋：即高宅深屋。

②蔀其家：障蔽遮掩了居室。

③闚：音義同窺，窺視也。

④闃其尤人：闃音去？，靜也。寂靜無人。

⑤三歲不覿：音笛？，見也興也，三年不見露面。（不興旺）

[哲理]

房屋很大，但很黑暗，進去探望看不見人煙，這大戶已經衰微，有三年不興旺（還敗三年）。

[應用]

占卜：此時已到了卦極無發揮餘地，如人探望大戶人家不見人煙，有三年不興旺凶的現象，變卦「離為火」。

象日：豐其屋，天際翔①也，闚其戶，闃其无人，自藏②也。藏，謂障蔽。

[註釋]

①天際翔：是說小人高傲自大，如翱翔天際。

②自藏：自我閉藏。

[哲理]

房子很寬濶但人丁不旺。

56☲☶　火山旅　（流浪之象）

旅①。小亨②，旅貞吉③。以卦體卦德卦辭。大。

旅，羇旅也，山止於下，火炎於上，為去其所止而不處之象。故為旅。以六五得中於外，而順乎上下之二陽，艮止而離麗於明，故其占可以小亨，而能守其旅之貞則吉，旅非常居，若可苟者，然道无不在，故自有其正，不可須庾離也。

[註釋]

①旅：卦名；象徵行旅。

②小亨：稍有亨通；由小的做起。

③旅貞吉：能守旅道之正則吉。

[哲理]

出外創業要從小的做起，持恒則吉。

象日：旅小亨，柔得中乎外而順乎剛①止而麗乎明②，是以小亨，旅貞吉也。以卦體卦德釋卦辭。**旅之時義大矣哉。**旅之時為難處。

[註釋]

①柔得中乎外而順乎剛：指六五爻以陰柔居外卦之中。

②止而麗乎明：止於明麗。

[哲理]

兩卦中爻皆陰為陽剛，出外的人隱定。

象日：山上有火，旅，君子以明慎①用刑而不留獄。

慎刑如山，不留如火

[註釋]

①明慎：明察審慎

[哲理]

君子在這不隱中明察秋毫，而不造成冤獄

初六：旅瑣瑣①，斯其所取災②。當旅之時。以陰柔居下位，故其象占如此。

[註釋]

①旅瑣瑣：要旅遊常牽腸刮肚

②斯其所取災：這是他自取的災禍。

[哲理]

要旅遊常牽腸刮肚，不放心好像有什麼事要發生。意即不能成大事。

[應用]

占卜：此時不順有災難發生，變卦「離為火」。

象曰：旅瑣瑣。志窮災也。

六二：旅即次①，懷其資得童僕貞②。

即次則安，懷資則裕，得其童僕之貞信。則无欺而有賴，旅之最吉者也，二有柔順中正之德故其象占如此。

[註釋]

①旅即次：旅行之時止宿於客舍。

②懷其資童僕貞：得到好的服務。

[哲理]

出外旅遊能從你的口袋拿出一點小費給童僕，必能享受最好的服務。

[應用]

占卜：此時不可太小氣，如同在旅遊時要給人小費，才能得到好的服務，變卦「火風鼎」之意。

象曰：得童僕貞，終无尤也。

九三：旅焚其次，喪①其童僕，貞厲②。

喪，息浪反象同。遇剛不中，居下之上，故其象占如此，喪其童僕則不止於失其心矣。故貞字連下句為義。

[註釋]

①喪：失掉。

②貞厲：很痛苦。

[哲理]

旅社火燒凶，必失去服務員的服務，比喻旅途遇不如意之事。

[應用]

占卜：此時不利有凶，如同旅遊住旅社遇火燒，這是很痛苦的事，變卦「火地晉」。

象曰：旅焚其次，亦以傷矣①，以旅與下②其義喪也。

以旅之時，而與下之道如此，義當喪也。

[註釋]

①亦以傷矣：傷害很大。

②以旅與下：在旅途中，處在不好的環境中。

[哲理]

在旅館發生火災會傷害很大，在旅途中處在不好的環境中必有損失。

九四：旅于處①，得其資斧②，我心不快③。

以陽居陰，處上之下，用柔能下，故其象占如此，然非其正位，又上无剛陽之與，下雅陰柔之應，故其心有所不快也。

[註釋]

①旅于處：旅遊之時，雖得居處。

②斧：生財器具。得其資斧：得到了資財

③我心不快：我的心情會更加謹慎。

[哲理]

又繼續你的旅途中，在以前你所失去的全部會賺回來，以後我的心情會更加謹慎。

[應用]

占卜：此時有比，會受到幫助，但本身無能力處事要小心，才不會失敗。變卦「艮為山」之意。

象曰：旅于處。未得位也，得其資斧，心未快也。

六五：射雉一矢亡①，終以譽命②。

射，右亦反。雉，文明之物，離之象也。六五柔順文明，又得中道，為離之主，故得此爻者，為射雉之象。雖不无亡矢之費，而所喪不多，終有譽命也。

[註釋]

①一矢亡：一箭就射中而亡。

②終以譽命：完成使命。

[哲理]

一隻箭就射中　飛行中雉雞，來完成使命。(意指時機已到，可以做你需要做的事，以達到目的)。

[應用]

占卜：此時機會已到，可以達成你的願望。變卦雖為「天山遯」，因臨尊位又有比。

象日：終以譽名，上逮①也

上逮，言其譽命聞於上也。

[註釋]

①上逮：指六五爻不當位以文明中正之道親比上、下爻。

[哲理]

上爻為陽爻不當位，要多加注意，才能達到上面的程度。(六五爻不當位與上九爻有比)。

上九：鳥焚其巢①，旅人先笑後號咷，喪牛于易②，凶。

喪，易，並去聲。上九過剛處旅之上，離之極，驕而不順，凶之道也，故其象占如此。

[註釋]

①鳥焚其巢：鳥巢被火燒掉。

②喪牛于易：如同牽一條牛棄於他方而失去牛。

[哲理]

在旅途中之人把資金花掉，首先快樂其悲在後，就如同鳥巢被火燒掉；又如同牽一條牛棄於他方而失去牛。

[應用]

占卜：此時臨卦極不可冒然前進，會有損失如鳥巢被火燒掉了損失殘重。

象日：以旅在上①，其義焚②也，喪牛于易，終莫之聞③也。

[註釋]

①以旅在上：旅行之人而高居上位。

②其義焚：義，宜也。謂遭焚巢之事，也是必然的。

③終莫之聞：終將無人聞問。

[哲理]

一個旅者把做生意的資金花掉，如同鳥把巢燒掉一樣。

57☴☴ 巽為風 （忍命之象）

巽①，小亨②，利有攸往，利見大人③。

巽，入也。一陰伏於二陽之下，其性能巽以入也。其象為風，亦取入義，陰為主故其占為小亨。以陰從陽，故又利有攸往，然必知所從，乃得其正，故又日利見大人也。

[註釋]

①巽：卦名。為巽順，順從之意。

②小亨：做小事可通。

③利見大人：宜見大德之人或可計劃做大事。

[哲理]

巽，做小事可通，可以去求發展，計劃去做大事。

象日：重巽以申命①

繹卦義也。順而入，必究乎下，命令之象，重巽，故為申命也。

剛巽乎中正而志行②，柔皆順乎剛③，是以小亨。利有攸往，利見大人。

以卦體釋卦辭，剛巽乎中正而志行，指九五，柔謂初六。

[註釋]

①重巽以申命：申，反復叮嚀之義。上不順從反

復曉論命令。重巽，巽卦上下卦皆為巽。

②剛巽乎中正而志行：指九五陽剛而順乎中正之道，是以志向能施行天下。

③柔皆順乎剛：在下陰柔都能順從陽剛，本卦初六、六四皆處陽剛之下。

[哲理]

君子依時代的變遷來傳達使命，以後還要完成它。

象曰：隨風①，巽。君子以申命行事②。隨，相繼之義。

[註釋]

①隨風：風接連相隨而吹。

②申命行事：傳達使命以完成之。

[哲理]

君子傳達使命以完成之。

初六：進退①，利武人之貞②。

初以陰居下，為巽之主，卑順之過，故為進退不果之象。若以武人之貞處之，則有以濟其所不及而得所宜矣。

[註釋]

①進退：進退猶疑之狀。

②武人之貞：武夫一般的勇氣。

[哲理]

剛開始去做，只要具備有勇氣，持恒去做就可以。

[應用]

占卜：此時剛開始只要具備有勇氣、持恒就可以去做，變卦「風天小畜」之意。

象曰：進退志疑①也，利武人之貞，志治②也。

[註釋]

①志疑：產生懷疑。

②志治：治，脩立。即能樹立、堅強自己的心志。

[哲理]

在進退之間產生懷疑，只要具備武夫般的勇氣，就能完成志願。

九二：巽在床下①，用史巫紛若②，吉，无咎。

二以陽處陰而居下，有不安之意，然當巽之時，不厭其卑，而二又居中，不至已甚，故其占為能過於巽，而丁寧煩悉其辭以自道達。則可以吉而无咎。亦竭誠意以祭祀之吉占也。

[註釋]

①巽在床下：人在台下成屈卑的樣子。

②史巫紛若：史巫，主持祭拜之人。紛若，就像之意。

[哲理]

你要像主持祭拜之人那樣的勤快辦事就無災咎。

[應用]

占卜：此時要具備資格再加上勤快辦事就無災咎。卦變「風山漸」。

象日：紛若之吉，得中也。

九三：頻巽①，吝

過剛不中，居下之上，非能巽者。勉為屢失，吝之道也。故其象占如此。

[註釋]

①頻巽：勤於點頭（把自己擺低姿態）。

[哲理]

占卜：此時無能力，要停止動作，变卦「風水渙」之意。

鞠躬作腰，專為拍馬屁的行為，是沒有志氣的人，終會窮吝現象。

象日：頻巽之吝，志窮①也

[註釋]

①志窮：心志困窮。

[哲理]

勤於點頭的行為，這種人較無志氣。

六四：悔亡①，田獲三品②。

陰柔无應，承乘皆剛，宜有悔也，而以陰居陰，處上之下，故得悔亡，而又為卜田之吉占也三品者，

一為乾豆，一為賓客，一為充庖，

[註釋]

①悔亡：在無錯誤之下。

②田獲三品：如畋臘所獲甚多。《本義》乾豆、賓客、充庖。

[哲理]

正是時候，同時可以獲得三種利益，是不會發生錯誤的，這也是努力的成果。

[應用]

占卜：時機已到，可嘗努力的成果。變卦「天風姤」。

象日：田獲三品，有功也。

九五：貞吉，悔亡，无不利，无初有終①，先庚三日，後庚三日②，吉。

先，西薦反。後，胡豆反。九五綱健中正，而居巽体，故有悔，以存貞而吉也。故得亡其悔而无不利，有悔是无初也。亡之，是有終也。庚，更也，事之變也。先庚三日，丁也，後庚三日，癸也。丁所以丁寧於其变之前，癸，所以揆度於其變之後。有所變更而得此占者，如是則吉也。

[註釋]

①无初有終：做事有始有終。

②先庚三日後庚三日：事前思考，事往檢討，要認真去做才會有結果。

[哲理]

作任何事剛開始就不必問結果，在事前要有詳細的計劃，在事從又要確實就其所作所為檢討、反省，這樣就不會發生錯誤，無不利。

[應用]

占卜：此時行事要先作計劃，事後要作檢討，就不會有錯，臨尊位又當位，可惜变卦「山風蠱」所以須先計劃後檢討之警惕作用。

象日：九五之吉，位正中也。

上九：巽在床下喪其，資斧①，貞凶。

喪，息浪反。下同。巽在牀下，過於巽者也，喪其資斧，失所以斷也。如是，則雖貞亦凶矣。居巽之極，失其陽剛之德，故其象占如此。

[註釋]

①喪其資斧：喪失了資財。

[哲理]

勉強屈就在人家的旗幟下做事，還要失去很多錢，持恒見凶。即巴結的不得要領，賠了夫人又折兵。

[應用]

占卜：此時不當位又臨卦極，已無發展餘地，要停止否則會失敗。

象曰：巽在床下，上窮①也，喪其資斧，正乎凶也。

正乎凶，言必凶。

[註釋]

①上窮：居上而窮極。

[哲理]

此時到了最後一爻，已無發展餘地，若再巴結他人必會失資，這不是好的現象。

58☱☱　兌為澤　（喜悅之象）

兌①，亨，利貞

兌，說也。一陰進乎二陽之上，喜之見乎外也。其象為澤。取其說萬物又取坎水而塞其下流之象。卦體剛中而柔外，剛中故說而亨，柔外故利於貞。蓋說有亨道，而其妄說不可以不戒。故其占如此，又柔外故為說亨，剛中故利於貞，亦一義也。

[註釋]

①兌：卦名。喜悅。

[哲理]

喜悅的現象是大自然所喜歡，受益能持恒則吉。

象曰：兌，說也。說音悅。下同。釋卦名義。**剛中而柔外①說以②利貞，是以順天而應人，說以先民③，民忘其勞④，說以犯難⑤，民忘其死⑥，說之大⑦，**

民勸矣哉⑧。先，西薦反。又如字，難，乃旦反。以卦體釋卦辭，而極言是。

[註釋]

①剛中而柔外：指九二、九五陽剛居中，而六三上六陰柔居外。剛中象徵內在的誠實，柔外象徵接物的和柔。

②說以：喜悅。

③先民：引導人民。

④民忘其勞：人民去做事而忘勞苦。

⑤犯難：為何要人民赴難。

⑥民忘其死：置死度外。

⑦大：指意義的深遠重大。

⑧民勸矣哉：用人民的例子來解說。

[哲理]實要人民前去開發工作，一定要先讓人民知道真，那人民喜悅的去工作，而忘了勞苦，既是要人民去冒險，也要讓人民知道，就是犧牲生命，亦很樂意去做。

象曰：麗澤①，兌，君子以朋友講習②

兩澤相麗，互相滋益，朋友講習，其象如此。

[註釋]

①麗澤：兩澤相附，交相浸潤滋益。

②朋友講習：與朋友相互討論學習。

初九：和兌①吉。以陽爻居說，體而處最下，又无係應，故其象占如此。

[註釋]

①和兌：以平和喜悅之心待人。

[哲理]

祥和喜悅，做任何事都不要懷疑，這樣是好的。

[應用]

占卜：此時做事要存着喜悅、不懷疑的心情去面對，這樣是好的現象。

象曰：和悅之吉。行未疑①也。

居卦之初，其說也正，未有所疑也。

[註釋]

①行未疑：行為端正不為他人所懷疑。

九二：孚兌①，吉，悔亡。

剛中有孚，居陰為悔，占者以孚而說則吉而悔亡矣。

[註釋]

①孚兌：以誠信喜悅之心待人。

[哲理]

以誠信待人吉，就不會發生錯誤。

[應用]

占卜：此時行事誠信待人，就不會發生錯誤。本身不當位有比，雖然本身無能力，但有貴人相助這是變卦「澤雷隨」之意

象曰：孚兌之吉。信志①也

[註釋]

①信志：以誠信去發展志向。

六三：來兌①凶。除柔不中正，為兌之主，上无所，而反來就二陽以求說，凶之道也。

[註釋]

①來兌：前來求悅於人。意即不得體的喜悅。

[哲理]

不得體的喜悅見凶

[應用]

占卜：此時工作很苦，本身無能力要幫助九二又要奉承九四，像這樣不得體的事悅有凶之現象。變卦「澤天夬」之戒也。

象日：來兌之凶，位不當也。

九四：商兌①未寧②，介疾③有喜。

四上承九五之中正，而下比六三之柔邪，故不能決而商度所說，未能有定，然質本陽剛，故能介然守正，而疾惡柔邪也，如此則有喜矣。象占如此，為戒深矣。

[註釋]

①商兌：取決未定。

②未寧：未能平靜。

③介疾：介，隔絕。隔絕一切邪佞的疾患。

[哲理]

做事拿不定主意，只要知道問題在那裡，針對問題來解決。是對的，是可喜的。

[應用]

占卜：此時有困難，但要深思問題之所在，本身有能力但無貴人幫助，惟靠自己解決問題，雖然辛苦，但有收獲。變卦「水澤節」之意也。

象曰：九四之喜。有慶也

九五：孚于剝①有厲。

剝，謂陰能剝陽者也。九五陽剛中正，然當說之時。而居尊位，密近上六，上六陰柔為說之主，虛說之極，能妄說以剝陽者也，故其占但戒以信于上六，則有危矣。

[註釋]

①孚于剝：信任消剝陽剛的陰邪小人。

[哲理]

由於與小人為伍誠信受到損害，會很危險的。

[應用]

占卜：此時雖居尊位，但無應惟靠小人上六的幫助，是很危險的。變卦「雷澤歸妹」之戒也。

象日：孚于剝，位正當。與履九五同。

上六：引兌①。

上六成就之主，以陰居說之極。引下二陽相與為說，而不能必其從也，故九五當戒，而此爻不言其吉凶。

[註釋]

①引兌：裝飾自己讓別人喜悅。

[哲理]

裝飾自己使別人感到滿意，這種不值得來發揚，是出於不正常的作法。

[應用]

占卜：此時雖當位但臨卦極，又乘九五、九四二陽剛付出極多，已無發展餘地。變卦「天澤履」之意。

象日：上六引兌，未光也。

59☴☵ 風水渙（散發之象）

渙①亨，王假有廟②，利涉大川，利貞。

渙，呼亂反。假庚白反。渙散也，為卦下坎上巽，風行水上，離披解散之象。故為渙，其變則本自漸卦，九來居二而得中，六往居三得九之位。而上同於四，故其占可亨。又以祖考之精神旣散，故王者當至於廟以聚之。又以巽木坎水，舟楫之象，故利涉大川，其日利貞，則占者之深戒也。

[註釋]

①渙：卦名。渙散之意。

②王假有廟：王者能收合人心，乃至於能建立宗廟。

[哲理]

渙，散發之象。能通，王重用你去做祭拜之事，有這種能力必要去做事，持恒受益。

象日：渙，亨，剛來而不窮①，柔得位乎外而上同②，上如字又時掌反。以卦變釋卦辭。**王假有廟，王乃在中③也，**中。謂廟中。**利涉大川，乘木④有功也。**

[註釋]

①剛來而不窮：剛指坎卦。指陽居九二，有濟險之才，不為坎險所窮。

②柔得位乎外而上同：柔指巽卦。指陰柔外往居六四之陰位，上承九五。四為近君之臣，上同即君臣同心，是以能拯濟渙散。

③王乃在中：中，內也。即因為王者能收合人心。

④乘木：乘船。本卦下坎為水，上巽為木，故有乘木舟以涉川之象。

象日：風行水上。渙，先王以享于帝立廟①。

皆所以合其散。

[註釋]

①享于帝立廟：享祀天帝，建立宗廟，藉以聚合人心。

[哲理]

船在水上行走就如先王要祭拜神帝，就必先建造大廟一樣能為衆生謀福。

初六：用拯馬壯①，吉。

居卦之初，渙之始也。始渙而拯之，為力旣易。又有壯馬，其吉可知，初六非有濟渙之才，但能順乎九二，故其象占如此。

[註釋]

①用拯馬壯：馬指九二。即用健壯之馬來拯濟。

[哲理]

在困難時，剛好有一匹強壯的馬來幫助你脫離困境是吉利的。意即在這裡得到有力的助益。

[應用]

占卜：此時雖本身無能力（不當位），但有比能得到助益，是吉利的變卦「風澤中孚」之意。

象日：初六之吉，順①也。

[註釋]

①順：順從九二剛中之才。

九二：渙奔其机①，悔亡。

机，音几。九而居二，宜有悔也。然當渙之時，來而不窮，能亡其悔者也。故其象占如此，蓋九奔而二机也。

[註釋]

①渙奔其机：机，几案。辛苦奔波時，你要坐下來休息。

[哲理]

在百忙之中也要停下來休息，才不會有錯誤發生。

[應用]

占卜：此時不當位有比，在百忙中要停下來思考，才不會有錯誤發生。變卦「風地觀」之戒也。

象曰：渙奔其机得願也。

六三：渙其躬①，无悔。

陰柔而不中正，有私於己之象也。然居得陽位，志在濟時，能散其私以得无悔，故其占如此，大率此上四此，皆因渙以濟渙者也。

[註釋]

①渙其躬：能渙散自身私利而附從上九。

[哲理]

能除去私心就不會有錯。

[應用]

占卜：此時本身無能力，又無比爻不能得到幫助，惟靠上九臨卦極又不常位幫助不大。變卦「巽為風」之戒。

象曰：渙其躬，志在外①也。

[註釋]

①志在外：指下卦的上爻。

六四：渙其羣①，元吉，渙有丘②，匪夷所思③。

居陰得正，上承九五，當濟渙之任者也。下无應與，為能散其明黨之象。占者如是，則大善而吉，又言能散其小羣以成大羣，使所散者，聚而若丘，則非常人思慮之所及也。

[注釋]

①渙其羣：去掉小圈圈。

②渙有丘：再把力量集中起來。

③匪夷所思：不可思議。

[哲理]

去掉小圈圈就是大吉，然後再把力量集中起來，發揮不可思議的力量。

[應用]

占卜：此時本身雖有能力，惟要先整頓內部是好的現象，才能把力量集中起來，否則後果不可思議。變卦「天水訟」之戒也。

象曰：渙其羣元吉，光大也。

[哲理]

去掉小圈圈就是大吉，這樣就可以發揚光大。

九五：渙汗①其大號②，渙王居③，无咎。

陽剛中正以居尊位，當渙之時，能散其號令，與其居積，則可以濟渙而无咎矣。故其象占如此，九五巽體，有號令之象。

汗，謂汗之出而不反也。渙王居，如陸贄所謂散小儲而成大儲之意。

[註釋]

①渙汗：汗流出來。

②大號：大令。

③渙王居：這樣就能近而為王。

[哲理]

命令如山能這樣就如流汗收不回來一樣，做到這樣就能做王的資格，沒有災咎。

[應用]

占卜：此時臨尊位又當位無比無應，得不到幫助，惟靠自己

堅決的意志才能无咎，變卦「山水蒙」之意也。

象日：王居无咎，正位①也。

[註釋]

①正位：指本爻為九五爻正位之意。

上九：渙其血①去逖出②，无咎。

去，起呂反，上九以陽居渙極，能出乎渙，故其象占如此，血，謂傷害，逖，當作惕，與小畜六四同，言渙其血則去，渙其惕則出也。

[註釋]

①渙其血：不要再看到有人被傷害。

②去逖出：遠離。

[哲理]

不要再看到有人被傷害，也就是要遠離敵害就無災害。

[應用]

占卜：此時無能力又臨卦極，已無發揮餘地，一切要停止下來才能無災害。

象曰：渙其血，遠害也。

[哲理]

不要再看到有人被傷害，就能遠離敵害。

60☵☱　水澤節　（守苦之象）

節①，亨，苦節不可貞②。

節，有限而止也。為卦下兌上坎。澤上有水，其容有限，故為節，節固自有亨道矣。又其體陰陽各半，而二五皆陽，故其占得亨。然至於太甚則苦矣，故又戒以不可守以為貞也。

[註釋]

①節：卦名。守也。

②苦節不可貞：苦節，苦守。即過度的節制不可為正道。

[哲理]

節制能通，但這種守苦節不能持久，否則沒有發展的餘地。

象曰：節亨，剛柔分而剛得中①，以卦釋卦。**苦節不可貞，其道窮也。**又以理言。**說以行險②，當位以節③，中正以通④。**說，音悅。又以卦德卦體言之，當位中正指五，又坎為通。**天地節而四時成⑤，節以制度⑥，不傷財，不害民⑦。**極言節道。

[註釋]

①剛柔分而剛得中：剛柔分，指上坎陽卦為剛，下兌陰卦為柔。剛得中，指九二與九五。

②兌以行險：本卦兌為悅，上坎為險。其意為能以喜悅共赴險難。

③當位以節：當位，指九五。即九五當尊位而有所節制。

④中正以通：居中守正而能通情達理。

⑤天地節而四時成：天地因為有一定的節制，所以能形成四時。此就以天道言。

⑥節以制度：聖人法天他的節制來建立典章制度。此就以人事言

⑦不傷財，不害民：不會勞民傷財。

[哲理]

就像大自然的規律一年依四季來節制萬物的生長，就如節制必須有制度就不會勞民傷財。

象日：澤上有水。節，君子以制數度謙①，議德行②。行下孟反。

[註釋]

①以制數度：制定法度。

②議德行：教化衆人不要做壞事。

[哲理]

君子教化衆人不要做壞事，必須節制，行節來管制衆人。

初九：不出戶庭①，无咎。

戶庭，戶外之庭也。陽剛得正，居節之初，未可以行，能節而止者也。故其象占如此。

[註釋]

①不出戶庭：戶庭，大門。即不要走出門檻。

[哲理]

不要走出門檻，指守正不動就無災咎。指一切依靜求安，要知命運。

[應用]

占卜：此時要守正，雖然本身有能力，但無比、無應，一切事要停止下來，以求安定。变卦「坎為水」之戒。

象日：不出戶庭，知通塞①也。塞悉則反。

[註釋]

① 知通塞：指要知道出去對你不利。

九二：不出門庭。凶。

門庭，門內之庭也。九二當可使之時，而失剛不正，上元應與，知節而不知通，故其象占如此。

[哲理]

不出門檻事情也會發出。指時機對你極不利。

[應用]

占卜：此時時機對你極不利。変卦「水雷屯」之戒。

象曰：不出門庭凶，失時極也①。

[註釋]

①失時極也：時勢對你極為不利。

[哲理]

要知道不出門事情也會發生，是時勢對你極為不利。

六三：不節若①，則嗟若②，无咎。

陰柔而不中正，以當節時，非能節者，故其象占如此。

[註釋]

①不節若：若，語助詞無意義。即不能節制。

②則嗟若：於是嘆息悔改。

[哲理]

不守苦飾，就會悲嘆不已，一切要忍辱為重，這種情形又能怪誰呢？

[應用]

占卜：此時本身無能力又無機緣，惟有守苦節以度時機（不當位、無比、無應）。変卦「水天需」待機之象。

象曰：不節之嗟，又誰咎也。

此无咎與諸爻異，言无所歸咎也。

[哲理]

你自己不知道守節，到時候發生災咎，那又是誰的錯。

六四：安節①，亨

柔順得正，上承九五，自然有節者也，故其象占如此。

[註釋]

①安節：安於節制

[哲理]

在安和的情況下守成就能通。

[應用]

占卜：此時當位、有比、有應，又能受九五尊位的提拔。又要在安和、完成的環境必能成功。变卦「兌爲澤」之意

象日：安節之亨，承上道也①。

[註釋]

①承上道：順承九五中正之道。

[哲理]

你自己不知道守節，到時候發生災咎，又是誰的錯。

九五：甘節①，吉，往有尚②。

所謂當位以節，中正以通者也。故其象占如此。

[註釋]

①甘節：守節有成。

②往有尚：做任何事均可去做。

[哲理]

時機已到，守節有成，想做什麼就可去做。

[應用]

占卜：此時當位又臨尊位，有比本身有能力守節有成可以再發揮。這是變卦「地澤臨」之意。

象日：甘節之吉，居位中①也。

[註釋]

①位中：指坎中爻，位居中正尊位。

上六：苦節①，貞凶②，悔亡③。

居節之極，故為苦節，旣處過極，故雖得正而不免於凶，然禮奢寧儉，故雖有悔而終得亡之也

[註釋]

①苦節：即過度節制。

②貞凶：固執不改則有凶險。

③悔亡：悔改則凶險消亡。

[哲理]

過度節制，常常這樣是凶的現象。這時候只有守正順天理行事，就不會有錯誤發生。

[應用]

占卜：此時臨卦極，無比、無應無發揮餘地了。惟有守正順天理行事，才不會有錯誤發生。变卦「風澤中孚」之意。

象曰：若節貞凶，其道窮也。

[哲理]

過度節制，常常這樣會見凶，只有守正順天而行事，沒有其它辦法。

61☴☱　風澤中孚　（誠信之象）

中孚①，豚魚②吉。利涉大川，利貞。

孚，信也。為卦二陰在內，四陽在外，而二五之陽，皆得其中，以一卦言之為中虛，以二體言之為中實，皆孚信之象也。又下說以應上，上巽以順下，亦為孚義。豚魚无知之物，又木在澤上，外實而內虛，皆舟楫之象。至信可感豚魚，涉險難而不可以失其貞，故占者能致豚魚之應，則吉而利涉大川，又必利於貞也。

[註釋]

①中孚：卦名，象徵內在的誠信。

②豚魚：豚，豬肉。魚，魚肉，意即祭品。

[哲理]

以豬肉、魚肉來作祭品表示有誠心則吉，這樣的人就可以去做大事，持恒受益。

彖曰：中孚，柔在內而剛得中①，兌而巽②，孚乃化邦③也。說。音悅。以卦體卦德釋卦名義，**豚魚吉，信及④豚魚也，利涉大川，乘木舟虛**以卦象言⑤**也，中孚以利貞，乃應乎天⑥也**。信而正，則應乎天矣。

[註釋]

①柔在內而剛得中：指六三、六四陰爻居全卦之中，柔在內也。九二、九五陽爻居上下卦之中，剛得中也。

②兌而巽：本卦上巽下兌，象徵在上者謙遜，在下者悅服。

③孚乃化邦：感化天下。

④信及：為人要誠信。

⑤乘木身虛：有如乘空虛的木舟般，借喻涉險的順利。

⑥應乎天：應合天道。即順天行事。

[哲理]

有誠信的人就能感化天下，祭拜的牲禮，那樣的誠信，就如同乘木舟那樣的小心，內心有誠心是順天而行事，就能持恒受益。

象日：澤上有風，中孚，君子以謙獄緩死①。

風感水受，中孚之象。議獄緩死，中孚之意。

[註釋]

① 謙獄緩死：明察秋毫，不可造成寃獄害人以死。

[哲理]

君子要能明察秋毫，不可造成寃獄害人以死。

初九：虞①吉，有他不燕②。

他，湯何反。當中孚之初，上應六四，能度其可信而信之則吉，復有他焉。則失其所以度之之正，而不得其所安矣。戒占者之辭也。

[註釋]

①虞：做任何事要詳加考慮。

②有他不燕：有他，要相信他。不燕，不要分心。

[哲理]

做任何事，要詳加考慮則吉。要相信他不可有二心。即用人不疑，疑人不用。

[應用]

占卜；此時有能力且有机緣，惟做事要祥加考慮後要確實去執行，不可二心，否則失敗。变卦「風水渙」之戒。

象日：初九虞吉，志未變也。

九二：鳴鶴在陰①，其子和之②，我有好爵③，吾與

爾靡之④。

和，胡卧反。靡，亡池反。九二中孚之實，而九五亦以中孚之實應之。故有鶴鳴子和，我爵爾靡之象。鶴在陰謂九居二，好爵，謂得中，靡與縻同。言懿德人之所好。做好爵我之所獨有，而彼亦係戀之也。

[註釋]

①陰：指晚上。

②和：應和。

③爵：指酒杯。此處借代為酒。

④靡：共享。

[哲理]

在晚上這隻鶴（指九二）在叫，他的兒子（指九五）應之。我有好酒願與你共享。即當你有困難時，你要請求別人幫忙，那麼平常就要對人有度量。

[應用]

占卜：此時雖居中位，但不當位、無應但有比，靠六三的幫助，平常要與人建立好關係，有困難時才能得到別人的幫助。

象曰：其子和之，中心①願也。

[註釋]

①中心：內心。

六三：得敵①，或鼓或罷②，或泣③或歌④。

敵，謂上九，信之窮者，六三陰柔不中正，以居說極而與之為應，故不能自主，而其象如此。

[註釋]

①得敵：敵人當前。

②或鼓或罷：或繫鼓而前進，或疲困而敗退。

③或泣：比喻戰爭。

④或歌：比喻算了。

[哲理]

戰爭了會哭，算了不要戰爭就能太平。

[應用]

占卜：此時不當位，無比，有應，本身無能力又乘剛惟靠卦極上九幫助無力，一切要停止。

象曰：或鼓或罷，位不當也。

六四：月幾望①，馬匹亡②，无咎。

幾音機。望，无方反。六四居陰得正，位近於君，為月幾望之象。馬匹，謂初與巳為匹，四乃絕之，而上以信於五，故指馬匹亡之象。占者如是則无咎也。

[註釋]

①月幾望：月亮很圓、很光輝。指月圓。

②馬匹亡：馬死了。

[哲理]

月亮很圓、很光輝，在陰極盛的晚上，你所騎的馬匹死了，而你本人無災咎。另意，要是這時候強出頭會有不利，但只要謹慎守正就無災咎。

[應用]

占卜：此時時機不佳，處事要謹慎小心，三思而行就無災咎。

象曰：馬匹亡，絕類上①也

[註釋]

①絕類上：斷絕匹配。

[哲理]

犧牲馬匹，上指九五爻有人會承當，又要向上爻學習。

九五：有孚攣音練如①，无咎。

攣，力圓反。九五剛健中正，中孚之實，而居尊位，為孚之主者也，下應九二，與之同德，故其象占如此。

[註釋]

① 有孚攣如：攣音練。繫也。親切待人處事。

[哲理]

能以誠信又親切的待人處事，這樣就無災咎。

[應用]

占卜：此時雖臨尊當位，但無应無比，靠本身力量，惟有誠信待人，這樣就無災咎。變卦「山澤損」

之戒。

象日：有孚攣如，位正當也。

上九：翰音①登于天②，貞凶。

居信之極而不知變，雖得其貞，亦凶道也。故其象占如此，雞日翰音，乃巽之象也。居巽之極，為登于天，雞非登天之物而欲登天，信非所信而不知變，亦猶是也。

[註釋]

①翰音：早上黎明之聲。即雞叫之聲，《本義》雞日翰音

②登于天：承上所談，雞想登天。

[哲理]

公雞宏亮的叫聲，想要登上天空，常這樣會見凶。意即不要好高騖遠，想一步登天見凶。

[應用]

占卜：此時臨卦極已無發揮餘地，又想一步登天會見凶。變卦「水澤節」之戒。

象日：翰音登于天，何可長①也。

[註釋]

①何見長：不可長久。

[哲理]

雞想一步登天，不可長久。

62☳☶　雷山小過　（小越之象）

小過①，利貞，可小事，不可大事，飛鳥遺之音②，不宜上，宜下③大吉。

小謂陰也，為卦四陰在外，二陽在內，陰多於陽，小者過也，既過於陽，可以亨矣。然必利於守身，則又不可以不戒也。卦之二五，皆以柔而得中。故可小事，三四皆以剛失位而不中，故不可大事，卦體內實外虛，如鳥之飛，其聲下而不上，故能致飛鳥遺音之應，則宜下而大吉，亦不可大事之類也。

[註釋]

①小過：卦名。可小事。

②飛鳥遺之音：小島所能發揮之能力不會太大。

③不宜上宜下：不宜高亢虛浮，宜守卑順理。

[哲理]

你是一隻小鳥祇可做小事，不可做大事，因為能力有限。即做小事吉，不宜做大事。

彖曰：小過，小者過而亨①也。以卦體釋卦名義與其辭，**過以利貞，與時行也②，柔得中③，是以小事吉也。**以二五言，**剛失位而不中，是以不可大事也。**以三四言。**有飛鳥④之象焉。飛鳥遺之音，不宜上宜下，大吉。上逆而下順⑤也。**以卦體言。

[註釋]

①小者過而亨：做小事就能通。

②過以利貞，與時行也：照樣能持恒，看時事而行。

③柔得中：兩個小城卦均為陰爻（中爻）。

④飛鳥：小鳥。

⑤上逆而下順：如果你想好高騖遠。

[哲理]

做小事就能通，通了要持恒受益，並要看時事而行。

象曰：山上有雷，小過，君子以行過乎恭，喪過乎哀①，用過乎儉②。山上有雷，其聲小過，三者之過，皆小者之過，可過於小而不可過於大，可以小過不可以甚過，彖所謂可小事而宜下者也。

[註釋]

①喪過乎哀：看到別人有損失時，要有側隱之心。

②用過乎儉：用要節儉。

[哲理]

君子平常的行為，對待人總是恭敬，看到別人有損失之時，要有側隱之心，而在花費時，一定要節儉。

初六：飛鳥以凶。

初六陰柔上應九四，又居過時，上而不下者也，飛鳥遺音，不宜上宜下，故其象占如此，郭璞洞林，占得此者，或致羽蟲之孽。

[註釋]

①飛鳥以凶：小鳥向上高飛，必致凶險。

[哲理]

小鳥想逞強必見凶，不可認為不會怎樣。

[應用]

占卜：此時如同小鳥，不可逞強否則見凶。

象曰：飛鳥以凶，不可如何也①。

[註釋]

①不可如何：不可認為不會怎樣。

六二：過其祖，遇其妣①不及其君，遇其臣②，无咎。

六二柔順中正，進則過三四而遇六五，是過陽而反遇陰也。如此則不及六五而自得其分，是不及君而適遇其臣也，皆過而不過守正得中之意，无咎之道也，故其象占如此。

[註釋]

① 過其祖，遇其妣：要看他祖分，要先看他祖父。

②不及其君，遇其臣：如要遇君要先遇他的臣。

[哲理]

你要去做任何事都會受到阻礙，但無災咎。

[應用]

占卜：此時有能力（當位有比無應）會遇到困難，但無災咎，变卦「山風蠱」之戒。

象日：不及其君，臣不可過也。

所以不及君而還遇臣者，以臣不可過故也。

[哲理]

因見不到君王，就是他的臣不讓你通過。

九三：弗過防之①，從或戕之②，凶。

戕，在良反。小過之時，事每當過，然後得中，九三以剛居正，衆陰所欲害者也。而自恃其剛，不肯過為之備，故其象占如此，若占者能過防之則可以免矣。

[註釋]

①弗過防之：若不稍為過於防備。

②從或戕子：戕，音強？，殘殺。要順從他，否則會見凶。

[哲理]

沒做準備而想通過，又不順從人家的規定，就會被人殺害，這是凶的現象。意即不能盲目強行。

[應用]

占卜：此時當位、有應、無比，雖本身有能力，惟行事要三思做好準備，不可盲自強行。變卦「雷地豫」之戒。

象日：從或戕之凶如何也。

九四：无咎，弗過遇之，往厲必戒②，勿用永貞③。

當過之時，以剛處柔，過乎恭矣。无咎之道也，弗過遇之，言弗過於剛而適合其宜也，往則過矣。故有厲而當戒，陽性堅剛，故又戒以勿用永貞，言當隨時之宜，不可固守也。或日，弗過遇之若以六二爻例，則當如此說，若依九三爻例，則過遇當如過防之義。未詳孰是，當闕以俟知者。

[註釋]

①弗過遇之：遇到困難而不能通過。

②往厲必戒：你要通過很危險，要謹慎。

③勿用永貞：不聽信小人。

[哲理]

遇到困難而不能通過，若這個時候你想再通過是很危險的，要謹慎也要守正，不可聽信小人，否則有災咎。

[應用]

占卜：此時無能力，雖与初六有應幫助不大，遇到困難想通過，要謙虛謹慎，守正不聽小人之言，否則有災咎變卦「地山謙」之戒。

象日：弗過遇之，位不當也，往厲必戒，終不可長也。

爻義未明，此義當闕。

六五：密雲不雨，自我西郊①，公弋取彼在穴②。

弋，餘職反。以陰居尊，又當陰過之時，不能有為，而弋取六二以為助，故有此象，在穴，陰物也。而陰相得，其不能濟大事可知。

[註釋]

①自我西郊：我自己要去耕耘的準備。

②公弋取彼在穴：弋音亦一。用繩繫劍而射。穴，隱藏在洞穴中的禽獸。意即大家推選你出來。

[哲理]

趁天氣烏雲密佈，但還未下雨之前，自己必須出外工作。意即：趁早準備否則下雨想去工作就來不及了。

[應用]

占卜：此時不當位，無比無應，不可依賴別人、凡事要做準備，否則機會失去，就來不及。

象曰：密雲不雨上。已上①也，已上，太高也。

[註釋]

①已上：雲太高了，不會下雨。

上六：弗遇過之，飛鳥離之①凶，是謂災眚②。

眚生領反。大以陰居動體之上，處陰過之極，過之已高而甚遠者也。故其象占如此或日，遇過恐亦只當作過遇，義同九四，未知是否。

[註釋]

①飛鳥離之：離群，意即落難。

②災眚：災難。

[應用]

占卜：此時臨卦極，又飛離群，有災難，凡事要停止。

象曰：弗遇過之，已亢①也。

[註釋]

①已亢：亢，高亢。意即太逞強了。

63☵☲　水火既濟　（防患之象）

既濟①，亨小②，利貞，初吉終亂。

既濟，事之既成也。為卦水火相交，各得其用，六爻之位，各得其正，故為旣濟，亨小，當為小亨。大抵此卦及六爻占辭，皆有警戒之意時當然也。

[註釋]

①旣濟：卦名，象徵事務的順利。

②亨小：小事也能亨通。

[哲理]

會順，做小事持恒會通，要居安思危，六二、九五中正又當位，剛開始會順，終會物極必反，其道窮也。

彖曰：旣濟亨小者亨也，濟下疑脫小字。**利貞，剛柔正而位當也。**以卦體言，**初吉，柔得中①也。**指六二**終止則亂②，其道窮也。**

[註釋]

①柔得中：指離卦中爻。

②終止則亂：事成終了，一切停滯不前，必將導致危亂。

象曰：水在火上，旣濟，君子以思患而豫①防之。

[註釋]

①豫：通「預」。

[哲理]

水在火之上謂旣濟，要有居安思危的準備而預防之。

初九：曳其輪①，濡其尾②，无咎。

曳，以制反。濡音如，輪在下，尾在後，初之象也。曳輪則車不前，濡尾，則狐不濟。旣濟之初，謹戒如是，无咎之道，占者如是則无咎矣。

[註釋]

①曳其輪：比喻車要過水的現象。

②濡其尾：浸水到馬尾。

[哲理]

當車要過水時，車浸水到馬尾，你要下來幫助推輪子就無災咎。意即在事情還未發生時就要準備，人不可好逸勿勞。

[應用]

占卜：此時本身有能力，有比、無應，凡事三思而行，做好預防準備，不可好逸勿勞，親身去做才會無災咎。變卦「水山蹇」之戒也。

象日：曳其輪，義无咎也。

六二：婦喪其茀①，勿逐七日得②。

喪，息浪反。茀，力佛反。二以文明中正之德。上應九五剛陽中正之君，宜得行其志，而九五旣濟之時，不能下賢以行其道，故二有婦喪其茀之象。茀婦車之蔽，言失其所以行也，然中正之道，不可終廢，時過則行矣。故又有勿逐而自得之戒。

[註釋]

①婦喪其茀：茀，遮膝蓋的布。婦人喪失車用的蔽飾。

②七日得：七日內將失而復得。

[哲理]

不該屬於你的會離你而去，該屬於你的自然會來。意即對任何事，不要太強求。

[應用]

占卜：此時雖當位有比有应，有能力有自信，惟環境的變化不能掌握，所以對任何事不要太強求。變卦「水天需」之戒也。

象日：七日得，以中道①也。

[注釋]

①以中道：中道指中爻。即以其能守持中道。

九三：高宗代鬼方①，三年克之②，小人勿用。

旣濟之時，以剛居剛，高宗伐鬼方之衆也。三年克之，言其久而後克，戒占者不可輕動之意，小人勿用，占法與師上六同。

[註釋]

①高宗伐鬼方：高宗（即武丁），商高宗。鬼方，匈奴。伐，攻打。

②克之：征服。

[哲理]

用人不當會拖跨你，會很累，小人不可用。

[應用]

占卜：此時雖當位、有比、有應，但由於你用人不當，為小人所累，因本爻介於兩陰爻之間成「坎」卦危險之象，变卦「水雷屯」之戒。

象曰：三年克之。憊也。憊，蒲拜反。

六四：繻有衣袽。終日戒。

繻，而朱反。女居反。袽。旣濟之時，以柔居柔，能預備而戒懼者也。故其象如此。程子曰，繻。當作濡。衣袽，所以塞舟之罅漏。

[註釋]

①繻有衣：繻，音儒。衣袽，破布。即船漏有破衣敗絮來堵塞。借喻六四能思患而預防。

[哲理]

乘船過水時要準備布（船漏水急用）為人要時時有戒心。

[應用]

占卜：此時當位、有比、有應，惟本爻居坎卦之上爻還未出險，故時時要有戒心，以防萬一，做好萬全準備。

象曰：終日戒，有所疑①也。

[哲理]

平時要有戒心（要有憂患意識）

[註釋]

①有所疑：能有所疑懼。

九五：東鄰殺牛①，不如西鄰之禴祭②，實受其福。

東陽西陰，言九五居尊而時已過，不如六二之在下而始得時也。又當文王與紂之事，故其占如此，彖辭初吉終亂，亦此意也。

[註釋]

①東鄰殺牛：指東家的盛祭。

②禴祭：禴，音越。薄祭。

[哲理]

東家用殺牛之大禮來祭拜，就不如西家用誠信來祭拜來得實受其福。

[應用]

占卜：此時居尊位，有比有應，本身有能力，人緣好且能得貴人提拔，但待人處事要誠心，不可以厚禮而無誠心待人，這樣待人才能得到實惠。

象曰：東鄰殺牛，不如西鄰之時也。實受其福，吉大來也。

上六：濡其首①，厲②。

既濟之極，險體之上，而以陰柔處之，為狐涉水而濡其首之象。占者不戒，危之道也。

[註釋]

①濡其首：如狐狸渡河沾濕了頭部。

②厲：危險。

[哲理]

水已淹至頭部是很危險，此現象不會太長久。

[應用]

占卜：此爻臨卦極已無發展餘地，不可輕舉妄動。

象曰：濡其首厲，何可久也①

[註釋]

① 何可久也：頭浸在水裡不可長久。

64☲☵　火水未濟　（希望之象）

未濟①，亨，小狐汔濟②，濡其尾③，无攸利④。

汔，許訖反。未濟事未成之時也，水火不交，不相為用，卦之六爻，皆失其位，故為未濟，汔，幾也，幾濟而濡尾，猶未濟也，占者如此，何所利哉

[註釋]

①未濟：卦名。《本義》事未成之時也。

②汔濟：口渴想要喝水。

③濡其尾：用尾巴沾水。

④无攸利：無大作用。

[哲理]

未濟，沒有達到希望，能通暢是很小的，，就如孤狸口渴想喝水而用其尾巴滲水來喝，是無大作用的。

象日：未濟亨。柔得中①，小狐汔濟，未出中也②，指六五爻言。**濡其尾，无攸利，不續終也③，雖不當位，剛柔應也。**

[註釋]

①柔得中：指六五爻。

②未出中也：因此卦每爻均非常位，故不能達到目的。

③不續終：用尾巴沾水沒完沒了。

象日：火在水上，未濟。君子以慎辨物居方①

水火異物，各居其所，故君子觀象而慎辨之。

[註釋]

① 慎辨物居方：審慎的辨別物類，使其居處在適當的處所。方，虛所。由於本卦每爻均非當位，不能成事宜審慎。

[哲理]

火在水上稱未濟，你要了解所有的事務後再使用他。

初六：濡其尾，吝

以陰居下，當未濟之初，未能自進，故其象占如此。

[哲理]

指小狐用尾巴滲水來喝這是窮吝現象作用不太大，愚到極點。

[應用]

占卜：此時無能力，雖有比有应，但均不當位助力不大，因做事不得要領，以致一籌莫展，其变卦「火澤睽」之戒

象日：濡其尾亦不知極①也。

極字未詳。

[註釋]

①不知極：不明事理，不知量力而為，到了極點。

九二：曳①其輪，貞吉。

以九二應六五而居柔得中，為能自止而不進，得為下之正也。故其象占如此。

[註釋]

①曳：拖著車。

[哲理]

此時為人要勤勞，奮鬥就能大吉。

[應用]

占卜：此時無能力，雖有比、有應均為不當位，幸有六五爻得中之助，只要勤勞奮鬥持之有恒，就能大吉。變卦「火地晉」之意。

象曰：九二貞吉，中以行正①也。

九居二，本非正，以中故得正。

[註釋]

①中以行正：以其合於中道，故所行乃正。

六三：未濟，征凶，利涉大川。

陰柔不中正，居未濟也時，以征則凶，然以柔乘剛，將出乎坎，有利涉之象。故其占如此，蓋行者，可以水浮，而不可以陸走也，或疑利字上，當者不字。

[哲理]

由於你要去做大事，所以妄動見凶，因六三爻不當位要小心行事。

[應用]

占卜：此時無能力，雖有比、有應均不當位，幫助很小，而想去做大事，妄動是凶。

象曰：未濟征凶，位不當也。

九四：貞吉，悔亡。震用伐鬼方①，三年有賞於大國②以九居四不正而有悔也，能勉而貞，則悔亡矣。然以不貞之資，欲勉而貞之資，故為伐鬼方，三年而受賞之象。

[註釋]

①震用伐鬼方：震（人名）以此來討伐鬼方（匈奴）

②有賞於大國：被封賞為大國諸侯。

[哲理]

以持恒守正，積極去征伐匈奴（敵人）三年後成功回朝，受到君王很大的賞賜，這樣的做法不會有錯的。

[應用]

占卜：此時能力不足，雖有比有應，惟均不當位，只有持恒勤勞才能有成，卦变「山水蒙」之意。

象日：貞吉悔亡，志行①也。

[註釋]

①志行：完成志願。

六五貞吉，无悔，君子之光①。

以六居五，亦非正也，然文明之主，居中應剛，虛心以求下之助，故得貞而吉且无悔，又有光輝之盛，信實而不妄，吉而又吉也。

[註釋]

①君子之光：具備君子之德的光輝。

[哲理]

君子如果要發揮能力的話，就要有誠信，這樣就無錯誤，是吉利的，而發揮出來的作用。

[應用]

占卜：此時居中爻而非正位，如果要發揮能力的話要以誠信待人，才能完成任務，否則有爭訟之事發生。變卦「天水訟」之戒。

象日：君子之光，其暉吉也①，暉者，光之散也

[註釋]

①其暉吉也：暉，音義同「輝」，發揮出來的作用是吉利的。

上九：有孚于飯酒①，无咎，濡其首②，有孚失是③。

以剛明居未濟之極，時將可以有為，而自信自養以俟命。无咎之道也，若縱而不反，如狐之涉水而濡其首，則過於自信而失其義矣。

[註釋]

①有孚于飲酒：喝酒要有限度。
②濡其首：蒙著頭去喝酒。
③有孚失是：會失去誠信。

[哲理]

你喝酒要有限度的喝，要是蒙著頭喝，這樣會失去誠信的。

[應用]

占卜：此時無能力又臨卦極，已無發揮餘地，處事三思而行，要有規畫，要常檢討，才能自救，變卦「雷水解」之意。

象曰：飲酒濡首，亦不知節也。

[哲理]沒有節度的喝酒就不知節制了。

主要參考書目

1. 周易本義　田中慶太郎　校訂者　五洲出版社（1998 年 5 月　初版）

2.周易程傳註評　黃忠天　著　高雄復文圖書出版社（2006 年 3 月三版）

3.易經金鑑　鍾易遠　著　跨世紀文化事業有限公司（1995 年 7 月初版）

4.易經經營策略寶典　五少農　著　旭昇圖書有限公司（2006 年 7 月初版）

5.易經卜卦應用篇　林育萱　著　瑞成書局（1996 年 5 月初版）

6.大易易經的生命是什麼　曾坤章　著　偉誌出版社（1995 年 8 月一版）

7.生活易　劉君祖　著　牛頓出版股份有很公司（1995 年 4 月初版）

8.決策易　劉君祖　著　牛頓出版股份有限公司（1995 年 1 月初版）

9.易經研究　徐芹庭　著　五洲出版社

10.周易時義研　林文欽　著　國立编譯館主編出版（2002 年 10 月初版）

11.易經占卜新解　陳蒼杰　譯著　大夏出版社(1955 年 2 月初版）

12.占卜符咒　鍾寶　著　創譯出版社（1994 年 6 月十五版）

二、米卦沖犯秘本

<table>
<tr><td colspan="2">用二指取米
第一次內掛
　米數去八為是
第二次外掛
　米數去八為是
第三次變掛
　米數去六為是</td><td>用爻斷病法
一爻為五臟
二爻為皮肉
三爻為體骨腰足
四爻為肺心肚腹
五爻為脾腎
六爻為頭部</td></tr>
<tr><td>1 乾
2 兌
3 離
4 震</td><td>5 巽
6 坎
7 艮
8 坤</td><td>八卦斷法
更尋乾首並坤腹
坎耳震足及巽腸
艮手兌口兼離目
鬼在其中即把傷</td></tr>
</table>

五行斷病症法

肝木：肝膽病，疲倦四肢無力，寒熱。

心火：煩熱多汗，頭痛口渴，若加臨朱雀鬼動，即狂言亂語。

脾土：面黃浮腫，脾濕腹脹，飲食不思，虛寒唇白。

肺金：膚疾癰喘，肺病咳嗽，勞證吐血。

腎水：腰酸背痛，遺精夢洩，敗腎。

乾宮八卦全圖													
1 乾為天	世			應			2 天風姤			應			世
	、	、	、	、	、	、		、	、	、	、	、	、、
	戌土	申金	午火	辰土	演木	子水		戌土	申金	午火	酉金	亥水	丑土
	父母	兄弟	官鬼	父母	妻財	子孫		父母	兄弟	官鬼	兄弟	子孫	父母
3 天山遯		應			世		4 天地否	應			世		
	、	、	、	、	、、	、、		、	、	、	、、	、、	、、
	戌土	申金	午火	申金	午火	辰土		戌土	申金	午火	卯木	巳火	未土
	父母	兄弟	官鬼	兄弟	官鬼	父母		父母	兄弟	官鬼	妻財	官鬼	父母
5 風地觀			世			應	6 山地剝		世			應	
	、	、	、、	、、	、、	、、		、	、、	、、	、、	、、	、、
	卯木	巳火	未土	卯木	巳火	未土		寅木	子水	戌土	卯木	巳火	未土
	妻財	官鬼	父母	妻財	官鬼	父母		妻財	子孫	父母	妻財	官鬼	父母
7 火地晉			世			應	8 火天大有	應			世		
	、	、、	、	、、	、、	、、		、	、、	、	、	、	、
	巳火	未土	酉金	卯木	巳火	未土		巳火	未土	酉金	辰土	寅木	子水
	官鬼	父母	兄弟	妻財	官鬼	父母		官鬼	父母	兄弟	父母	妻財	子孫

兌宮八卦全圖

卦						
9 兌為澤	世			應		
	、、	、	、	、、	、	、
	未土	酉金	亥水	丑土	卯木	巳火
	父母	兄弟	子孫	妻財	官鬼	父母
10 澤水困			應			世
	、、	、	、	、、	、	、、
	未土	酉金	亥水	午火	辰土	寅木
	父母	兄弟	子孫	官鬼	父母	妻財
11 萃地澤		應			世	
	、、	、	、	、、	、、	、、
	未土	酉金	亥水	卯木	巳火	未土
	父母	兄弟	子孫	妻財	官鬼	父母
12 澤山咸	應			世		
	、、	、	、	、	、、	、、
	未土	酉金	亥水	申金	午火	辰土
	父母	兄弟	子孫	兄弟	官鬼	父母
13 山水蹇			世			應
	、	、	、、	、	、、	、、
	子水	戌土	申金	申金	午火	辰土
	子孫	父母	兄弟	兄弟	官鬼	父母
14 地山謙		世			應	
	、、	、、	、、	、	、、	、、
	酉金	亥水	丑土	申金	午火	辰土
	兄弟	子孫	父母	兄弟	官鬼	父母
15 雷山小過			世			應
	、、	、、	、	、	、、	、、
	戌土	申金	午火	申金	午火	辰土
	父母	兄弟	官鬼	兄弟	官鬼	父母
16 雷澤歸妹	應			世		
	、、	、、	、	、、	、	、
	戌土	申金	午火	丑土	卯木	巳火
	父母	兄弟	官鬼	父母	妻財	官鬼

離宮八卦全圖

卦						
17 離為火	世			應		
	、	、、	、	、	、、	、
	巳火	未土	酉金	亥水	丑土	卯木
	兄弟	子孫	妻財	官鬼	子孫	父母
18 火山旅			應			世
	、	、、	、	、	、、	、、
	巳火	未土	酉金	申金	午火	辰土
	兄弟	子孫	妻財	妻財	兄弟	子孫
19 火風鼎		應			世	
	、	、、	、	、	、	、、
	巳火	未土	酉金	酉金	亥水	丑土
	兄弟	子孫	妻財	妻財	官鬼	子孫
20 火水未濟	應			世		
	、	、、	、	、、	、	、、
	巳火	未土	酉金	午火	辰土	寅木
	兄弟	子孫	妻財	兄弟	子孫	父母
21 山水蒙			世			應
	、	、、	、、	、、	、	、、
	寅木	子水	戌土	午火	辰土	寅木
	父母	官鬼	子孫	兄弟	子孫	父母
22 風水渙		世			應	
	、、	、	、、	、、	、	、、
	卯木	巳火	未土	午火	辰土	寅木
	父母	兄弟	子孫	兄弟	子孫	父母
23 天水訟			世			應
	、	、	、	、、	、	、、
	戌土	申金	午火	午火	辰土	寅木
	子孫	妻財	兄弟	兄弟	子孫	父母
24 天火同人	應			世		
	、	、	、	、	、、	、
	戌土	申金	午火	亥水	丑土	卯木
	子孫	妻財	兄弟	官鬼	子孫	父母

震宮八卦全圖

25 震為雷	世			應		
	、、	、、	、	、、	、、	、
	戌土	申金	午火	辰土	寅木	子水
	妻財	官鬼	子孫	妻財	兄弟	父母
26 雷地豫			應			世
	、	、、	、	、	、、	、、
	戌土	申金	午火	卯木	巳火	未上
	妻財	官鬼	子孫	兄弟	子孫	妻財
27 雷水解		應			世	
	、、	、、	、	、、	、	、、
	戌土	申金	午火	午火	辰土	寅木
	妻財	官鬼	子孫	子孫	妻財	兄弟
28 雷風恆	應			世		
	、、	、、	、	、	、	、、
	戌土	申金	午火	酉金	亥水	丑土
	妻財	官鬼	子孫	官鬼	父母	妻財
29 地風升			世			應
	、、	、、	、、	、	、	、、
	酉金	亥水	丑土	酉金	亥水	丑土
	官鬼	父母	妻財	官鬼	父母	妻財
30 水風井		世			應	
	、、	、	、、	、、	、	、、
	子水	戌土	申金	酉金	亥水	丑土
	父母	妻財	官鬼	官鬼	父母	妻財
31 澤風大過			世			應
	、、	、	、	、	、	、、
	未土	酉金	亥水	酉金	亥水	丑土
	妻財	官鬼	父母	官鬼	父母	妻財
32 澤雷隨	應			世		
	、、	、	、	、、	、、	、
	未土	酉金	亥水	辰土	寅木	子水
	妻財	官鬼	父母	妻財	兄弟	父母

巽宮八卦全圖

33 巽為風	世			應		
	、	、	、、	、	、	、、
	卯木	巳火	未土	酉金	亥水	丑土
	兄弟	子孫	妻財	官鬼	父母	妻財
34 風天小畜			應			世
	、	、	、、	、	、	、
	卯木	巳火	未上	辰土	寅木	子水
	兄弟	子孫	妻財	妻財	兄弟	父母
35 風火家人		應			世	
	、	、	、、	、	、、	、
	卯木	巳火	未土	亥水	丑土	卯木
	兄弟	子孫	妻財	父母	妻財	兄弟
36 風雷益	應			世		
	、	、	、、	、、	、、	、
	卯木	巳火	未上	辰土	寅木	子水
	兄弟	子孫	妻財	妻財	兄弟	父母
37 天雷无妄			世			應
	、	、	、	、、	、、	、
	戌土	申金	午火	辰土	寅木	子水
	妻財	官鬼	子孫	妻財	兄弟	父母
38 火雷噬嗑		世			應	
	、	、、	、	、、	、、	、
	巳火	未土	酉金	辰土	寅木	子水
	子孫	妻財	官鬼	妻財	兄弟	父母
39 山雷頤			世			應
	、	、、	、、	、、	、、	、
	寅木	子水	戌土	辰土	寅木	子水
	兄弟	父母	妻財	妻財	兄弟	父母
40 山風蠱	應			世		
	、	、、	、、	、	、	、、
	寅木	子水	戌土	酉金	亥水	丑土
	兄弟	父母	妻財	官鬼	父母	妻財

坎宮八卦全圖

41 坎為水	世			應			42 水澤節			應			世
	、、	、	、、	、、	、	、、		、、	、	、、	、、	、	、
	子水	戌土	申金	午水	辰土	寅木		子水	戌土	申金	丑土	卯木	巳火
	兄弟	官鬼	父母	妻財	官鬼	子孫		兄弟	子孫	妻財	妻財	兄弟	父母
43 水雷屯		應			世		44 水火既濟	應			世		
	、、	、	、、	、、	、、	、		、	、	、、	、、	、、	、
	子水	戌土	申金	辰土	寅木	子水		子水	戌土	申金	亥水	丑土	卯木
	兄弟	官鬼	父母	官鬼	子孫	兄弟		兄弟	官鬼	父母	兄弟	官鬼	子孫
45 澤火革			世			應	46 雷火豐		世			應	
	、、	、	、	、、	、、	、		、、	、、	、	、	、、	、
	未土	酉金	亥水	亥水	丑土	卯木		戌土	申金	午水	亥水	丑土	卯木
	官鬼	父母	兄弟	兄弟	官鬼	子孫		官鬼	父母	妻財	兄弟	官鬼	子孫
47 地火明夷			世			應	48 地水師	應			世		
	、、	、、	、、	、	、、	、		、	、、	、、	、	、	、、
	酉金	亥水	丑土	亥水	丑土	卯木		酉金	亥水	丑土	午火	辰土	寅木
	父母	兄弟	官鬼	兄弟	官鬼	子孫		父母	兄弟	官鬼	妻財	官鬼	子孫

艮宮八卦全圖

49 艮為山	世			應			50 山火賁			應			世
	、	、、	、、	、	、、	、、		、	、、	、、	、	、、	、
	寅木	子水	戌土	申金	午水	辰土		寅木	子水	戌土	亥水	丑土	卯木
	官鬼	妻財	兄弟	子孫	父母	兄弟		官鬼	妻財	兄弟	妻財	兄弟	官鬼
51 山天大畜		應			世		52 山澤損	應			世		
	、	、、	、、	、	、	、		、	、、	、、	、、	、	、
	寅木	子水	戌土	辰土	寅木	子水		寅木	子水	戌土	丑土	卯木	巳火
	官鬼	妻財	兄弟	兄弟	官鬼	妻財		官鬼	妻財	兄弟	兄弟	官鬼	父母
53 火澤睽			世			應	54 天澤履		世			應	
	、	、、	、	、、	、	、		、	、	、	、、	、	、
	巳火	未土	酉金	丑土	卯木	巳火		戌土	申金	午火	丑土	卯木	巳火
	父母	兄弟	子孫	兄弟	官鬼	父母		兄弟	子孫	父母	兄弟	官鬼	父母
55 風澤中孚			世			應	56 風山漸	應			世		
	、	、	、、	、、	、	、		、	、	、、	、	、、	、、、
	卯木	巳火	未上	丑土	卯木	巳火		卯木	巳火	未土	申金	午火	辰土
	官鬼	父母	兄弟	兄弟	官鬼	父母		官鬼	父母	兄弟	子孫	父母	兄弟

坤宮八卦全圖						
57 坤為地	世			應		
	、、	、、	、、	、	、、	、、
	酉金	亥水	丑土	卯木	巳火	未土
	子孫	妻財	兄弟	官鬼	父母	兄弟
58 地雷復			應			世
	、、	、、	、、	、、	、、	、
	酉金	亥水	丑土	辰土	寅木	子水
	子孫	妻財	兄弟	兄弟	官鬼	妻財
59 地澤臨		應			世	
	、、	、、	、、	、	、	、
	酉金	亥水	丑土	丑土	卯木	巳火
	子孫	妻財	兄弟	兄弟	官鬼	父母
60 地天泰	應			世		
	、、	、、	、、	、	、	、
	酉金	亥水	丑土	辰土	寅木	子水
	子孫	妻財	兄弟	兄弟	官鬼	妻財
61 雷天大壯			世			應
	、、	、、	、	、	、	、
	戌土	申金	午火	辰土	寅木	子水
	兄弟	子孫	父母	兄弟	官鬼	妻財
62 澤天夬		世			應	
	、、	、	、	、	、	、
	未土	酉金	亥水	辰土	寅木	子水
	兄弟	子孫	妻財	兄弟	官鬼	妻財
63 水天需			世			應
	、、	、	、、	、	、	、
	子水	戌土	申金	辰土	寅木	子水
	妻財	兄弟	子孫	兄弟	官鬼	妻財
64 水地比	應			世		
	、、	、	、、	、、	、、	、、、
	子水	戌土	申金	卯木	巳火	未土
	妻財	兄弟	子孫	官鬼	父母	兄弟

乾為天	亨通之象	乾	父 兄 鬼 父 財 子 、世 、 、 、應 、 、 戌 申 午 辰 寅 子
斷解：沖犯東南方、路上遇樹神暗身鬼。			
病症：頭痛寒熱、嘔吐、四肢無力、又食物無味。			
小兒：犯青驚鬼、無氣婆姐。 病症：寒熱泄瀉			
制法：用代人青面大王、油飯。 小兒加婆姐壹身、油飯。			

天風姤	相遇之象	乾	父 兄 鬼 兄 子 父 、 、 、應 、 、 、世 戌 申 午 酉 亥 丑
斷解：沖犯南方、飢餓鬼、無主家神纏身。			
病症：頭痛、腹痛、心艱難四肢無力。 男凶、女吉。			
小兒：犯前世父母、遊宮花公婆姐、五路童子。 病症：啼哭、驚喘。			
制法：投下陰陽錢 12 張、父母壹對。			

天山遯	難險之象	乾	父、戊　兄、應申　鬼、午　兄、申　鬼、世午　父、、辰
斷解：沖犯東南方、遊路將軍、五路殺神。			
病症：先輕後重、頭眩、口亂、胃傷痛、手足沉重。			
小兒：犯前世父母、遊路神童、火燒婆姐。 病症：青驚、啼哭、吐瀉。			
制法：小兒加肉酒一碗、油飯一碗。			

天地否	閉塞之象	乾	父、應戊　兄、申　鬼、午　財、世卯　鬼、、巳　父、、未
斷解：沖犯南方、灶司神、火牢將軍、火炎山神、火燒亡魂。			
病症：燥熱口渴、嘔吐、心急不安、不思飲食。			
小兒：犯前世父母、火燒婆姐、火珠神、火爐童子、床公婆。 病症：驚啼不食。			
制法：用火盆一架、向灶神祈禱。			

<table>
<tr><td>風地觀</td><td>審視之象</td><td>乾</td><td>財 鬼 父 財 鬼 父
、 、 、、世 、 、 、、應
卯 巳 未 卯 巳 未</td></tr>
<tr><td colspan="4">斷解：沖犯東南方、遊地府司神捻去魂魄。</td></tr>
<tr><td colspan="4">病症：身熱口渴、頭痛、手足無力、微迷不醒、
腹亂、食不下口、樂飲得病。</td></tr>
<tr><td colspan="4">小兒：犯司命灶君、床公婆、遊宮婆姐。
病症：氣急喘、眼閉失神。</td></tr>
<tr><td colspan="4">制法：用解厄錢、元辰錢投下。</td></tr>
</table>

<table>
<tr><td>山地剝</td><td>脫落之象</td><td>乾</td><td>財 子 父 財 鬼 父
、 、、世 、、 、、 、、應 、、
卯 子 戌 卯 巳 未</td></tr>
<tr><td colspan="4">斷解：沖犯西南方、十字路無葬老鬼、白虎引路野塚、餓鬼作祟。</td></tr>
<tr><td colspan="4">病症：胸脅痛、嘔逆、腹勾股腫脹、四肢無力、有血災。</td></tr>
<tr><td colspan="4">小兒：犯遊戲婆姐、搖曳花神。
病症：青驚、吐瀉。</td></tr>
<tr><td colspan="4">制法：用替身送下水、五色紙、桃枝插門。</td></tr>
</table>

<table>
<tr><td>火地晉</td><td>明進之象</td><td>乾</td><td>鬼　父　兄　　財　鬼　父
、　、、　、世　、、　、、　、、應
巳　未　酉　　卯　巳　未</td></tr>
<tr><td colspan="4">斷解：沖犯西南方、無主家神、攸往散鬼、灶神、遊路火牢將軍。</td></tr>
<tr><td colspan="4">病症：寒熱、頭痛、四肢無力、不思飲食、服藥無效、遲延日久。</td></tr>
<tr><td colspan="4">小兒：犯遊巡婆姐、火牢夫人、金七婆。
病症：青驚、夜啼、不食。</td></tr>
<tr><td colspan="4">制法：用解厄錢、五鬼錢。</td></tr>
</table>

<table>
<tr><td>火天大有</td><td>盛運之象</td><td>乾</td><td>鬼　父　兄　父　財　子
、應　、、　、　、世　、　、
巳　未　酉　卯　巳　未</td></tr>
<tr><td colspan="4">斷解：沖犯南北方、少年女鬼纏身、見咀枉死鬼、沖心陰魂。</td></tr>
<tr><td colspan="4">病症：寒熱、嘔吐、心腹暗痛、四肢厥冷。</td></tr>
<tr><td colspan="4">小兒：犯遊花婆姐、七聖媽。
病症：吐瀉、口渴、足手冷、不食。</td></tr>
<tr><td colspan="4">制法：投下灶司、土地。
小兒加肉酒、胭脂花粉。</td></tr>
</table>

兌為澤	喜悅之象	兌	父 兄 子 父 財 鬼 、世 、 、 、、應 、 、 未 酉 亥 丑 卯 巳
斷解：沖犯東南方、廟司大王、伏路夫人纏身、 沖肚陰魂、五通殺神捻去魂魄。			
病症：寒熱、吐、頭痛、眩。			
小兒：犯伏路天形神、水火二將軍、花公花婆。 病症：青驚、嗽、體虛不食。			
制法：用五鬼錢、陰陽錢。			

澤水困	忍苦之象	兌	父 兄 子 鬼 父 財 、、 、 、應 、、 、 、、世 未 酉 亥 午 辰 寅
斷解：沖犯東方、土木神殺、太歲纏身、天狗附體。			
病症：身熱頭眩目昏、吐瀉、四肢沉重、眼矇霧。			
小兒：犯產厄亡魂、白虎關殺神。 病症：發熱吐瀉不食、夜啼、昏迷飽脹。			
制法：用太歲錢、解厄錢。			

澤地萃	聚生之象	兌	父 兄 子 財 鬼 父 、、 、應 、 、、 、、 世、、 未 酉 亥 卯 巳 未
斷解：沖犯東南方、把路將軍、社巡察神、五瘟神石榴鬼。			
病症：發熱嘔吐不止、心腹痛、恍惚床頭軟弱。			
小兒：犯前世父母、遊行天罡殺神、五路童子。 病症：發熱吐瀉、寒痰。			
制法：用解厄錢、陰陽錢。			

澤山咸	感應之象	兌	父 兄 子 兄 鬼 父 、、應 、 、 、世 、、 、、 未 酉 亥 申 午 辰
斷解：沖犯西南方、伏路火牢將軍、肚陰鬼魂纏身。			
病症：大小便不通、腳手軟弱、不思飲食。			
小兒：犯太白仙人、土地司命討愿、火燒婆姐。 病症：發熱、啼哭不止。			
制法：用陰陽錢、五色紙。			

水山蹇	險阻之象	(兌) 子 父 兄 兄 鬼 父 、、 、 、、世 、 、、 、、應 子 戌 申 申 午 辰
斷解：沖犯南方、土氣穢神、抱路伏屍神、 水邊樹下三聖大王捻去魂魄。		
病症：吐瀉、燒心坐臥不安、不食先輕後重。		
小兒：犯遊宮夫人、遊路白虎殺神。 病症：青驚、發熱夜啼。		
制法：用小三牲、菜飯、太歲錢、陰陽錢。		

地山謙	謙讓之象	(兌) 兄 子 父 兄 鬼 父 、、 、、世 、、 、 、、應 、、 酉 亥 丑 申 午 辰
斷解：沖犯東南方、古塚五墓殺神、山葬神殺、 病符魂魄捻去鎖縛在洞中。		
病症：恍惚、心狂亂、風癲。		
小兒：犯鎮宅婆姐、沖心夫人、天吊神。 病症：相同。		
制法：用殺神一會、五鬼錢。		

<table>
<tr><td>雷山小過</td><td>小越之象</td><td>兌</td><td>父 兄 鬼 兄 鬼 父
、、 、、 、世 、 、、 、、應
戌 申 午 申 午 辰</td></tr>
<tr><td colspan="4">斷解：沖犯東南方、把路將軍、遊地府司神捻去魂魄鎖在鐵鐘內。</td></tr>
<tr><td colspan="4">病症：寒熱嘔吐、腹脹痛、手足沉重。</td></tr>
<tr><td colspan="4">小兒：犯天狗遊路將軍、水火二將軍。
病症：相似。</td></tr>
<tr><td colspan="4">制法：用解厄錢、白虎錢。</td></tr>
</table>

<table>
<tr><td>雷澤歸妹</td><td>歸寧之象</td><td>兌</td><td>父 兄 鬼 父 財 鬼
、、應 、、 、 、、世 、 、
戌 申 午 丑 卯 巳</td></tr>
<tr><td colspan="4">斷解：沖犯西南方、天形星、少年女鬼纏身、破碎神。</td></tr>
<tr><td colspan="4">病症：寒熱、嘔吐酸水、痺、虛倦好睡。</td></tr>
<tr><td colspan="4">小兒：犯前世父母、行珠婆姐、五路童子。
病症：泄瀉腹痛、不食消瘦。</td></tr>
<tr><td colspan="4">制法：用解厄錢、陰陽錢。</td></tr>
</table>

離為火	明麗之象	(離)	兄 子 財 鬼 子 父 世 、、 、 應 、、 、 巳 未 酉 亥 丑 卯
斷解：沖犯西北方、天形殺神、溪河水邊、落水亡魂捻去魂魄。			
病症：冷熱不和、不睡、先輕後重。			
小兒：犯無主家神、遊宮婆姐。 病症：青驚、氣急。			
制法：用殺神、陰陽錢。			

火山旅	流浪之象	(離)	兄 子 財 財 兄 子 、 、、 應 、 、、 、世 巳 未 酉 申 午 辰
斷解：沖犯東南方、灶司土地家神、五瘟神、伏屍神。			
病症：嘔吐痰水、心腹疼痛、服手軟弱。			
小兒：犯前世父母、簷前遊戲婆姐。 病症：吐瀉、怒、心神不定、直視。			
制法：用五鬼錢、陰陽錢。			

火風鼎	養賢之象	離	兄、巳 子、、應未 財、酉 財、酉 鬼、世亥 子、、丑
斷解：沖犯西北方、水火二將軍、枉死婦人作祟。			
病症：嘔吐酸水、腹痛、困倦、有血火之災。			
小兒：犯大國仙聖討愿責罰、產厄亡魂。 病症：發搐喘急、目直視。			
制法：用肉酒、陰陽錢。			

火水未濟	希望之象	離	兄、應巳 子、、未 財、酉 兄、、世午 子、辰 父、、寅
斷解：沖犯東北方、溪邊河神、落水亡魂驚著。			
病症：腹痛脹氣不消、精神失散。			
小兒：犯遊宮婆姐、五鬼星、花公婆。 病症：夜啼、咳嗽氣急。			
制法：用五鬼錢、元辰錢。			

<table>
<tr><td>山水蒙</td><td>啟智之象</td><td>離
父 鬼 子 兄 子 父
、 、、 、、世 、、 、 、、應
寅 子 戌 午 辰 寅</td></tr>
<tr><td colspan="3">斷解：沖犯北方、水墘遊江大王、四季天形神捻去魂魄。</td></tr>
<tr><td colspan="3">病症：心神不定、嘔吐友成痢疾。</td></tr>
<tr><td colspan="3">小兒：犯珠行婆姐、猿神纏擾形容枯槁。
病症：嘔吐、泄。</td></tr>
<tr><td colspan="3">制法：用鎖關一個、柳枝 12 尺、連炮拂衣。</td></tr>
</table>

<table>
<tr><td>風水渙</td><td>散發之象</td><td>離
父 兄 子 兄 子 父
、 、世 、、 、、 、應 、、
卯 巳 未 午 辰 寅</td></tr>
<tr><td colspan="3">斷解：沖犯東方、遊路將軍、精神被水神沖散受驚。</td></tr>
<tr><td colspan="3">病症：水氣浮腫、四肢厥冷。</td></tr>
<tr><td colspan="3">小兒：犯悠路將軍、七聖媽神、落老婆姐。纏綿日久。
病症：同右。</td></tr>
<tr><td colspan="3">制法：用白馬、元辰錢。</td></tr>
</table>

天水訟	爭執之象	離	父、戌　兄、申　子世午　兄、、午　子、辰　父、、應寅
斷解：沖犯西北方、掘土圍籬遊行飛土殺神、五墓鎮壓殺。			
病症：身熱口亂、嘔吐、不食。			
小兒：犯青驚婆姐、天吊神、金七娘。 病症：啼哭不定。			
制法：用殺神、桃枝、解厄錢。			

天火同人	光明之象	離	子、應戌　財、申　兄、午　鬼世亥　子、、丑　父、卯
斷解：沖犯東北方、巡江驛差壓鎮破碎神殺、三叉路頭枉死鬼。			
病症：大小便不通。			
小兒：犯珠行婆姐、走馬天罡殺神。 病症：吐痰嘔水。			
制法：用殺神、解厄錢。			

震為雷	激動之象	震	財	鬼	子	財	兄	父
			、世	、、	、	、、應	、、	、
			戌	申	午	辰	寅	子

斷解：沖犯西南方、遊路西獄將軍、十字路頭刀傷亡魂。

病症：寒熱吐瀉、骨節痛、血氣攻上。

小兒：犯金火神、大牢將軍夫人、夾身婆姐。

病症：脾胃虛弱。

制法：用馬一隻、弓箭 12 支、鹽水、桃枝、五鬼錢。

雷地豫	行動之象	震	財	鬼	子	兄	子	財
			、、	、、	、應	、、	、、	、世
			戌	申	午	卯	巳	未

斷解：沖犯西北方、山神土地引太歲纏身、又遊路少年亡魂捻去魂魄。

病症：咳嗽氣急、咽喉痛不食。

小兒：犯將軍令箭神、落花婆姐。

病症：吐瀉口渴、氣急。

制法：用發粿、花粉、五色紙、元辰錢。

雷水解	脫困之象	震	財 鬼 子 子 財 兄 、、 、、應 、 、、 、世 、、 戌 申 午 午 辰 寅
斷解：沖犯西北方、五通破碎殺神、社司令沖散魂魄。			
病症：寒熱吐瀉、咳嗽咽喉痛、坐不安蓆。			
小兒：犯簷前抽動花神、遊宮婆姐。 病症：微熱、氣喘、身冷。			
制法：用殺神一會、元辰錢。			

雷風恆	志堅之象	震	財 鬼 子 鬼 父 財 、、應 、、 、 、世 、 、、 戌 申 午 酉 亥 丑
斷解：沖犯西南方、悠魂伏屍神、刀兵忘魂捻去魂魄 賣與半天金火神。			
病症：寒熱、嘔吐、心亂恍惚見鬼。 若一、五、九月占必有血之災。			
小兒：犯司命太白仙人、火燒婆姐。 病症：氣急。			
制法：用解厄錢、元辰錢。			

<table>
<tr><td>地風升</td><td>志堅之象</td><td>震</td><td>鬼 父 財 鬼 父 財
、、 、、 、世、 、 、、應
酉 亥 丑 酉 亥 丑</td></tr>
<tr><td colspan="4">斷解：沖犯西北方、圍籬堅柱土木神殺、五通殺神、
十字路頭刀兵亡魂。</td></tr>
<tr><td colspan="4">病症：口渴、腹痛不食、沉重。</td></tr>
<tr><td colspan="4">小兒：犯天牢將軍、遊路白虎穿山路箭。
病症：喘氣急。</td></tr>
<tr><td colspan="4">制法：用殺神一會、解厄錢。</td></tr>
</table>

<table>
<tr><td>水風井</td><td>造井之象</td><td>震</td><td>父 財 鬼 鬼 父 財
、、 世 、、 、 應 、、
子 戌 申 酉 亥 丑</td></tr>
<tr><td colspan="4">斷解：沖犯西南方、白虎臨身、伽籃土地禍災病符神作祟。</td></tr>
<tr><td colspan="4">病症：身熱口渴、氣喘、心亂不食。</td></tr>
<tr><td colspan="4">小兒：犯天罡殺神、珠行婆姐。
病症：青驚、泄瀉、啼哭不止。</td></tr>
<tr><td colspan="4">制法：用香餅、清水一碗、五鬼錢。</td></tr>
</table>

<table>
<tr><td>澤風大過</td><td>敗退之象</td><td>(震)</td><td>財　鬼　父　鬼　父　財
、、　、　、世　、　、　、、應
未　酉　亥　酉　亥　丑</td></tr>
<tr><td colspan="4">斷解：沖犯西南方、厝前宅後、伐竹木飛土殺神、
天獄破碎神、刀兵亡魂捻去魂魄。</td></tr>
<tr><td colspan="4">病症：頭眩腹痛。</td></tr>
<tr><td colspan="4">小兒：犯驛馬夫人、天狗神。
病症：啼哭、手足發搐、目吊。</td></tr>
<tr><td colspan="4">制法：用桃枝、白虎錢、五鬼錢。</td></tr>
</table>

<table>
<tr><td>澤雷隨</td><td>順和之象</td><td>(震)</td><td>財　鬼　父　財　兄　父
、、應　、　、　、、世　、、　、
未　酉　亥　辰　寅　子</td></tr>
<tr><td colspan="4">斷解：沖犯西南方、土地家神天形星太歲纏身，
形政大王捻去魂魄。</td></tr>
<tr><td colspan="4">病症：寒墊嘔逆。</td></tr>
<tr><td colspan="4">小兒：犯驛馬夫人、天狗神。
病症：啼哭、手足發搐、目吊。</td></tr>
<tr><td colspan="4">制法：用桃枝、白虎錢、五鬼錢。</td></tr>
</table>

巽為風	忍命之象	(巽) 兄、卯　子、世、巳　財、、未　鬼、、酉　父、應、亥　財、、丑
斷解：沖犯西南方、路巷刀傷亡魂、五通瘟神、山神土地作禍。		
病症：痰飲肺病、腹痛、多汗。		
小兒：犯悠路天神、遊宮婆姐。 病症：飲食不思。		
制法：用五色紙、解厄錢。		

風天小畜	忍命之象	(巽) 兄、卯　子、巳　財、、應、未　財、辰　兄、寅　父、世、子
斷解：沖犯東方、厝內搬徙土殺勞力心神、天牢五通殺神。		
病症：頭痛目昏、顛迷、手足厥冷、不食。		
小兒：犯飛土殺神、五鬼遊路將軍。 病症：日輕夜重、發汗。		
制法：用殺神一會、白虎錢。		

風火家人	齊家之象	(巽)	兄 子 財 父 財 兄 、 、應 、、 、 、、世 、 卯 巳 未 亥 丑 卯
斷解：沖犯東南方、墳墓石路邊刀傷亡魂鬼、伏屍鬼。			
病症：寒熱亂言、不睡不醒、神不附體。			
小兒：犯枉死鬼，悠悠婆姐。 病症：閉目不醒、口亂。			
制法：用大牲禮祭、白扇、手巾、桃枝等、元辰錢。			

風雷益	增益之象	(巽)	兄 子 財 財 兄 父 、應 、 、、 、、世 、、 、 卯 巳 未 辰 寅 子
斷解：沖犯東南方、飛土殺、自縊書顛儒魂。			
病症：其人伏亂失神、自言書句直視見人即笑、必有血光之災。			
小兒：犯前世父母、青驚婆姐。 病症：同右。			
制法：用紙符、鹽米、桃枝、元辰錢。			

天雷旡妄	逆理之象	巽	財、戌	鬼、申	子世午	財、、辰	兄、、寅	父、應子

斷解：沖犯西南方、刀傷亡魂、社司太歲纏身。

病症：嘔吐、氣急、主膿血之災也、男吉、女凶。

小兒：犯五鬼星、行珠婆姐。

病症：發熱、啼哭、洟尿。

制法：用太歲亭一個、解厄錢。

火雷噬嗑	含剛之象	巽	子、巳	財、世未	鬼、酉	財、、辰	兄、、應寅	父、子

斷解：沖犯西北方、栽種樹木殺飛土社司神、伽藍土瘟神。

病症：頭昏目暗、齒痛、心熱痛如刀刈。

小兒：犯閻王關、差走馬天罡殺。

病症：水瀉口渴。

制法：用五鬼錢、解厄錢。

山雷頤	養身之象	(巽) 兄 父 財 財 兄 父 、 、、 、世 、、 、、 、應 巳 未 酉 辰 寅 子
斷解：沖犯東北方、天厄星、五道山精病符神、大愿未謝。		
病症：吐瀉腹脹、先輕後重。		
小兒：犯遊街天神、白虎殺神。 病症：冷熱不和、腹痛、沉迷不醒。		
制法：用白虎錢、解厄錢。		
山風蠱	歸原之象	(巽) 兄 父 財 鬼 父 財 、應 、、 、、 、世 、 、、 寅 子 戌 酉 亥 丑
斷解：沖犯西北方、喪車大殺、社司令天厄星、刀兵亡魂。		
病症：頭痛眼花、腹脹不消。		
小兒：犯前世父母、五路童子。 病症：青驚、嘔吐夜啼。		
制法：用靈棹之香腳磨水服之。		

<table>
<tr><td>坎為水</td><td>重險之象</td><td>(坎)</td><td>兄　鬼　父　財　鬼　子
、、世、　、、、、應、　、、
子　戌　申　午　辰　寅</td></tr>
<tr><td colspan="4">斷解：沖犯東南方、釘圍飛土殺神、五墓殺、壓倒凶魂。</td></tr>
<tr><td colspan="4">病症：身熱頭痛口渴、腹脹不食、坐臥不安。
（兄動財傷、子動父崩）</td></tr>
<tr><td colspan="4">小兒：亦相同。</td></tr>
<tr><td colspan="4">制法：須用祭五墓走山投下、鹽米、殺神一會、解厄錢。</td></tr>
</table>

<table>
<tr><td>水澤節</td><td>苦守之象</td><td>(坎)</td><td>兄　鬼　父　鬼　子　財
、、　、、、應、、　、　、世
子　戌　申　丑　卯　巳</td></tr>
<tr><td colspan="4">斷解：沖犯東南方、庵廷旋風土鬼、墓前土氣相尅
太歲纏身入命宮。</td></tr>
<tr><td colspan="4">病症：上熱下冷、吐痰水。</td></tr>
<tr><td colspan="4">小兒：犯太白星神、遊宮婆姐。
病症：泄瀉不止腹痛、啼哭不停。</td></tr>
<tr><td colspan="4">制法：用鹽米、桃枝、太歲錢。</td></tr>
</table>

水雷屯	難險之象	坎	兄　鬼　父　鬼　子　兄 、、　、應　、、　、、、、世　、 子　戌　申　辰　寅　子
斷解：沖犯西北方、伽藍土瘟神、水首驛差神、社司巡察神。			
病症：吐瀉氣喘、心腹胞脹不食、骨節疼痛、流滯。			
小兒：犯天罡殺神、悠往珠婆姐。 病症：青驚、眼神直視、冷熱不和。			
制法：用肉酒、油飯、花粉、陰陽錢。			

水火既濟	防患之象	坎	兄　鬼　父　兄　鬼　子 、、應　、　、、　、世　、、　、 子　戌　申　亥　丑　卯
斷解：沖犯西南方、五瘟神天厄星、富貴淫貪亡魂。			
病症：寒熱咳嗽、骨節痛、頭眩頭面異常不安。			
小兒：犯白虎關差殺神、路頭中枉死鬼。 病症：寒熱、沉迷。			
制法：用鹽米、桃枝、五鬼錢。			

<table>
<tr><td>澤火革</td><td>革新之象</td><td>坎　鬼 父 兄 兄 鬼 子
、、 、 、世 、 、、 、應
未 酉 亥 亥 丑 卯</td></tr>
<tr><td colspan="3">斷解：沖犯正南北方、天牢五瘟神、遊行病符星、
水鬼入庄伏屍神。</td></tr>
<tr><td colspan="3">病症：氣喘吐酸、咽喉腫、上飽下飢、小便不通。</td></tr>
<tr><td colspan="3">小兒：犯前世父母、天吊神。
病症：啼哭不停、兩眼歪斜。</td></tr>
<tr><td colspan="3">制法：用肉酒、五鬼錢。</td></tr>
</table>

<table>
<tr><td>雷火豊</td><td>盈虛之象</td><td>坎　鬼 父 財 兄 鬼 子
、、 、世 、 、 、、應 、
戌 申 午 亥 丑 卯</td></tr>
<tr><td colspan="3">斷解：沖犯東南方、無主家破碎神、刀兵失散無頭鬼。</td></tr>
<tr><td colspan="3">病症：寒熱往來、四肢無力、耳目不靈明。</td></tr>
<tr><td colspan="3">小兒：犯天罡殺神、柳頭悠魂閻王關。
病症：發熱吐瀉、青驚哮。</td></tr>
<tr><td colspan="3">制法：用元辰錢。
小兒用道士解較速。</td></tr>
</table>

地火明夷	暗息之象	坎	父　兄　鬼　兄　鬼　子 、、　、、　、、世　、　、、　、應 酉　亥　丑　亥　丑　卯
斷解：沖犯北方、天牢病符神、阿伯水溫神、伏屍女鬼纏身。			
病症：發熱口渴、頭眩、嘔吐痰水、痢疾不成。			
小兒：犯天罡殺神、五鬼星、引路婆姐。 病症：夜啼泄青屎、微睡不食。			
制法：用鹽米、桃枝、陰陽錢。			

地水師	戰爭之象	坎	父　兄　鬼　財　鬼　子 、、應　、、　、、　、、世　、　、、 酉　亥　丑　午　辰　寅
斷解：沖犯西南方、廟前遊路將軍、五通殺神、邪魅兵馬。			
病症：寒熱嘔逆、心神亂、沉迷不醒人事。			
小兒：犯白虎關差殺神、天狗飛土神殺。 病症：嘔吐、長睡不安逸。			
制法：用五鬼錢、解厄錢。			

<table>
<tr><td>艮為山</td><td>停滯之象</td><td>艮</td><td>財
、世
寅</td><td>鬼
、、
子</td><td>兄
、、
戌</td><td>子
、應
申</td><td>父
、、
午</td><td>兄
、、
辰</td></tr>
<tr><td colspan="9">斷解：沖犯東北方、悠驛草木神、自縊亡魂。</td></tr>
<tr><td colspan="9">病症：嘔吐嗽、冷熱不和、骨節酸痛、婦人受胎致病、體瘦。</td></tr>
<tr><td colspan="9">小兒：犯花公婆姐、金七娘。
病症同右。</td></tr>
<tr><td colspan="9">制法：用雞蛋一粒纏身長的烏線、烰去壳、用五色線胎毛縛手、
五色紙、解厄錢。</td></tr>
</table>

<table>
<tr><td>山火賁</td><td>裝飾之象</td><td>艮</td><td>鬼
、
寅</td><td>財
、、
子</td><td>兄
、、應
戌</td><td>財
、
亥</td><td>兄
、、
丑</td><td>鬼
、世
卯</td></tr>
<tr><td colspan="9">斷解：沖犯東南方、山林墳墓前經過枉死陰魂纏身，
迷魂秀才娘子。</td></tr>
<tr><td colspan="9">病症：身熱頭眩、手足酸軟、口亂魂不附體。</td></tr>
<tr><td colspan="9">小兒：犯飛土殺、天吊神。
病症：嘔吐、足手發搐、目直視、失神不語。</td></tr>
<tr><td colspan="9">制法：用殺神一會、元辰錢 12 張。</td></tr>
</table>

山天大畜	勤勉之象	艮	鬼、寅	財、應子	兄、戌	兄、辰	鬼、世寅	財、子
斷解：沖犯東北方、廟壇出入將軍、社司令、 無家女子井神引兵作禍。								
病症：心腹浮腫、手足厥冷、坐臥不安。								
小兒：犯南斗星君、驛馬夫人引路婆姐。 病症：泄瀉口渴、冷汗啼哭不止。								
制法：用肉酒、發粿。								

山澤損	損益之象	艮	鬼、應寅	財、子	兄、戌	兄、世丑	鬼、卯	父、巳
斷解：沖犯東北方、天厄星、木下三聖司神、 自縊亡魂、有婚姻喜事相沖。								
病症：寒熱往來、心腹痛、困倦。								
小兒：犯天牢將軍、火燒婆姐。 病症：吐瀉喘急、目直視。								
制法：用新人衣水飲、新人髮五色線縛手。								

火澤睽	向齊之象	艮	父　兄　子　兄　鬼　父 、　、、　世　、、　、　、應 巳　未　酉　丑　卯　巳
斷解：沖犯東南方、病符星、斷三聖胎亡野鬼作殃。			
病症：氣喘、心神伏亂、腹時痛、夢與夫人言走而醒。			
小兒：犯五鬼星、遊宮婆姐。 病症：肝火不退、迷亂。			
制法：用鹽米、肉酒、陰陽酒。			

天澤履	謹慎之象	艮	兄　子　父　兄　鬼　父 、　世　、　、、　、應　、 戌　申　午　丑　卯　巳
斷解：沖犯西南方、天厄星、 水邊自縊枉死鬼、家親老鬼作禍。			
病症：寒熱心腹痛、頭眩艱難。			
小兒：犯走馬人牢、行珠婆姐。 病症：吐瀉、驚喘、不食。			
制法：用肉酒、油飯、解厄錢。			

<table>
<tr><td>風澤中孚</td><td>誠信之象</td><td>艮</td><td>鬼　父　兄　兄　鬼　父
、　、　、世　、、　、　、應
卯　巳　未　丑　卯　巳</td></tr>
<tr><td colspan="4">斷解：沖犯東南方、山林樹下三聖司神、馬頭遊行伏屍神捻去魂魄、久愿未謝。</td></tr>
<tr><td colspan="4">病症：腹痛膨脹。</td></tr>
<tr><td colspan="4">小兒：犯遊行天大狗星、遊宮婆姐。
病症：微熱、飲食不思。</td></tr>
<tr><td colspan="4">制法：用陰陽錢、祈禱聖神。</td></tr>
<tr><td>風山漸</td><td>進展之象</td><td>艮</td><td>鬼　父　兄　子　父　兄
、應　、　、、　、世　、、　、、
卯　巳　未　申　午　辰</td></tr>
<tr><td colspan="4">斷解：沖犯東南方、遊山瘋顛精神失散、無頭亡魂。</td></tr>
<tr><td colspan="4">病症：寒熱往來、頭痛口渴、不醒、日輕夜重。</td></tr>
<tr><td colspan="4">小兒：犯飛孤魂、悠行乞食鬼。
病症：冷熱不和、啼哭。</td></tr>
<tr><td colspan="4">制法：用粿餅、元辰衣、元辰錢。</td></tr>
</table>

坤為地	柔順之象	坤	子、世、酉　財、、亥　兄、、丑　鬼、、卯　父應、巳　兄、、未
斷解：沖犯東南方、大樹下古塚喪車殺、五墓飛土殺 踏路昏藥渣朴。			
病症：恍惚如鬼在面前。			
小兒：犯前世父母、灶司命、五路童子。 病症：氣急喘咳、痰飲、心頭飽。			
制法：用桃枝、五鬼、白虎。			

地雷復	歸元之象	坤	子、、酉　財、、亥　兄應、丑　兄、、辰　鬼、、寅　財世子
斷解：沖犯東北方、遊行五瘟神、未婚女鬼、自縊枉死鬼。			
病症：心腹疼痛、微迷不省人事。			
小兒：犯前世枉死樹下鬼、地府司神殺、遊行婆姐。 病症：吐瀉。			
制法：用解厄錢。			

地澤臨	前進之象	坤	子	財	兄	兄	鬼	父
			、、	、、應	、、	、、	、世	、
			酉	亥	丑	丑	卯	巳
斷解：沖犯東南方、神壇司令遊路將軍、破碎神、樹木殺。								
病症：寒熱往來、恍惚如見鬼。								
小兒：犯產亡女鬼、遊路婆姐五路童子。 病症：吐瀉腹痛、冷汗。								
制法：用肉酒、花粉、解厄錢。								

地天泰	祥和之象	坤	子	財	兄	兄	鬼	財
			、、應	、、	、、	、世	、	、
			酉	亥	丑	辰	寅	子
斷解：沖犯東南方、伏路天厄星、土木神殺、自縊枉死鬼、 有愿未還。								
病症：焦急、心腹痛、遭逆無意起病之災。								
小兒：犯天吊神、遊路夫人。 病症：同右。								
制法：用壽金、菜碗、太歲錢、解厄錢。 用紅紙寫「萬福來臨當天迎福」								

<table>
<tr><td>雷天大壯</td><td>奮起之象</td><td>坤
兄 子 父 兄 鬼 財
、、 、、 世 、 、 、應
戌 申 午 辰 寅 子</td></tr>
<tr><td colspan="3">斷解：沖犯東南方、土木神殺、遊路散魂迷鬼伏屍神。</td></tr>
<tr><td colspan="3">病症：作寒熱、心神不定、心恍惚如床頭有鬼。</td></tr>
<tr><td colspan="3">小兒：犯天罡殺、走馬天吊神、遊魂婆姐。
病症：吐瀉、氣喘咳嗽、目上閉。</td></tr>
<tr><td colspan="3">制法：用花粉、陰陽錢。</td></tr>
</table>

<table>
<tr><td>澤天夬</td><td>缺潰之象</td><td>坤
兄 子 財 兄 鬼 財
、、 世 、 、 、 、應
未 酉 亥 辰 寅 子</td></tr>
<tr><td colspan="3">斷解：沖犯東南方、悠師主社巡察神、搬徒破碎、五通殺神。</td></tr>
<tr><td colspan="3">病症：身熱、欲瀉不下、如夢中。</td></tr>
<tr><td colspan="3">小兒：犯前世父母、五路童子、金火殺神。
病症：大小便不通。</td></tr>
<tr><td colspan="3">制法：用殺神一會、陰陽錢、元辰錢。</td></tr>
</table>

水天需	開發之象	坤 財、子、兄、申世 子、戌、辰、鬼、寅、財、子應 財 兄 子 兄 鬼 財 、、 、 、世 、 、 、應 子 戌 申 辰 寅 子
斷解：沖犯東南方、廟司大王、自縊枉死鬼、半天夫人酒中山林。		
病症：寒熱顛狂、不省人事。		
小兒：犯把路將軍、夜啼婆姐、花公婆。 病症：寒熱相繼、醒哭睡笑。		
制法：用白馬、花粉、解厄錢。		

水地比	相輔之象	坤 財 兄 子 鬼 父 兄 、、應、 、、 、世 、、 、、 子 戌 申 卯 巳 未
斷解：沖犯東北方、遇古塚五墓飛退土殺神、行房死鬼。		
病症：內熱外寒、嘔吐酸水、心神不定。		
小兒：犯北斗星神、花公花婆姐。 病症：嘔吐氣喘、手足不動。		
制法：用五色紙、白虎錢。		

編號	命理叢書	作者	定價
1001	術數文化與宗教	鄭志明等	300
1002	天星擇日會通	白漢忠	400
1003	七政四餘快易通	白漢忠	300
1004	八字占星與中醫	白漢忠	350
1008	考試文昌必勝大全	余雪鴻等	300
1009	易算與彩票選碼	郭俊義	380
1010	歷代帝王名臣命譜	韓雨墨	480
1011	八字經典命譜詩評	韓雨墨	480
1012	安神位安公媽開運大法	黃春霖等	400
1014	最新八字命譜總覽(上下冊)	韓雨墨	1200
1015	韓雨墨相典	韓雨墨	600
1016	命理傳燈錄	顏兆鴻	400
1017	現代名人面相八字	韓雨墨	600
1018	大衍索隱與易卦圖陣蠡窺	孟昭瑋	500
1019	鄭氏易譜	鄭時達	500
1020	男命女命前定數	顏兆鴻	400
1021	命理傳燈續錄	顏兆鴻	400
1022	曆書(上下冊)	陳怡魁	1500
1023	華山希夷飛星棋譜秘傳	吳慕亮	1500
1024	現代圖解易經講義(B5開本)	紫陽居士	1200
1025	易學與醫學	黃家騁	600
1026	樂透開運必勝大全	顏兆鴻	300
1027	天機大要・董公選	申泰三	300
1028	姓氏探源	吳慕亮	500
1029	測字姓名學	吳慕亮	500
1030	六書姓名學	吳慕亮	800
1031	八字推論	林進興	400
1035	六十甲子論命術	陳宥潞	600
1036	天星斗數學	陳怡魁	400
1037	正宗最新小孔明姓名學	小孔明	400
1038	高級擇日全書	陳怡誠	600
1039	奇門遁甲擇日學	陳怡誠	600
1040	實用三合擇日學	陳怡誠	700
1041	三元日課格局詳解	陳怡誠	900
1042	實用三元擇日學(上中下)	陳怡誠	2500
1043	茶道與易道	黃來鎰	300
1044	十二生肖名人八字解碼	韓雨墨・羅德	300
1045	周易64卦詮釋及占卜實務	陳漢聲	400
1046	八字十二宮推論	翁秀花	500
1047	三世相法大全集	袁天罡	500
1048	小子說易	小子	300
1049	研究太陽星座的第一本書	黃家騁	400
1050	研究月亮星座的第一本書	黃家騁	400
1051	韓雨墨萬年曆	韓雨墨	400
1052	皇極經世・太乙神數圖解	黃家騁	700
1053	易學提要	黃家騁	600
1054	十八飛星策天紫微斗數全集精鈔本	陳希夷	600
1055	研究上升星座的第一本書	黃家騁	600
1056	占星運用要訣	白漢忠	300
1057	增補道藏紫微斗數	黃家騁	500
1058	增補中西星要	倪月培	800
1059	研究金星星座的第一本書	黃家騁	500
1060	面相男權寶鑑	林吉成	500
1061	面相女權寶鑑	林吉成	500
1062	相理觀商機合訂本	林吉成	500
1063	災凶厄難大圖鑑	林吉成	400
1064	男氣色大全	林吉成	500
1065	女氣色大全	林吉成	500
1066	婚姻與創業之成敗(上下冊)	林吉成	1000
1067	小子解易	小子	500
1068	十二星座人相學	黃家騁	500

編號	命理叢書	作者	定價
1069	九宮數愛情學	謝宏茂	350
1070	東方人相與女相	黃家騁	500
1071	八字必讀3000句	潘強華	500
1072	九宮數財運學	謝宏茂	350
1073	增補洪範易知	黃家騁	700
1074	風鑑啟悟(上下)	吳慕亮	1500
1075	占卜求財靈動數	顏兆鴻	300
1076	盲派算命秘術	劉威吾	400
1077	研究占星學的第一本書	黃家騁	600
1078	皇極大數・易學集成	黃家騁	700
1079	易經管理學	丁潤生	600
1080	九宮數行銷管理學	謝宏茂	350
1081	盲派算命金鉗訣	劉威吾	400
1083	盲派算命深造	劉威吾	400
1084	盲派算命高段秘卷	劉威吾	400
1085	周易通鑑(4巨冊)	吳慕亮	3200
1087	盲派算命藏經秘卷	劉威吾	400
1089	周易卦爻闡微	黃來鎰	800
1091	盲派算命母法秘傳	劉威吾	400
1092	命理入門與命譜詩評	韓雨墨	400
1095	盲派算命獨門秘笈	劉威吾	400
1096	盲派算命流星奧語	劉威吾	400
1097	增廣切夢刀	丁成勳	700
1098	命理易知新編	黃家騁編	500
1099	增補用神精華	王心田	600
1102	天文干支萬年曆	黃家騁編	800
1103	盲派算命一言九鼎	劉威吾	400
1104	盲派算命實務集成	劉威吾	400
1108	奇門秘竅遁甲演義符應經	甘時望等	600
1109	六柱十二字推命法	文衡富	500
1110	周易演義	紀有奎	300
1111	民間算命實務精典	劉威吾	500
1112	神臺・孔廟之探索(4巨冊)	吳慕亮	2800
1113	天文星曆表(上下冊)	黃家騁編著	2000
1114	民間算命實務寶典	劉威吾	500
1115	陳怡魁開運學	陳怡魁	800
1116	周易兩讀	李楷林	250
1117	增補周易兩讀	黃家騁編	600
1118	書經破譯	黃家騁編	700
1119	增補乙巳占	黃家騁增補	800
1120	增校周易本義	黃家騁增校	700
1121	命宮星座人相學	黃家騁編著	550
1122	命運的變奏曲	邱秋美	350
1123	六爻神卦推運法	文衡富	500
1124	星海詞林(六冊，平裝普及版)	黃家騁增校	6000
1125	占星初體驗	謝之迪	300
1126	博思心靈易經占卜	邱秋美	300
1127	周易演義續集	紀有奎	700
1128	予凡易經八字姓名學	林予凡	350
1129	六爻文字學開運法	文衡富	500
1130	來因宮與紫微斗數144訣	吳中誠・邱秋美	500
1131	予凡八字轉運站	林予凡	500
1132	節氣朔望弦及日月食表	潘強華	500
1133	紫微破迷	無塵居士	350
1134	陳怡魁食物改運	陳怡魁	300
1135	陳怡魁卜筮改運	陳怡魁	300
1136	八字宮星精論	林永裕	500
1137	易經星象學精要(A4，上下冊)	黃家騁編著	4000
1138	周易本義註解與應用，附米卦沖犯秘本	柯一男	400

號	堪輿叢書	作者	定價
01	陽宅改局實證	翁秀花	360
02	陳怡魁風水改運成功學	陳怡魁	350
03	陽宅學(上下冊)	陳怡魁	1200
04	廿四山放水法、宅長煞與天賊煞	李建築	300
05	地氣與採氣秘笈	韓雨墨	450
06	陽宅生基 512 套範例	韓雨墨	300
07	台灣風水集錦	韓雨墨	300
10	增校羅經解	吳天洪	300
11	地理末學	紀大奎	600
14	萬年通用風水佈局	潘強華	800
15	三合法地理秘旨全書	陳怡誠	1000
16	三元六十四卦用爻法	陳怡誠	500
17	三元地理六十四卦運用	陳怡誠	600
18	三元地理連山歸藏	陳怡誠	600
19	三元地理明師盤線秘旨	陳怡誠	500
20	玄空九星地理學	陳怡誠	400
21	九星法地理秘旨全書	陳怡誠	500
22	無意心神觀龍法流	戴仁	300
23	堪輿鐵盞燈	戴仁	300
24	南洋尋龍（彩色）	林進興	800
25	地理辨正秘傳補述	黃家騁	600
26	風水正訣與斷驗	黃家騁	500
27	正宗開運陽宅學	黃家騁	500
28	永樂大典風水珍鈔補述	黃家騁	700
29	三元玄空挨星破譯	許秉庸	500
30	形巒龍穴大法	余勝唐	500
31	玄空六法些子真訣	余勝唐	400
32	玄空秘旨註解	梁正卿	300
33	中國帝王風水學	黃家騁編著	800
34	玄空大卦些子法真訣	余勝唐	400
35	生存風水學	陳怡魁論著	500
36	形家長眼法陰宅大全	劉威吾	500
37	形家長眼法陽宅大全	劉威吾	500
38	住宅生態環境精典	謝之迪	350
39	象界風水與易經	白閎材・白昇永	600

號	生活叢書	作者	定價
01	Day Trader 匯市勝訣	賴峰亮	300
02	匯市勝訣 2	賴峰亮	350

號	養生叢書	作者	定價
01	仙家修養大法	韓雨墨	500
02	醫海探賾總覽(上下冊)	吳慕亮	1800
03	圖解經穴學	陳怡魁	600
04	健康指壓與腳相	編輯部	400
05	千古靜坐秘笈	韓雨墨	450
06	傷寒明理論	成無己	400
07	千金寶要	郭思	300
08	脈經	王叔和	400
09	人體生命節律	黃家騁編著	500
10	達摩拳術服氣圖說	黃家騁編著	550
11	十二星座養生學	黃家騁編著	600
12	葉天士臨證指南醫案	葉天士著	500
13	古今名醫臨證醫案	白漢忠編著	300
14	華陀仙翁秘方	本社輯	100

號	宗教叢書	作者	定價
01	宗教與民俗醫療	鄭志明	350
02	宗教的醫療觀與生命教育	鄭志明	350
03	宗教組織的發展趨勢	鄭志明	350

編號	宗教叢書	作者	定價
6004	台灣傳統信仰的鬼神崇拜	鄭志明	350
6005	台灣傳統信仰的宗教詮釋	鄭志明	350
6006	宗教神話與崇拜的起源	鄭志明	350
6007	宗教神話與巫術儀式	鄭志明	350
6008	宗教的生命關懷	鄭志明	350
6009	宗教思潮與對話	鄭志明	350
6010	傳統宗教的傳播	鄭志明	350
6011	宗教與生命教育	鄭志明等	300
6012	台灣靈乩的宗教型態	鄭志明	300
6013	從陽宅學說談婚配理論	鄭志明	300
6014	佛教臨終關懷社會功能性	鄭志明	300
6015	「雜阿含經」的瞻病關懷	鄭志明	300
6016	台灣宗教社會觀察	吳惠巧	250
6017	印度六派哲學	孫　晶	400

編號	原典叢書	作者	定價
C001	儒學必讀七經：「語孟孝易詩書禮」原典大全	夢溪老人	500

編號	大學用書	作者	定價
7001	人與宗教	吳惠巧	400
7002	政治學新論	吳惠巧	400
7003	公共行政學導論	吳惠巧	450
7004	社會問題分析	吳惠巧	450
7005	都市規劃與區域發展	吳惠巧	650
7006	政府與企業導論	吳惠巧	700

編號	文學叢書	作者	定價
8001	殺狗仙講古	殺狗仙	400
8002	讀寫說教半生情	李蓬齡	300
8003	暴怒中國	福來臨	300

編號	文創叢書	作者	定價
A001	給亞亞的信(小說)	馬彧彬	300
A002	棲鳥(小說)	吳威邑	300
A003	宰日(小說)	吳威邑	300
A004	石頭的詩(詩)	姚詩聰	300
A005	阿魚的鄉思組曲(散文)	顏國民	300
A006	黑爪(小說)	吳威邑	400
A007	紅皮(小說)	吳威邑	400
A008	通向火光的雪地(小說)	文西	350
A009	鐘聲再響——我在慕光的日子(散文)	曾慶昌	200
A010	呼日勒的自行車(小說)	何君華	300
A011	一生懸命(小說)	吳威邑	400
A012	我的臉書文章(散文)	王建裕	300
A013	阿魚隨想集(散文)	顏國民	380
A014	臺灣紀行：大陸女孩在臺灣	董玥	300
A015	九天講古與湘夫人文集	顏湘芬	300
A016	西窗抒懷(散文)	王建裕	350
A017	凡塵悲歌(小說)	陳長慶	250
A018	四季花海(詩)	黃其海	350
A019	筆虹吟曲(散文)	王建裕	300
A020	古厝聚攏的時光(散文)	顏湘芬	300
A021	寫給古厝的情書(散文)	顏湘芬	300
A022	金秋進行曲(散文)	蔡明裕	300
A023	筆下春秋(評論)	王建裕	300

編號	教學DVD	作者	定價
9001	傳統醫學與掌相（12 片）	張法涵	6000
9002	實用陽宅初中階（12 片）	陳國楨	6000
9003	占驗八字推命學（33 堂，隨身碟）	陳啟銓	15000
9004	風水與巒頭心法 （10 堂，隨身碟）	陳啟銓	6000
9005	梅花易數教學課程（9 堂，隨身碟）	陳啟銓	3800
9006	六十甲子論命術(11 片)	陳宥潞	6000
9007	活學活用易經 64 卦（36 片）	黃輝石	9000
9008	陽宅風水影音課程全集(124 堂，4 片)	大漢	特 6000
9009	命相姓名影音課程全集(147 堂，4 片)	大漢	絕版
9010	占卦玄學影音課程全集(147 堂，4 片)	大漢	特 6000
9011	閭仙派符籙基礎班(9 堂，隨身碟)	玄光上人	6800
9012	閭仙派符籙高級班(10 堂，隨身碟)	玄光上人	8800
9013	閭仙派符籙職業班(12 堂，隨身碟)	玄光上人	9800
9014	收驚、收煞、改運法班(5 堂，隨身碟)	玄光上人	6800
9015	神獸、法器、開光、化煞班(8 堂，隨身碟)	玄光上人	7800
9016	神佛開光點眼、安公媽(9 堂，隨身碟)	玄光上人	8800
9017	動土開工祭解班(8 堂，隨身碟)	玄光上人	7800
9018	玄光面相學初中高(11 堂，隨身碟)	玄光上人	10000
9019	玄光面相學職業班(8 堂，隨身碟)	玄光上人	8800
9020	玄光面相學執業班(8 堂，隨身碟)	玄光上人	8800
9021	玄光手相學初中級班(8 堂，隨身碟)	玄光上人	6800
9022	玄光手相學高級班(8 堂，隨身碟)	玄光上人	7800
9023	玄光手相學職業班(8 堂，隨身碟)	玄光上人	8800
9024	三合派與形家風水會通(8 堂，隨身碟)	於光泰	7000
9025	梁湘潤八字大破譯(21 堂，隨身碟)	於光泰	9000
9026	梁湘潤陽宅內局大解碼(8 堂，隨身碟)	於光泰	6000
9027	梁湘潤八字基礎整合課程(15 堂，隨身碟版)	於光泰	8000
9028	於光泰擇日會通課程(10 堂，隨身碟版)	於光泰	7000
9029	天魁夫人斗數教學課程(96 堂，隨身碟版)	天魁夫人	35000
9030	梁湘潤八字流年法典課程(10 堂，隨身碟版)	於光泰	7000
9031	黃家騁占星學種子課程(60 堂，隨身碟版)	黃家騁	30000

編號	羅盤	作者	定價
B001	星象家開運羅盤 8 吋 6 綜合盤	大元	8600
B002	星象家開運羅盤 7 吋 2 綜合盤	大元	7200
B003	星象家開運羅盤 6 吋 2 綜合盤	大元	6200
B004	星象家開運羅盤 5 吋 2 綜合盤	大元	5200
B005	星象家開運羅盤 3 吋 2 綜合盤	大元	3200

國家書館出版品預行編目資料

周易本義註解與應用，附米卦沖犯秘本　柯一男／著
大元書局，2025.01　初版.台北市
336面；21×14.7公分.----(命理叢書1138)
ISBN 978-626-99282-0-0（平裝）

1.CST: 易占 2.CST: 注釋

292.1　　114000141

命理叢書1138

周易本義註解與應用，附米卦沖犯秘本

作者／柯一男
出版／大元書局
發行人／顏國民
地址／10851台北市萬華區南寧路35號1樓
電話／（02）23087171，傳真：(02)23080055
郵政劃撥帳號19634769大元書局
網址／www.life16888.com.tw
E-mail／aia.w168@msa.hinet.net
ID:aia.w16888
總經銷／旭昇圖書有限公司
地址／235新北市中和區中山路二段352號2樓
電話／(02)22451480　傳真／(02)22451479
定價／400元
初版／2025年2月
ISBN　978-626-99282-0-0　(平裝)　